新世纪高等学校教材

特殊教育学系列教材

Longxiao Kecheng
Yu Jiaoxue

聋校课程与教学

顾定倩／编　著

北京师范大学出版集团
BEIJING NORMAL UNIVERSITY PUBLISHING GROUP
北京师范大学出版社

图书在版编目（CIP）数据

聋校课程与教学/顾定倩编著. —北京：北京师范大学出版社，2011.8（2022.1重印）
（新世纪高等学校教材　特殊教育学系列教材）
ISBN 978-7-303-13196-9

Ⅰ．①聋⋯　Ⅱ．①顾⋯　Ⅲ．①聋哑教育-教学研究-高等学校-教材　Ⅳ．①G762

中国版本图书馆 CIP 数据核字（2011）第 149584 号

营　销　中　心　电　话　010-58802135　58802786
北师大出版社教师教育分社微信公众号　京师教师教育

出版发行：北京师范大学出版社　www.bnupg.com
　　　　　北京市西城区新街口外大街 12-3 号
　　　　　邮政编码：100088
印　　刷：北京虎彩文化传播有限公司
经　　销：全国新华书店
开　　本：730 mm×980 mm　1/16
印　　张：18.25
字　　数：335 千字
版　　次：2011 年 8 月第 1 版
印　　次：2022 年 1 月第 5 次印刷
定　　价：30.00 元

策划编辑：郭兴举　　　　　责任编辑：齐　琳
美术编辑：焦　丽　　　　　装帧设计：焦　丽
责任校对：陈　民　　　　　责任印制：马　洁

前　言

　　编写《聋校课程与教学》教学用书是"教育部高等学校特色专业建设"暨"北京师范大学教师教育创新平台建设项目"中的一个子项目。本书可用于高等特殊教育院校或专业的专业课教学，也可作为特殊教育学校教师的教学参考书以及继续教育用书。

　　之所以立项来编写本书主要有两个原因：一是在刚刚步入 21 世纪我国就开始了新一轮基础教育课程改革，现在已经扩展到高中阶段。这次课程改革在课程设置、教材编写、教学形式、教学方法和教学评价等各个方面引发了重大而深刻的变化。特殊教育学校的课程改革也随之而动。二是 2007 年国家在师资培养上实行了师范生免费培养的政策。这种历史背景对高等院校特殊教育专业的课程设置提出了必须面向特殊教育学校实际、加强师范生专业教学技能训练的新要求。北京师范大学特殊教育专业是国内最先设立的，又是第一个在国内招收免费培养师范生的特殊教育专业，因此，应当在探索专业课程设置改革上再做先行者。

　　聋教育是特殊教育领域很重要的一个方面。到 2009 年，我国义务教育阶段的聋校有 541 所，占当年全国特殊教育学校总数的 32.4％；在校学生 11.5 万多人，占全国特殊学生总数的 26.9％。经过百年来的实践，聋校在课程与教学方面已经形成自己的传统，有着内在的规律与特点。因此，有关聋校的教育教学一直是国内各类高等院校特殊

1

教育专业的课程内容。

本教材是根据教育部《聋校义务教育课程设置实验方案》和其他有关文件，参照普通学校课程标准，并结合所有参编者自己的教学工作经验编写的。聋校各学科课程标准尚在征求意见过程之中，编写中也吸收了其中一些表述和内容。全书包括三个部分。第一部分，是关于课程基本原理和我国聋校课程的历史演变，比较全面地介绍了不同历史时期我国不同类型聋校课程设置的情况，特别是分析了新中国成立后历次教学计划和课程计划的变革之处，力图揭示每次课程变革的历史背景及其贡献，说明课程改革总是处于一种历史的进程中，而不是终结。第二部分，是全面介绍《聋校课程实验方案》所列的各门课程和社会实践活动的教学目标和教学内容的基本框架，以及在聋校教学中可以采用的特殊教学方法和需要注意的一些大的问题，而未拘泥于某一个微观教学内容的具体教学法。这样写的目的，是使未来从事特殊教育工作的师范生能够对聋校的课程设置和教学工作有一个比较宏观的认识和了解。至于怎么教一个具体知识点，恐难从书本上学会，真正的教学技能必须在今后的教学生涯中才能获得和提高。第三部分，是说明和分析与聋校教学相关的教学组织形式、教学管理工作和教学设施。

现在，在国家的文件中使用"聋校"和"听力残疾学生"的称谓。本书一方面，使用"聋校"的名称；另一方面，为使书面语简化和通俗而采用了"聋生"一词，但含义上与"听力残疾学生"的概念等同。

本书由高校特殊教育系的教师和聋校教师合作编写，顾定倩统稿。参加编写工作的有：西南大学特殊教育系江小英（第一章）；广东中山市特殊教育学校郑焕艳（第二章）；北京师范大学特殊教育系顾定倩（第三章、第十四章、第十六章）；北京市东城区特殊教育学校（北京市第一聋人学校）宋雯、邢映梅、王相又和北京市第三聋人学校吕雪晶（第五章）；北京市东城区特殊教育学校（北京市第一聋人学校）梁苏燕和刘美玉（第六章）；原北京市第二聋人学校高华、王秋阳和高战荣（第四章），沈晓东、刘洋和李智玲（第九章）；北京市第三聋人学校傅昆和赵艳芃（第十一章），孙艳和薛晓侠（第十二章），杜秋娴和赵艳芃（第十三章），赵艳芃和刘志利（第十五章）；原北京第四聋人学校李立艳（第七章），刘发茂（第八章），孙联群和鞠晨（第十章）。

　　北京市东城区特殊教育学校(北京市第一聋人学校)校长周晔和原校长宋晓华、北京市第二聋人学校原校长叶立言和北京市第三聋人学校教学处原副主任于缘缘对本书的编写提出了宝贵的意见；北京师范大学特殊教育系 2009 级研究生孟幻和李艳艳为编写工作做了许多支持性工作；北京师范大学出版社郭兴举编辑为本书的出版付出了辛勤的努力。在此一并表示衷心的感谢！

　　由于能力和资料有限，本书肯定存在许多不足，恳请读者提出宝贵意见，以利于今后修改完善。

顾定倩

2011 年 2 月 17 日元宵节

目　录

第一章　聋校课程与教学的基本概述

第一节　课程与教学的基本概述

要了解聋校的课程与教学，首先必须对"课程"与"教学"的概念和理论要有基本的认识。"课程"与"教学"概念的争议较多，其理论流派也是纷繁复杂。

一、课程与教学的概念

(一)课程的概念

在教育领域中，课程是含义最复杂、歧义最多的概念之一。

1. 课程的经典定义

课程著作汗牛充栋，课程定义众说纷纭。综合学者对课程的定义，大致可归为如下四类。

(1)课程即学科知识或教材

这是目前国内比较有代表性和普遍性的观点。它认为课程即学科，既指一门学科，也指学生学习的全部学科。这种说法强调的是学校向学生传授学科的知识体系，知识的载体就是教材，其实质是"教程"。因此，人们常将课程、学科、教材和教科书视为同义。事实上，课程含义最广，而教材更涵盖教科书。[①]

(2)课程即经验或体验

这一定义在北美一些国家较为常见，它把课程定位在学生实际学到些什么上，着重指的是学生在学习中体验到的意义。这种课程定义的最大特点是把学生的直接经验置于课程的中心位置，从而消除了课程中"见物不见人"的倾向，其缺陷在于有忽略系统知识在儿童发展中的意义的倾向。[②]

---

① 林宝山，李水源. 特殊教育导论[M]. 台北：五南图书出版股份有限公司，2000：149.

② 钟启泉，张华. 课程与教学论[M]. 大连：辽宁大学出版社，2007：54.

（3）课程即计划或目标

这种课程定义把所有有计划的教学活动都组合在一起，以期对课程有一个较全面的看法。另一种课程定义为预期的学习结果，认为课程应该直接关注预期的学习结果或目标，要求把课程事先制定一套有结构、有序列的学习目标，所有教学活动都是为达到这些目标服务的。这种课程定义忽视了课程的过程和手段，以及学习者的现实经验。

（4）课程即活动或进程

把课程界定为活动或进程，是一种生成性的课程观。这意味着课程不再是静止的"跑道"，不再仅仅是需要贯彻的课程计划或需要遵循的教学指南，而是个体生活经验的改造和建构，是自我的"履历情境"，即"在跑道上奔跑"的历程。

综上所述，课程包括多方面含义，它既是指教学的内容（学科、活动等）、安排、进程和时限，也包括课程标准和教材。换言之，课程是教学内容和进程的总和。①

2. 课程的层次

有学者针对课程实施的不同层次阐述了对课程的理解。美国学者古德莱德（Goodlad，1979）提出，人们在谈论课程时，往往谈的不是同样意义上的课程。他认为有五种不同层次的课程。①理想的课程指由一些研究机构、学术团体和课程专家提出的应该开设的课程。②正式的课程指由教育行政部门规定的课程计划、课程标准和教材，也就是列入学校课程表中的课程。③领悟的课程指任课教师所领会的课程。由于不同教师对理解的课程与正式的课程之间会有一定的距离，从而减弱正式课程的某些预期的影响。④实行的课程指在课堂上实际实施的课程。教师理解的课程与实施的课程之间会有一定的差距，因为教师要根据学生的反应随时进行调整。⑤经验的课程指学生实际体验到的东西。每个学生对事物都有自己特定的理解，因此会有不同的体验或学习经验。② 美国课程专家格拉索恩（Glatthorn，1987）认为课程可以根据教学实施程度分为六个层次：建议的课程、书面的课程、支持的课程、被教的课程、施测的课程和习得的课程。这六类课程涵盖的层面包括课程政策、课程目标、学习方案、学习领域、学习科目、学习单元及教材。

3. 课程的类型

在课程理论与实践中，典型的课程类型包括以下六种。

① 王策三. 教学论稿[M]. 北京：人民教育出版社，1985：202.
② 靳玉乐. 新课程改革的理念与创新[M]. 北京：人民教育出版社，2003：69.

（1）学科课程与经验课程

学科课程是以文化知识（科学、道德和艺术）为基础，按照一定的价值标准，从不同的知识领域或学术领域选择一定的内容，根据知识的逻辑体系，将所选出的知识组织为学科。[①] 经验课程，亦称"活动课程""生活课程"或"儿童中心课程"，是围绕着学生的需要和兴趣、以活动为组织方式的课程形态，即以学生的主体性活动的经验为中心组织的课程。两者可以取长补短、相辅相成。

（2）分科课程与综合课程

分科课程是一种单学科的课程组织模式，它强调不同学科门类之间的相对独立性，强调一门学科的逻辑体系的完整性。[②]综合课程是这样一种课程取向：它有意识地运用两种或两种以上学科的知识观和方法论去考察和探究一个中心主题或问题。[③]分科课程反映知识的系统性、逻辑性和专业性，综合科课程反映知识间的内在联系，二者无法相互取代，具有互补性。

（3）显性课程与隐性课程

显性课程是学校教育中有计划、有组织地实施的"正式课程"或"官方课程"，其通常是体现在学校课程表中的课程。隐性课程则是学生在学习环境（包括物质环境、社会环境和文化体系）中所学习到的非预期或非计划性的知识、价值观、规范和态度等，是非正式的、非官方的课程。显性课程与隐性课程共同构成学校课程的全貌，二者相伴而生。强调显性课程与隐性课程并重成为当前课程内涵发展的趋势之一。

（4）必修课程与选修课程

必修课程主要是指同一学年的所有学生都必须修习的公共课程，是为保证所有学生的基本学力而开发的课程。选修课程是依据不同学生的特点与发展方向，容许个人选择，是为适应学生的个性差异而开发的课程。学生的发展既有共性又有个性，所以必修课程与选修课程必须相互结合。

（5）预设课程与生成课程

预设课程是由教育者按照一定的目标在课程实施之前经过精心设置的课程。生成课程是指课程内容未经预先设定，而是在学生的学习和教师的指导过程中形成的一种课程形态。教师是学习者学习的积极支持者、引导者和平等的合作者。预设课程体现对文本的尊重，生成课程体现对学生的尊重，二者对立

---

①②③　钟启泉，张华. 课程与教学论［M］. 大连：辽宁大学出版社，2007：215，241，230.

统一。课堂教学既需要预设课程，也需要生成课程。

（6）国家课程、地方课程与校本课程

国家课程主要价值在于体现国家的教育意志，确保学生学习的权利。地方课程主要价值在于满足地方社会发展的现实需要，调动地方参与课程改革与课程实施的积极性。校本课程是通过对本校学生的需求进行科学评估，充分利用当地社区和学校的课程资源而开发的多样性的、可供学生选择的课程，主要价值在于展示学校的办学宗旨和特色。三者都是课程结构中不可或缺的重要组成部分。我国的基础教育改革以国家课程为主，同时强调地方、学校对课程改革的主体参与，倡导因地制宜、丰富多彩的地方课程和校本课程。

(二)教学的概念

教学作为一种活动，贯穿于人类社会发生和发展的过程中。

1. 教学的经典定义

关于教学的定义，古今中外有多种多样的解释，概括起来有三种经典的解释。

（1）教学即教师的教

这类观点认为教学就是传授知识或技能的活动。例如，教学指"教师把知识、技能传授给学生的过程"[①]。布鲁纳认为，教学是通过引导学习者对问题或知识体系循序渐进地学习来提高学习者正在学习中的理解、转换和迁移能力。[②]

（2）教学即学生的学

这类观点认为教学即促进学生学习知识或技能的活动。例如，加涅认为，教学就是用于促进内部学习的一系列外部事件，其最终目标就是促进学生在言语信息、智力技能、运动技能、认知策略和态度五个方面的发展。教学的每一个阶段都应该随着学习结果和内部条件的变化而变化。[③]

（3）教学即教师教和学生学的交互活动

这种观点依据教师和学生主体间的相互关系，认为教学就是师生之间、生生之间的相互作用、彼此合作和共同参与，是促进学生智能发展和人格培育的

---

① 现代汉语词典[M]. 北京：商务印书馆，2005：691.

② 顾明远. 教育大辞典[M]. 上海：上海教育出版社，1990：187.

③ [美]D. H. Schunk. 学习理论：教育的视角[M]. 南京：江苏教育出版社，2003：390～391.

活动。例如，"教学指教师教授和学生学习的共同活动"①。事实上，教学是教和学的有机活动的整体，其间存在着内在的交互作用，绝不能简单地把教学视为教和学的相加。

2. 教学的概念

概括地说，教学是教师与学生以课堂为主渠道的交往过程，是教师的教与学生的学的统一活动。通过这个交往过程和活动，学生掌握一定的知识技能，形成一定的能力态度，人格获得一定的发展。教学既是科学，又是艺术。②

(1)教学是教与学的统一

教与学是相互依赖、对立统一的。首先，教不同于学。教主要是一种外化过程，学主要是一种内化过程。正因为教师与学生之间、教与学之间存在差异，教师与学生之间的交往才有价值。其次，教与学互相依赖。教与学之间互为基础、互为方向。在教学情境中，不存在没有教的学，也不存在没有学的教。最后，教学过程是师生间的交往过程。学生有其独立的人格和独特的精神世界，自愿地、创造性地和有选择地参与教学过程。教师"闻道在先"，担负着教学过程的组织者、引导者、参与者、合作者、促进者和研究者的职责。因此，在教学过程中，教师和学生都是主体，而且是人格绝对平等的主体。

(2)教学既是科学又是艺术

教学的科学性体现在它必须要符合自身内在的客观规律，不能违背规律进行。教学首先要传授专业知识，应该是一门科学。同时，教学只有在充分认识并遵循人的身心发展规律的基础上进行才能完成。以人的身心发展规律为研究对象的生理学和心理学等学科，构成了教学的科学基础。教学的艺术性是指教学要体现教师的主体能动性的发挥，体现教师与学生之间复杂的思维情感的变化创生过程。教学是教师与学生之间自由的交往过程，充满了师生之间、生生之间认知的、情感的和价值观念上的冲突和融合。教学是一种富有创造性的活动，是一种艺术鉴赏和艺术创造的过程。教师只有不断追求和完善自己的教学，才可能使自己的教学上升为一种科学与艺术。

3. 教学概念的层次

实际上，人们在谈论教学时，往往谈的也不是同样意义上的教学。我国学者王策三从五个层次对以往教学的概念做了归纳。第一种，最广义的教学。一切学习、自学、教育、科研和劳动，以至生活本身，都是教学。第二种，广义的教

---

① 辞海：教育 心理学分册[M]. 上海：上海辞书出版社，1985：5.
② 钟启泉，张华. 课程与教学论[M]. 大连：辽宁大学出版社，2007：58.

学。教学已不再是某些自发、零星和片面的影响，从内容到形式都体现出有目的、有领导、经常而全面的影响。第三种，狭义的教学。这指的是教育的一部分和基本途径，通常所说的教学或教学的主要特征表现得最典型的就是这种教学。第四种，更狭义的教学。在有的场合下，教学被理解为使学生学会各种活动方法和技能的过程。第五种，具体的教学。以上四种类型的教学，都是教学的抽象。可是事实上，教学都是具体的，都是与一定的时间、地点和条件相联系的。①

二、课程与教学的关系

由于课程与教学两者词义上的复杂多样性，以及文化传统特别是教育传统的影响，课程与教学的关系问题历来是现代教育理论与实践中令人困扰的重大问题。

(一)课程与教学关系的争论

关于课程与教学的关系有着长期的争论，可以归结为以下几种典型的观点。

1. 小课程与小教学观的二元分离

这种观念认为，课程与教学是教育实践的两个领域，两者之间是相互独立和相互分离的关系。课程是在教学过程之前、教学情境之外预设的目标、内容与计划，是单一、僵化的制度课程；教学是忠实地执行课程计划、传授教学内容的方法、手段与过程。最有代表性的说法是：课程是指"教什么"，是目的和内容；教学是指"如何教"，是方法和手段。

2. 大教学观

这种观点从教学的立场出发，将课程视为教学内容。这在我国 20 世纪八九十年代的教学论著作中有鲜明体现。在这种对课程与教学的理解中，课程往往是教学内容的代名词，属于教学的一部分；课程也往往被具体化为教学计划、教学大纲和教科书三部分。

3. 大课程观

这种观点认为课程所涵盖的范围要宽于教学，课程是一项完整的系统工程，它由前期研究、课程设计、课程开发、课程实施及课程评价等几个阶段组成，其中的课程实施即教学，因此，教学是课程系统的一个部分。这种看法自 20 世纪中期以来广泛盛行于欧美。我国新一轮基础教育课程改革在一定程度上也体现出大课程观的倾向。

---

① 王策三. 教学论稿[M]. 2 版. 北京：人民教育出版社，2005：84～86.

4. 课程与教学整合观

这种观点认为课程与教学密不可分，不能孤立地存在，必须把它们综合起来进行整体性研究。课程与教学整合的观念发端于 20 世纪初杜威的实用主义思想。西方学者对课程与教学的关系已形成一些共识：课程与教学既有关联，又是各不相同的两个研究领域。课程强调每个学生及其学习的范围，教学强调教师的行为；课程与教学存在着不仅仅是平面的、单向的和相互依存的交叉关系；课程与教学不可能在相互独立的情况下各自运作。课程与教学相互转化、相互促进，彼此有机地融为一体，课程与教学不再是并列的关系，而是整合为一体。① 因此，美国学者韦迪用一个新的术语来概括，这就是"课程教学"。

（二）课程与教学的关系

课程在本质上是一种教学事件。教学在本质上是一种课程开发过程。以学生和教师的发展为宗旨的教育应既保持课程与教学的相对独立性，又使二者内在统一。②

1. 课程与教学过程的本质是变革

课程与教学过程的进行总包含着对内容的某种方式的变革。③ 在"制度课程"层面，课程与教学对内容的变革是为了更忠实有效地传递社会对学校教育的期望。譬如，课程标准、教材等书面课程文件的变革内容是为了便于教师和学生的教与学，教学过程中对内容的简化则是为了便于学习者接受。在"体验课程"层面，教师与学生在具体教育情境中不断变革和创造内容，从而不断建构自己的意义，这是人的主体性充分发挥的表现，也正是课程与教学过程本质的反映。

2. 教学作为课程开发过程

当课程与教学重新整合起来后，教学就不只是一种人际交流过程，而是课程开发过程。在课堂教学中，教师与学生的主体性充分发挥的过程即是教师和学生在现场"创作"课程事件的过程。教师能够在课堂上创作课程事件并引导课程事件的进行，是因为他们具有对课程内容的认识和信仰，对学生的学习和动机的观念。教师的知识或理论是事件构成的，即围绕着真实的课堂事件而组织起来的。学生在与课程事件的相互作用中创生着自己的课程，以其独特的方式建构着意义。

3. 课程作为教学事件

当"体验课程"取代"制度课程"成为教育的核心时，课程不仅仅是静态的书

① 王敏勤. 课程与教学的关系与整合[J]. 中国教育学刊，2003(08)：26.
② 张华. 课程与教学论[M]. 上海：上海教育出版社，2000：485.
③ 钟启泉，张华. 课程与教学论[M]. 大连：辽宁大学出版社，2007：70.

7

面文件，更是教师与学生在教育情境中不断生成的鲜活的经验。在教学中，教师与学生不断创造着、解释着课堂事件，在这过程中内容不断变革、意义不断生成。课程正是这一系列课堂教学事件及由此实现的内容的变革与意义的生成。从这个意义上说，课程是动态的过程，是不断变化的课堂教学事件。①

三、课程和教学的基本理论

(一)课程基本理论

1. 科学化课程开发理论

现代课程理论之父拉尔夫·泰勒指出，开发任何课程必须回答四个基本问题：学校应该达到哪些教育目标，提供哪些教育经验才能实现这些目标，怎样才能有效地组织这些教育经验，我们怎样才能确定这些目标正在得到实现。这就是著名的"泰勒原理"。

2. 学科结构课程理论

该理论强调以学术为中心，认为知识是课程中不可或缺的要素，强调要把人类文化遗产中最具学术性的知识作为课程内容，特别重视知识体系本身的逻辑程序和结构，把学术性作为课程的基本形式，学科专家在课程编制中起重要作用。

3. 社会改造课程理论

该理论强调以社会问题为中心，认为课程重点关注当代社会的问题、社会的主要功能、学生关心的社会现象、社会改造和社会活动计划等方面。这种理论的核心观点是：课程不应该帮助学生去适应现存社会，而要建立一种新的社会秩序和社会文化。②

4. 学生中心课程理论

该理论强调以学生发展为中心，主张以学生的兴趣和爱好、动机和需要、能力和态度等为基础来编制课程。这种课程的基本特征是：课程的核心不是学科内容，不是社会问题，而是学生的发展；课程的内容不是既定不变的，而是随着教学过程中学生的变化而变化。

(二)教学基本理论

目前，在教育实践中被广泛运用的教学理论有以下几种。

---

① 钟启泉，张华. 课程与教学论[M]. 大连：辽宁大学出版社，2007：73.
② 施良方. 课程理论[M]. 北京：教育科学出版社，1996：16.

1. 斯金纳的程序教学理论

斯金纳认为，程序教学既可以用机器进行，也可以编成教材进行，这种教学可以提高学生学习的积极性，能缩短学习时间，有利于提高学生的学习质量。程序教学的原则包括：积极反应原则；小步子原则；及时强化原则；自定步调原则；低错误率原则。

2. 赞可夫的发展性教学理论

赞可夫提出"教学要在学习者的一般发展上取得尽可能大的效果"，教学过程必须遵循五条教学论原则：以高难度进行教学；以高速度进行教学；理论知识起主导作用；使学习者理解学习过程；使全班学生（包括学习最差的学生）都得到发展。

3. 布卢姆的掌握学习理论

布卢姆确信只要有适合学生特点的学习条件，绝大多数学生都能取得优良的学习成绩。集体学习要辅之以反馈和个别化的矫正。该理论既考虑到学生个别差异，同时又能促进个体最充分发展，对于大面积提高中小学教学质量、促进差生发展等难题具有重要的实践意义。

4. 建构主义教学理论

建构主义教学理论认为学生是学习的中心，学习是学生主动建构知识获得意义的过程；教师是学生学习的组织者、帮助者、促进者、指导者和合作者；知识不是定论；教学要创设真实而有效的问题情境。建构主义学习环境由情境、协作、交流和意义建构四个要素构成。

5. 合作学习理论

合作学习是新课程倡导的崭新的学习方式。合作学习是一种旨在促进学生在异质小组中相互合作，达到共同学习的目标，并以小组总体的成绩为奖励依据的教学策略体系。① 合作学习包含异质分组、积极互赖、个人责任、合作技能和小组自评五个基本要素。

第二节 聋校课程与教学的意义

一、聋校课程与教学的意义

课程是教育事业的核心，是教育运行的手段。没有课程，教育就没有了传

---

① 王坦. 合作学习——原理与策略[M]. 北京：学苑出版社，2001：6~7.

达信息、表达意义和说明价值的媒介。[①] 教学在整个教育体系中居于中心地位，发挥着核心作用，它既是教育的主体部分，又是教育的基本途径（或形式）。[②] 因此，课程与教学是学校教育的核心，是最基本的实践活动。

聋校课程与教学是整体课程与教学的一个组成部分。聋校课程是为适应聋生身心发展规律而发展或设计出的各种学科、计划、活动及教学材料的总和及其进程与安排。聋校教学是教师与聋生以课堂为主渠道的交往过程，是教师的教与聋生的学的统一活动。通过这个交往过程和活动，聋生掌握基础知识和基本技能，缺陷得到一定补偿，潜能得到一定开发，形成一定的能力态度，人格获得一定的发展。聋校课程与教学的直接意义表现为对聋生个体成长发展的影响，间接意义表现为对社会发展的影响，后者是通过前者来实现的。

（一）聋校课程与教学促进社会的发展

课程和教学乃至整个教育体系都是社会发展决定的。同时，课程与教学对人类社会的发展和进步具有至关重要的意义，是解决个体经验和人类社会历史经验之间矛盾的强有力的工具之一。

1. 保障社会公平的实现

教育是面向所有公民的公平教育，教育公平是最基本的公平。国家宪法和其他相关法律法规赋予和保障聋人享有平等受教育的权利，这是社会公平、教育机会均等的充分体现。没有公平的教育机会，就没有人的全面发展。教育是实现聋人教育平等权利的必由之路，是聋人走向平等与充分参与社会的途径。根据聋生身心发展特点设置的聋校各类课程，满足聋生发展需要的教学，为每个聋生提供适合的、优质的教育与训练，提供平等发展的机会和条件，直接保障和实现他们的受教育权，实现社会公平。

2. 助推社会经济的发展

人才是社会经济发展的第一资源，而课程是培养未来人才的蓝图。社会经济发展需要不同层次的人才，要有各级各类学校分别来培养，培养人才的过程就是教学。聋校课程与教学的根本任务是为了提高聋生综合素质，培养各级各类人才，促进社会和经济的发展。大多数聋人通过学习都可以成材，在自己的平凡岗位上为社会经济发展尽一己之力。聋校课程与教学为聋生平等参与社会经济生活创造了重要的条件。不少聋人通过学校的培养成为高素质的创新人

---

① 转引自：胡乐乐，肖川. 再论课程的定义与内涵：从词源考古到现代释义[J]. 教育学报，2009(1)：49.

② 王策三. 教学论稿[M]. 北京：人民教育出版社，1985：97.

才，推动着社会经济的不断发展。

3. 促进社会文化的传承

社会要延续发展，必须将人类社会历史发展中长期积累起来的经验、知识、文字、科学、政治和伦理等一代代传递下去。课程与教学就负担着这个使命，选择和传承社会文化是课程与教学的一个主要功能。例如，通过聋校语文课程与教学可以帮助聋生认识中华民族文化的丰厚博大，吸收民族文化智慧，弘扬民族精神，培植热爱祖国语言文字的情感，增强语文学习的自信心，关心当代文化生活，吸收人类优秀文化的营养。同时，品德类课程、历史与社会、艺术类课程以及外语等各门课程的教学都能起到传承人类社会文化、传播人类文明的作用。

4. 推动社会文明的进步

聋教育的发展是人类社会文明进步的体现。聋生在聋校学习各类课程，接受国家的义务教育，自身得到全面发展，潜力得到开发，既有利于普及和巩固国家义务教育，从而提高教育的整体水平和全民族素质，也有利于为社会文明进步做出聋人的贡献。以邰丽华为代表的无数优秀聋人通过学习人类社会的文化，其舞蹈、美术、体育和计算机技术等领域的潜能得到开发，为推进人类社会文明进步做出了卓越贡献。聋人自强不息的精神能够促使全社会给予弱势群体更多的理解、尊重、关心和帮助，有利于形成文明的社会风尚，同时激励和鼓舞人们不断奋进，从而成为推动社会文明进步的动力。

5. 巩固社会的稳定和谐

聋人群体更需要一个稳定和谐的社会环境。社会稳定和谐需要提高社会每个成员的社会责任感、道德情操和文明的生活行为方式。这个任务自然也包括全体聋人。在知识社会和终身学习时代，如果聋人通过恰当的课程与教学来接受教育，就能继承人类文化遗产，享受和发展现代的社会文明。相反，一个聋人如果没有接受到充分满足其需要的课程与教学，就不能实现其全面发展，就不能很好地参与社会生活甚至诱发社会不稳定因素，给社会稳定和谐造成极大阻碍。

(二)聋校课程与教学促进聋生的发展

坚持以学生发展为本。这是聋教育永恒的课程价值观。[①] 聋校课程与教学以学生为本，是指既要促进全体学生的发展，也要促进学生个体全面和谐的发

---

① 程益基. 解读《聋校义务教育课程设置实验方案》：以生为本，构建聋教育课程新体系[J]. 现代特殊教育，2007(6)：6.

展、终身持续的发展、活泼主动的发展和个性特长的发展，成为未来社会具有竞争力的新型公民。

1. 促进聋生的全面发展

我国素质教育和新课程改革把促进学生全面发展放在首位。聋生的全面发展是指聋生各方面素质都能获得充分、和谐的发展，世界观、人生观和价值观的全面发展，身体素质和心理素质、科学素养和人文素养的全面发展，人格、智力、能力、体力、创造力、听力、语言、情感、态度、意志和道德品质的全面发展，生理和心理缺陷得到补偿，潜能得到开发，达到全面和谐发展的最佳水平。

聋人虽然有听力缺陷，但这只是一部分器官组织或功能的缺损，其他器官仍然是健全的，因此，聋生能够获得德智体美劳全面发展。聋校课程设置和教学的出发点和归宿就是使聋生获得全面发展。我国 2007 年颁发的《聋校义务教育课程设置实验方案》(以下简称《方案》)规定的课程领域、门类和模块，就是完全按照促进和保障聋生全面发展的需要而设置的，培养目标体现了德智体美劳等方面全面发展的要求，同时，通过进一步改革教学内容和教育方式，促进聋校教育教学质量的全面提高。① 增设的综合实践活动课程对聋生的全面发展具有不可替代的作用，能使聋生通过亲身实践，提高收集与处理信息的能力、综合运用知识解决问题的能力以及交流与合作的能力，增强社会责任感，并逐步形成创新精神与实践能力，促进聋生健康全面的发展。

2. 促进聋生的个性发展

全面发展是个性发展的基础，个性发展是全面发展的核心。苏霍姆林斯基说，要把全面发展与发掘人的天赋才能结合起来："最主要是在每个孩子身上发现他最强的一面，找出他作为人的发展根源的'机灵点'，做到使孩子在能够充分发挥、显示和发展他的天赋素质的事情上，达到他的年龄可能达到的最卓越成绩。"②21 世纪是发展个性的世纪，素质教育的根本目标是个性发展。《方案》从三大关系来理解聋生个性发展：学生与社会的关系，学生与自然的关系，学生与自我的关系。这三大关系构成学生个性发展的有机整体，旨在促进学生个性的全面、和谐发展。③

---

① 朴永馨. 特殊教育课程与教学[M]. 大连：辽宁师范大学出版社，2002：113.

② 方元山. 课堂教学改革研究[M]. 福州：福建教育出版社，2005：212.

③ 程益基. 解读《聋校义务教育课程设置实验方案》：以生为本，构建聋教育课程新体系[J]. 现代特殊教育，2007(6)：6.

聋校课程和教学要保障聋生个性发展，根本在于聋校课程必须具有充分的选择性，教学必须注重个别化。有些聋校开设丰富多彩的综合实践活动课程、地方课程和校本课程，如陶艺、园艺、美发、书法和烹饪等课程，符合聋生身心特点，可供聋生自由选择，使聋生的兴趣特长得到个性发展。在教学中，聋生在教师引领下进行学习，获得新的知识技能、情感、态度，形成世界观、人生观和价值观，发展个性。教师要重视聋生的个性差异，充分尊重聋生的主体地位和聋生的意愿，民主、平等地善待每一位聋生，"相信每一个""尊重每一个""研究每一个"，以及"发展每一个"；经常给他们提供锻炼的机会，培养他们独立思考、敢于批评的精神，具有积极进取、坚忍顽强的品质，以及乐于动手、勤于实践的习惯，以实现聋生的个性发展。

3. 促进聋生的缺陷补偿

对聋生进行缺陷补偿是聋校课程与教学的重要任务。聋生由于听觉障碍，其认知、语言、思维、心理健康、运动能力、社会适应能力和学习能力等方面的发展受到影响。在聋教育中，教师要充分结合每一门课程特点采取必要的补偿方法，有针对性地组织好课堂教学，达到补偿聋生各方面缺陷的目的。例如，补偿聋生的语言缺陷不仅是语文课程与教学的主要任务，也是其他课程与教学的重要内容。在数学学习的过程中，遇到生字新词时，教师就要及时扫除这些字词障碍，聋生才能进一步理解数学概念，才能准确地进行计算。

聋校新增了一门针对聋生缺陷补偿的课程——沟通与交往课程，旨在促进聋生语言和交往能力的发展。有的聋校配备听力检测、助听器验配和维修、耳模制作等专用仪器设备，并结合个别言语训练、集体言语训练进行专门的听力语言训练。现代信息技术在聋校的全面使用对于聋生的缺陷补偿有着更深远的意义。在聋校教育教学过程中，用现代信息技术能够为聋生提供视觉、听觉和感知觉等多种途径的信息接收方式，将各种信息直接作用于聋生的各种感官，使其仿佛身临其境，增强他们的注意力、观察力、思考力和记忆力，激发聋生的求知欲望，有助于聋生对所学知识的理解，进而补偿了聋生的语言缺陷。

4. 促进聋生的潜能开发

"聋人除了听，什么都可以做到！"这是世界一流聋人大学——美国加劳德特大学建校一百周年来的第一位聋人校长金·乔丹说的一句名言。多元智能理论告诉我们，每个学生都有自己的智能强项和弱项，智能强项是个体潜能开发的重要依据。聋生也不例外，在多元智能理论视野中没有"残疾"的概念，只有智能结构的差异，因此，聋校要积极开发学生的潜能，在教育教学过程中不断地发现学生的优势和长处，激发学生的创造性。每个聋生都有特殊的天赋和潜能，教育不能仅仅"补短"，更应当成为"扬长"的教育。

聋校的课程设置中很多是针对学生的潜能开发的，如律动、美工、信息技术和体育课程等，还可以根据地方、学校特色开设一些校本课程，如摄影、园艺和陶艺等。聋生在审美方面有自己的独到见解，根据学生的这一特点，聋校课程设置中，艺术类课程的比例比普通学校大。教学中，教师应该重视聋生的主体地位，从每个聋生的个性特点、认知特点和特殊教育需求出发实施个别化教育。教师不仅要懂得聋生缺陷补偿的知识和技能，更要善于发现聋生的智能强项，取长补短。教学应是发现并满足学生需要的一种行动。"有效的教师就是那些能够接近学生、评价和理解学生的需要、寻求具体的和个别的途径来满足学生需要的教师。"

5. 奠定聋生终身发展的基础

课程与教学必须尽可能地适应未来社会对各类人才的基本要求，重在培养学生成材的基本素质，使学生具有终身学习的愿望和习惯，具有发现、研究和解决问题的兴趣与能力，为他们日后走向社会、融入社会和服务社会，打下宽厚扎实的基础。聋校新课程站在学生终身发展的高度，不仅强调聋教育的基础——具有适应终身学习的基础知识、基本技能与方法，强调学习的基础——学会学习，更强调做人的基础——学会生活、学会合作和学会生存，尤其强调"形成正确价值观"，为学生的终身发展奠定基础。

新课程尤其重视学习方式的改革和掌握信息技术对聋生终身发展的意义。教师在教学中要重视教学方式和学习方式的转变，培养聋生主动探索、独立学习的能力，使他们逐步掌握学习方法，养成良好的学习习惯。信息技术在聋校课堂教学中的有效运用，使得聋生可以接受到更符合他们认知心理特点的教育，从而更好地掌握知识与技能。《方案》中明确指出：要培养聋生收集和处理信息的能力、获取新知识的能力、分析和解决问题的能力以及沟通、交往与合作的能力，这将为聋生的未来人生发展创造更多机遇，提升聋生在未来社会中的生存质量。例如，江苏省江阴市聋校开展了"信息技术与聋生交往能力的培养"课题研究，通过多种途径有效地促进了聋生整体素质得到全面提高。

6. 培养聋生的社会适应能力

社会适应能力中最基础、最重要的能力就是生活自理能力、社会沟通和交往能力。听觉缺陷给聋人的语言发展带来不同程度的困难，继而影响聋生社会适应能力的发展。如何培养聋生良好的社会适应能力，使他们能够适应社会的发展，成为聋校课程与教学的首要任务。

聋生社会适应能力的培养需要专门对他们进行训练。聋生的生活自理能力极差，可采用以训练为主培养聋生的基本能力和技能，分学段而重点不同，一项项技能逐一训练，从而使得他们的社会适应能力逐步提高。例如，中年级可以训练基本劳动能力，扫地、抹桌、洗手帕、洗袜子以及做简单饭菜等。社会沟通和交往能力是人在社会生活中不可缺少的一项基本能力。《方案》提出，在聋校增设沟通与交往课程，它将培养聋生积极与人交往的态度倾向，学习各种正确地与人沟通交往的知识、用不同的方法手段与人沟通交往的技能。聋生社会适应能力的发展，只有在社会活动中才能逐渐形成，尽量为聋生提供参与各种社会活动的机会，在社会中学习与人交往的能力和解决实际问题的能力，为将来参与社会生活打好基础。譬如，可以开展聋生与普通学生"手拉手"联谊活动，让聋生感受到全社会的关爱，学会如何与人相处，培养社会适应能力。

第三节 聋校课程与教学的特点

聋校课程与教学具有与普通课程与教学的相同之处，同时又有自身特殊之处。对二者的共性和差异性的正确认识是分析聋校课程与教学特点的出发点。

一、对聋校课程与教学的基本认识

普通教育课程与教学中有普遍性的规律和基本概念适用于聋校的课程与教学。国家规定的全面发展、素质教育的目标以及新课程标准等不仅仅是针对普通中小学教育，而是针对我国各级各类的教育，这其中当然也包括针对聋生的聋教育。课程和教学内容、教学方法、教学组织形式以及课程与教学评价也都适用于聋教育。

同时不能因为共性就否定聋校课程与教学的特殊性。对聋校课程与教学的特殊性至少应从三个方面去分析：首先，是从我国普通教育与聋教育的教育对象的差异考虑聋校课程与教学的特殊性；其次，从聋生群体中的个别差异角度来考虑聋校课程与教学的特殊性；最后，从聋校课程改革前后的变化考虑聋校课程与教学的特殊性。重要的是不能离开共性来孤立地看待特殊性，这是合理、恰当地确定聋校课程与教学特点的基本前提，是有效实施聋校课程与教学的基础。

二、聋校课程与教学的特点

聋校课程与教学的特点可以从课程与教学的目标、课程结构、课程与教学的内容、课程实施与教学、课程与教学的评价五个方面进行论述。

(一)课程与教学目标的特点

课程与教学的目标是对课程与教学预期的结果,是实施课程与教学所要达到的标准或质量规格。课程与教学的目标与教育目的、培养目标密切相连,从属于教育目的和培养目标。在《方案》中提出,聋校的培养目标是全面贯彻党的教育方针,体现时代要求,使聋生热爱祖国,热爱人民,热爱中国共产党;具有社会主义民主法制意识,遵守国家法律和社会公德;具有社会责任感,逐步形成正确的世界观、人生观和价值观,努力为人民服务;具有创新精神、实践能力、科学和人文素养以及环境意识;具有适应终身学习的基础知识、基本技能和方法;具有生活自理能力、社会适应能力和就业能力;具有健壮的体魄、良好的心理素质,养成健康的审美情趣和生活方式,培养自尊、自信、自强和自立的精神,成为有理想、有道德、有文化、有纪律的一代新人。聋校新课程的培养目标,实际就是对新型公民形象和素质的刻画和描述。[1]

聋校课程与教学目标既有国家规定的德、智、体、美、劳等方面全面发展的总目标,又有结合聋生的特点和需要提出的补偿缺陷、适应社会的特殊目标,体现了共同目标与特殊目标的统一。一般性课程体现对学生素质的最基本要求,着眼于学生适应生活、适应社会的基本需求,达到共同目标。选择性课程着眼于学生个别化发展需要,注重学生潜能开发、缺陷补偿(身心康复),特别强调学生沟通、交往能力的培养,强调给学生提供高质量的相关服务,体现学生发展差异的弹性要求,达到特殊目标。聋校课程的每个学科目标、每个学科的教学目标中都应将共同目标和特殊目标紧密结合起来,从课程一直贯穿到学科教学、单元教学、每节课的教学以及每堂课的教学环节中,既要注重思想、知识和技能的教学,也要强调如何发挥聋生的优势、克服并补偿其缺陷。每一节课都把特殊目标和共同目标恰当巧妙地结合起来并加以实现,这才能成为一节有效的课堂教学。

(二)课程结构的特点

课程结构是指把学生的在校学习时间分成各部分,在不同的学习时间安排不同的课程类型,由此形成一个课程类型的组织体系。[2] 新的聋校课程方案改变了以往课程结构过于注重学科本位的倾向和缺乏整合的状况,整体设置课程门类和课时比例,设置综合课程,开设选修课程和适应不同状况的聋生发展需

---

① 程益基. 解读《聋校义务教育课程设置实验方案》:以生为本,构建聋教育课程新体系[J]. 现代特殊教育,2007(6):5.

② 钟启泉,张华. 课程与教学论[M]. 大连:辽宁大学出版社,2007:214.

要的课程，积极开发校本课程。

聋校课程结构体现出统一性与选择性兼顾的特点。首先，课程既包括国家安排课程，也包括地方与学校安排课程。以国家安排课程为主，地方、学校安排课程为辅；既开设与普通学校的相似的一般性课程，也设置必要的特殊性课程。其次，综合课程和分科课程相结合。各门课程都要重视学科知识、社会生活和聋生自身经验的整合，加强学科渗透。小学阶段以综合课程为主，初中阶段分科与综合相结合的课程。最后，必修课程与选修课程并驾齐驱。《方案》提出：要创造条件，积极开设选修课程，以适应社会和学生发展的需要。新增设的沟通与交往、综合实践活动课程是必修课。各校可根据聋生的个体差异和不同的发展阶段，选择适合的教学内容和训练方式。外语作为选修课程，各校可根据不同地区和聋生实际选择开设。

（三）课程与教学内容的特点

课程内容是指各门学科中特定的事实、观点、原理和问题，以及处理它们的方式。[①]《方案》中提出，聋校课程与教学的内容包括品德类课程（生活与品德、品德与社会、思想品德）、历史与社会、科学、语文（包括语言训练、阅读、叙述、作文、写字等内容）、数学、沟通与交往、外语、体育与健康、艺术类课程（律动、美工）、劳动类课程（生活指导、劳动技术、职业技术）和综合实践活动。

聋校课程与教学内容的特殊性表现在以下几个方面。第一，学科名称大致相同，但内容上依据聋生的身心特点进行了删减、简化、增加和细化。聋校的各个学科内容和要求有一些差异，例如，聋校低年级学生由于语言发展的迟缓，每学期的识字量减少。第二，增加完成特殊任务的与普通学校不同的课程，以使聋生增强生活自理、发音说话等能力。从课程设置上看，聋校有沟通与交往、律动和生活指导等课。第三，精选内容。不再单纯以学科为中心组织教学内容，不再刻意追求学科体系的严密性、完整性和逻辑性，把人类知识、能力和品格中最基本的部分，对聋生成长起基础作用的部分作为学习内容。第四，注重贴近聋生生活实际，关注聋生的生活经验，使新知识、新概念的形成建立在学生现实生活的基础上。第五，体现时代要求，加强课程内容与现代社会、科技发展的联系。

---

① 施良方. 课程理论[M]. 北京：教育科学出版社，1996：106.

(四)课程实施与教学的特点

课程实施是将某项课程计划付诸实践的具体过程。[①] 聋校课程改革关注个体差异,提倡教学手段的多元化,加强个别化教学,引导学生主动参与、乐于探究、勤于动手,培养学生收集和处理信息的能力、获取新知识的能力、分析和解决问题的能力以及沟通、交往与合作的能力。

聋校课程实施与教学有如下一些特点。第一,教师和学生的主体地位得到重视:教学过程是师生交往、共同发展的过程。在课程实施过程中,教师注意培养聋生作为学习主体的能动性、独立性、创造性和发展性,教师从知识的传授者转变为学生学习的引导者、参与者、帮助者、合作者、促进者和研究者。教师和学生都是绝对平等的主体。第二,教学原则和方法在聋校中应用要有所变通和调整。例如,运用启发性原则对聋生进行口头启发就要考虑其有效性。同时,针对聋生的特殊性需要遵循一些特殊原则,使用一些特殊方法。例如,聋教育中的缺陷补偿原则、多种语言形式密切结合的原则、教学过程与形成和发展语言相统一的原则、个别化原则、小步子多循环原则、多种感官参与原则等重要的原则,以及教聋生听力训练和言语发音训练的方法。第三,更强调个别化教学。针对多年来聋教育现实存在的"教"与"学"之间的沟通障碍问题,要求积极改革教学模式和方法,"关注个体差异,加强个别化教学"。第四,教学组织上的特点:聋校教学的组织仍以课堂教学和班级授课为主,以分科授课为主。不同之处表现在以下几点:聋校班额较少,学生桌子摆成半圆形,常有助听设备等。

(五)课程与教学评价的特点

所谓课程与教学评价就是以一定的方法对课程和教学的计划、活动以及结果等有关问题的价值或特点做出判断的过程。[②]聋校新课程改革充分发挥评价促进学生发展、教师提高和改进教学实践的功能。

聋校课程与教学评价总的特点是构建多元化的课程评价体系。具体来讲,可从以下几方面来理解。第一,评价目的着眼发展性:促进学生全面发展,促进教师不断提高,促进学校课程的发展。第二,评价主体做到多元化:建立教师、学生自我评价、相互评价和家长评价结合的制度。第三,评价标准体现全面性:着眼于聋生的全面发展,关注、发现和发展聋生多方面的潜能。第四,

---

[①②] 钟启泉,张华.课程与教学论[M].大连:辽宁大学出版社,2007:270,306~307.

评价方式提倡多样性：既关注结果更重视学习过程的评价，使聋生的成长过程成为评价的组成部分；量化和定性评价相结合，不仅关注聋生的分数，更要看聋生学习的动机、行为习惯和意志品质等。第五，评价程序体现动态性。实行多次评价和随时性评价、"档案袋"式评价等方式，变横向评价为纵向评价。从根本上说，改变课程与教学评价就是解开束缚在教师和学生身上的一条绳索，可以让学生以开放的心态去自主地学习，获得充分的发展，让教师以充满激情的状态去演绎每一堂课，从而实现真正意义上的教师和学生的共同发展。

思考题

1. 试述课程与教学的基本概念及其相互关系。

2. 分科课程与综合课程的区别和联系是什么？为什么聋校课程改革要增加综合课程的比例？

3. 简述五大教学理论的主要观点。

4. 如何理解聋校课程与教学对促进聋生发展的意义？

5. 分析聋校课程与教学评价的特点。

第二章　我国聋校课程设置的演变

第一节　旧中国聋校的课程设置

　　从 1840 年鸦片战争到新中国成立之前的一段时期，中国处于半殖民地、半封建社会，这就是当时中国社会的性质。在这种社会背景下，我国出现了三种类型的聋校：西方教会创办的聋校、中国人自办的私立聋校以及政府举办的公立聋校。其中，中国人自办的私立聋校成为聋校的主体。

　　在课程设置上，教会创办的聋校、私立聋校与公立聋校并没有较大的区别。

一、外国传教士（教会）举办的聋校课程

　　清末时期，各个教会聋校的课程大多是由创办人将本国的聋教育课程照搬到中国，再根据中国的实际稍加修改而成。中国第一所聋校——烟台启瘖学校最初设的课程只是将中国的官话编辑成书作为教学内容，而科目也仅是写字课和发音课以及国文课而已。表 2-1 为 1919 年该校的课程表。

表 2-1　1919 年烟台启瘖学校课程表①

学年	课　程　科　目								
一	原音	看嘴学话	写字	浅白算法	体操	人物学			
二、三	语言	看嘴学话	写字	算法	体操	日记	浅白官话	国文	工艺	幼稚院功课
四、五	百家姓	看嘴学话	写字	算法	体操	日记	官话	国文	工艺	卫生学	修身	地理

---

　　① 烟台启瘖学校报告书[Z]. 烟台市聋哑学校资料，1919.

续表

学年	课　程　科　目										
六、七	历史	生理学	写字	算法	体操	日记	官话	国文	工艺	卫生学	修身	地理
八、九	历史	生理学	读报	算法	体操	论说			工艺		修身	地理

注：工艺科，男生学习木工、校园农作和烹饪；女生学习花卉、台布、绒工、缝纫和烹调。

清末有记载另一所位于上海的聋校是法国天主教聋哑学校。此校创办于1892年，据一位曾在这所学校上学的聋人回忆，这所学校的课程大致是国语、算术、写字、美术、体育以及手工艺等。所用教材与普通小学一样，学生每天早上6点起身，一起做"弥撒"，早课1小时，内容是读《圣经》（有课本），进餐前要默诵"谢饭词"，晚上还有晚课。

到了民国时期，虽然教会不再成为办学的主体，但教会创办的聋校仍然占有一席之地。课程较清末时期的课程也发生了一些变化。这里仅以傅兰雅创办的上海福哑聋校的课程为例。以下是上海福哑学校招生简章中的部分内容。[①]

编制：分预科两年（等于幼稚园），初级小学四年，高级小学两年，初中职业科两年，并附师范讲习科一年，专收普通高初中学生，授以聋哑特殊教学法，学理与实习并重，以造就聋哑学校之师资。

教学：采取美国式个别教学法。每级学生至多10人，以便精神贯注，因聋哑生耳聋口哑，处于不闻不问之病态中，自修能力薄弱，故每日授课8节，每节45分钟，学生进步迅速，程度水准亦提高较大。

课程：遵照教部所规定，除公民、国语、算术、常识、英文、史地、卫生、美术、劳作、体育外，另加聋哑特殊教学法，如发音学，即使聋哑恢复发音说话之本能；视话学，即使聋哑以目代耳，能用视觉了解他人之语言；手势学，除固定手语分国语手势和外国语手势外，而对于一般比量，皆编有科学方法的系统，成绩斐然。

---

① 社会教育局立案上海福哑学校简章[Z]. 北京：中国第二历史档案馆馆藏资料，1936.

二、私立聋校的课程

（一）南通盲哑学校课程概貌

南通盲哑学校是由张謇筹资创办的学校，这所学校创办于1916年，是继杭州哑童学校之后中国人自办的第二所聋校。学校开办之初，即1916年哑部的课程为：音学、语言、科学和农工。1917年课程变为音学、语言、修身、历史和地理等。1920年哑科又增设体育课，同时哑科三年级增设珠算课。1922年改国文为国语，3月添设藤工科。1929年哑科废国语文字教育，以常识为中心。

（二）北平私立聋哑学校课程概况

北平私立聋哑学校创办于1919年，创办人杜文昌毕业于山东烟台聋校的师范班。其课程也脱型于这所聋校。相关资料记载这所聋校初期除不上音乐课外，其他的课程与普通小学相同。而到1928年，参照小学课程设置课程。1932年北平私立聋哑学校预科设习音、习话、看口和看图识字，小学设三民主义、国语、日记和说话等课。

（三）吴县救济院盲哑学校课程概况

吴县救济院盲哑学校于1931年创办，1931—1934年这所学校1～6年级开设的课程有国语、尺牍、会话、作文、笔记、书法、公民、自然、社会、卫生、历史、地理、笔算、珠算、手切、发音、图画、工艺、体操和国术20门课。

表2-2　吴县救济院盲哑学校哑科课程表①

科目 \ 每周数 \ 学年	一	二	三	四	五	六
国语	6	6	6	5	5	5
尺牍	/	1	1	1	2	2
会话	/	/	1	1	1	1
作文	2	2	2	2	2	2
笔记	/	1	1	1	2	/

---

① 顾瑞华.苏州市盲聋学校沿革(1929—1949)[Z].苏州市盲聋学校资料.

续表

科目 ＼ 每周数 ＼ 学年	一	二	三	四	五	六
书法	4	3	2	2	2	2
党义	/	/	/	/	/	/
公民	/	/	/	/	/	/
自然	2	2	2	2	2	2
社会	2	2	2	2	2	2
卫生	2	2	2	2	2	2
历史	/	/	/	/	1	1
地理	/	/	/	/	1	1
笔算	6	6	6	5	5	5
珠算	/	/	/	1	1	1
手切	2	2	2	1	/	/
发音	2	2	1	/	/	/
图画	2	2	2	2	2	2
工艺	2	2	2	2	2	2
打字	/	/	/	1	1	1
体操	2	2	2	2	2	2
国术	1	1	1	1	1	1
合计	36	36	36	36	36	36

（四）私立吴山聋哑学校课程概况

私立吴山聋哑学校由聋哑人龚宝荣创办于1931年3月。初名杭州市私立聋哑学校。1931年3月学校初办时，分美术、普通两科，同年8月合为普通科。依照普通小学编制，前期四年，后期两年。

教材采用普通学校课本。校长龚宝荣首创注音字母手切，并于1935年汇编成《手切教本》，经教育部核准公开发行。不少聋校和师范学校将其作为课本或教学参考书。该校在1936年的课程结构分为公民训练、应用文、算术、常识、艺术、劳作、体育和选习八个板块，在应用文中包括国语、尺牍、会话、书法和手切课程；艺术中包括国画、西画课程。中、高年级每日课外作小字、大字及日记；劳作，男生为木工、竹工和园艺等，女生为刺绣、缝衣、园艺和烹饪等；国画分出水、翎毛、花草和人物；西画分水彩、图案和广告；选习包括：野外写生和练习打字，自由选习一项。

表 2-3　1936 年私立吴山聋哑学校课程表①

学年		第一学年		第二学年		第三学年		第四学年		第五学年		第六学年	
学期学科		上	下	上	下	上	下	上	下	上	下	上	下
公民训练		1	1	1	1	1	1	1	1	1	1	1	1
应用文	国语	6	6	6	6	6	6	6	6	6	6	6	6
	尺牍	1	1	1	1	1	1	1	1	1	1	1	1
	会话	2	2	2	2	1	1	1	1	1	1	1	1
	书法	3	3	3	3	2	2	2	2	2	2	2	2
	手切	4	4	4	4	4	4	4	4	4	4	4	4
算术		6	6	6	6	6	6	6	6	6	6	6	6
常识		3	3	3	3	3	3	3	3	3	3	3	3
艺术	国画	3	3	3	3	5	5	5	5	5	5	5	5
	西画					1	1	1	1	1	1	1	1
劳作		2	2	2	2	2	2	2	2	2	2	2	2
体育		2	2	2	2	2	2	2	2	2	2	2	2
选习		2	2	2	2	1	1	1	1	1	1	1	1
总计		35	35	35	35	35	35	35	35	35	35	35	35

（五）私立镇江胜天聋校课程概况

私立镇江胜天聋校也是民国时期创办的一所私立聋哑学校，分预科、普通科和职业科。这所学校的招生简章中对课程作了如下规定：课程编制亦为一般学校，更设工科，注意其职业工艺及技术之训练，使聋哑学有专长，为社会增加生产，为本人独立生存之基础。课外活动：提倡体育、锻炼身体和阅看书报等。

---

① 杭州教育志. 教育［M］. 杭州：浙江教育出版社，1994.

表 2-4 1948 年私立镇江胜天聋校每周课程分钟数①

		早会	国常	算数	公民	问答	发音	手势	美术	劳作	书法	识字	识数	自习	体育	童训	缝纫	合计
预科	一级	270			45		90	90	180		135	450	270	135	90	90		1845
普通科	一级	270	405	270	45	90		90	135	180	135			45	90	90		1845
	二级	270	405	270	45	90		90	135	180	135			45	90	90		1845
	三级	270	270	270	45	135		90	135	135	135				90			1620
职业科	一级	由普通科新生挑选																

三、公立聋校的课程

这一时期公立聋校不多，以教育部特设盲哑学校（南京盲哑学校）和吴燕生创办的北平市立聋校为代表。

（一）教育部特设盲哑学校课程概况

教育部特设盲哑学校原为南京盲哑学校，在抗日战争爆发后，学校迁到重庆，并被当时的教育部批准为教育部特设盲哑学校。这是旧中国最具代表性的公立聋校。在第二次中国教育年鉴中，提到的这所学校的课程如下。

初中课程：公民、体育、童子军、卫生、国文、英文、数学、博物、化学、物理、地理、历史、图画、劳作、手语、发音和学话等。

小学课程：国语、体育、算术、社会、自然、手语、发音和学话等。②

（二）北平市立聋校课程概况

北平市立聋校 1935 年招生简章中的课程内容为：预科课程暂由本校参酌小学课程标准及外国之聋口语教材编辑《国语初级》四册充之，初级及高级则采

---

① 私立镇江聋校招生简章[Z]. 中国第二历史档案馆馆藏资料，1946.
② 第二次中国教育年鉴（第九编）[Z]. 1948.

用经部审定之小学教科书，特别科无固定课程需就学生程度资质临时规定之。①

以上是这一时期各类聋校课程的状况，也有特殊教育工作者对聋校课程的状况进行了分析，如朱衡涛曾在《中国盲哑教育状况》一文中对当时的聋校课程设置进行了统计，现将其摘录如表 2-5 所示。②

表 2-5　全国聋哑教育机构实施课程一览

科目机构名称	上海聋哑学校	北平私立聋哑学校	南通私立盲哑学校哑部	南京市立盲哑学校哑部	辽宁私立盲哑职业学校	烟台启瘖学校	广州市贫民教养院盲哑残废股哑部	湖南省救济院盲哑学校哑部	上海华学会聋哑学校
三民主义		○	○	○	○				○
国语	○	○	○	○	○		○	○	○
发音	○	○	○	○	○				○
看嘴	○				○	○			
手势			○						
日记		○	○		○	○			
说话		○			○	○			
常识	○								○
社会					○				
历史		○							
地理		○			○				
自然	○	○		○	○				
算术	○	○	○	○	○	○	○	○	○
珠算			○	○					
英语	○								○
手工	○	○		○		○			
美术	○	○		○			○	○	○
缝纫					○				

---

① 北平市立聋哑学校章程[Z]. 北平市市政法规汇编第二辑：教育，1937.
② 朱衡涛. 中国盲哑教育状况[J]. 教育与民众，1931，2(5)：1～25.

科目机构名称	上海聋哑学校	北平私立聋哑学校	南通私立盲哑学校哑部	南京市立盲哑学校哑部	辽宁私立盲哑职业学校	烟台启瘖学校	广州市贫民教养院盲哑残废股哑部	湖南省救济院盲哑学校哑部	上海华学会聋哑学校
体育		○	○	○		○	○		○
藤科							○		○
扫科							○		○
摄影								○	
织造							○		
工科									

四、旧中国聋校课程设置的特点

(一)"教教不离"与"政治教化"渗透在聋校课程中

尽管聋生身有残疾，但是外国传教士举办的聋校，宗教课程要占很大比例，宗教与教育不分，这是由宗教学校的教育宗旨所决定的。《中国基督教教育事业》一书中曾对此有深刻的分析，即"教会小学最初设立的宗旨是宣传福音。其目的在于破除偏见，招致学生父母之信任，并在城镇中设立一种公认之教会机关，而使人信奉耶教"。所以，课程必须为教育目的所服务。此外，还要求聋生各种宗教仪式，如做礼拜、早课、晚课及诵经等。

在国民党反动政府统治时期，聋校也要开"三民主义""公民"之类的课程对聋生进行政治教化和思想控制。

(二)聋校课程设置各行其是

政府对聋教育无统一领导，聋校课程无统一的要求与规定。因此，各类聋校学段不一，课程门类多寡不一。最少的只开6门课，最多的开11门课。

(三)已经初步形成与普通教育相同的共性课程和不同的特性课程相结合的课程体制

在共性课程中，除了音乐外都与普通中小学的课程相同，虽有些聋校使用自编教材，但仍占少数。在特性课程中，读写算是主要目标，另外掌握一定的职业技能也是重要目标之一。从此时的课程结构来看，读写算是课程主体。如烟台聋校的读报、写字、国文和算法等都是为了培养聋生的读、写、算等基本文化技能。而工艺是职业性课程，而且是男女生分别学习不同的职业课程。

(四)培养聋生多种语言能力

强调教聋生说话，多数学校开设发音、看嘴(即看话)和说话，再加上国语、尺牍和日记等课程，培养聋生理解和运用语言的能力是聋校十分看重的任务。而且，许多聋校也专设"手切""手势"和"手语"课程，讲授手语。可以看出，口语和手语在当时聋校中均受到重视。同时，有的聋校还开设了"英语"。这些都是值得重视的历史经验。

第二节　新中国聋校的课程设置

一、20世纪50年代的聋校课程设置

1949年10月1日中华人民共和国成立，中国进入崭新的历史时期。新中国成立初期在文化教育领域的主要任务是肃清帝国主义和封建买办主义的影响，创立新中国的社会主义教育制度。1951年10月中央人民政府政务院颁布《关于改革学制的规定》，将特殊教育正式纳入国民教育体系之中。1954年教育部为加强对盲聋哑学校的领导，改善办学条件，扩大招生规模，先后通知有关地方接办私立盲聋哑学校，至1957年私立盲聋哑学校全部改为公办。

在此过程中，进行了特殊学校课程设置的变革。

(一)实行与普通小学基本相同的课程设置

1953年教育部对当时的盲哑学校教育提出了"整顿巩固、改进教学、创造经验、提高质量。盲哑小学除实施普通小学智育、体育、德育和美育的基础教育外，在有条件的地方还需要给予盲哑儿童职业技能的训练"的方针。[①] 聋哑学校的课程除没有音乐课外，应包括普通小学的全部科目。可见当时，在包括聋校在内的特殊教育学校课程设置上还没有比较完整的独立设计。

(二)开展"口语教学"的课程改革

1954—1956年，我国聋教育领域开展了一次以倡导口语教学为主旨的课程改革。教育部于1954年8月召开了聋哑学校语文教学座谈会，在会上批判了手势教学的落后性，确定了推行口语教学为我国聋哑教育的改革方向，并指

---

① 何东昌. 中华人民共和国重要教育文献(1949—1975年)[M]. 海口：海南出版社，1998：224.

定了北京、上海和哈尔滨三个市的四所聋哑学校在新招班级中进行口语教学的实验。其改革的背景与当时将手势教学归结为旧中国落后的教学手段、全面学习苏联口语教学经验的历史局限性有关。但是在聋校实际工作当中还不可能完全取消手语教学，因此就出现了手势教学班和口语教学班两种教学班。1954年座谈会针对低年级制订了教学计划，那时没有苏联和其他国家的教学计划做参考，在1955年作了一次修改，根据四个学校的实验结果，各科教学的总时数不能够很好地完成教学任务。到1956年召开聋哑学校语文教学座谈会修改时适当地增加了教学时数。过去的教学计划所规定的三年级语文科教学总时数为510个教时，修改后的教学计划增加到544个教时。其他如算术和律动、自然等学科也都有一些变动。修订后的教学计划包括各年级在内。这些修改已参考了苏联和其他国家的教学计划。

这样，1956年和1957年教育部分别颁布了《聋哑学校手势教学班级教学计划(暂行草案)》和《聋哑学校口语教学班级计划表(草案)》。

表 2-6　聋哑学校使用手势教学的班级暂行教学计划①

科目		各年级每周上课时数									
		一	二	三	四	五	六	七	八	九	十
语文	阅读	8	8	8	8	8	8	6	6	6	5
	看话	3	3	3	3	3	3	2	2	2	2
	作文	2	2	2	2	2	2	2	2	2	2
	语法					2	2	1	1	1	1
	写字	2	2	2	2	1	1				
	小计	15	15	15	15	16	16	11	11	11	10
算术		4	4	5	5	5	5	6	6	6	5
历史								2	2	2	2
地理									2	2	2
自然											
体育		2	2	2	2	2	2	2	2	2	2
图画		1	1	1	1	1	1				
手工劳动		1	1	1	1						
职业劳动						6	8	9	9	9	15
合计		23	23	24	24	30	34	34	34	34	34

附注：从七年级起，每周各教学珠算一节，时数包括在算术时数内；根据所设职业劳

———————————

① 中华人民共和国教育部. 中国教育年鉴(1949—1981年)[M]. 北京：人民教育出版社，1984：387～388.

动科的需要，每周各教学制图一节，时数包括在职业劳动科时数内。

表 2-7　聋哑学校口语教学班班级教学计划（草案）①

时数	一	二	三	四	五	六	七	八	九	十	共计时数
语文	16	16	16	16	16	15	13	13	13	13	4998
算术	4	4	5	5	6	6	6	6	6	5	1802
自然							2	2	2	2	272
地理							2	2	2	2	272
历史							2	2	2	2	272
律动	2	2	2	2							
体育						2	2	2	2	2	408
图画	1	1	1	1	1						204
手工劳动	1	1	1	1							136
职业劳动						4	6	7	7	7	8	1326
共计	24	24	25	25	29	30	34	34	34	34	9962

附注：

个别语言技能辅导工作，在课外时间进行，1～4 年级每周各 3 节，五、六年级每周各两节，6～10 年级每周各 1 节。

发展听觉工作也在课外时间进行，各年级每周各 1 节。

1～4 年级班主任教师应负担该班语文、算术等主要课程，以便更好地发展儿童语言。

这两个教学计划体现出如下的特点。

第一，国家主导主管的课程管理体制形成，不仅建立起聋校十年制的统一学制，而且所有教学科目及其课时安排均由国家负责。

第二，学习苏联聋教育的经验，强化了语言教学，语文课所占比重最大，大约在 50%，即使是手语班也是如此。律动课首次出现在聋校的教学中。聋校课程的共性加特性的课程结构形成。而同时，曾经在新中国成立之前有过的手势课、外语课被删除了。

二、20 世纪 60 年代的聋校课程设置

1957 年 2 月，毛泽东同志提出了党的教育方针。同年 4 月，教育部专门

---

① 何东昌. 中华人民共和国重要教育文献（1949—1975 年）[M]. 海口：海南出版社，1998：748～754.

发出"关于办好盲童学校、聋哑学校的几点指示"，对聋校教育的培养目标、教学特点等作了系统阐述。在全国教育工作发生变化的大形势下，按教学手段不同分别制订教学计划的做法，从实践上所产生的课程设置被人为割裂的问题必然需要调整。经过 1960、1961 年的调研，1962 年 1 月 12 日教育部拟订"全日制十年制聋哑学校教学计划（草稿）"，在全国征求意见。

表 2-8　全日制十年制聋哑学校教学计划表

时数 \ 时数 \ 年级		一	二	三	四	五	六	七	八	九	十	授课总时数	与原计划比较	与六年制普小比较
周会		1	1	1	1	1	1	1				266	＋266	＋50
政治常识									2	2	2	228	＋228	＋228
语文	语文初步	4/2										114	46	
	讲读	8/10	12	12	13	10	10	9	9	9	9	3914		
	作文					2	2	2	2	2	2	456	＋184	
	写字	3	3	3	3	2	2	1				646		
	合计	15	15	15	15	14	14	12	11	11	11	5130	＋132	＋2250
算术		4	4	4	4	5	5	5	5	5	5	1748	－54	＋324
地理								3				114	－158	＋42
历史									3			114	－158	＋42
自然										3	3	228	－44	＋84
律动		2	2	2								228	－44	
体育					2	2	2	2	2	2	2	532	＋124	＋100
图画		2	2	2	2	2	2					456	＋252	＋240
手工及生产劳动		2	2	2	4	4	4	6	6	6	6	1596	＋134	
每周上课总时数		26	26	26	28	28	28	29	29	29	29			
课外辅导		6	6	6	6									
自习						6	6	8	8	10	10			
每周学习总时数		32	32	32	34	34	34	37	37	39	39			

注：1. 课外不再安排生产劳动。

2. 本计划按每学年 38 周计算，原计划按 34 周计算。普通小学是按 36 周计算的。

虽然该计划未正式颁布，但从该"教学计划（草稿）"中可以看出下列几个变化。

（一）调整了聋校培养目标的定位

1957 年，曾将聋校的基本任务定位为：培养聋哑儿童"具有一定的文化科学知识，掌握一定的职业劳动技能，并具有共产主义的道德品质，使他们成为积极的自觉的社会主义的建设者和保卫者"。显然这种提法脱离了聋校工作的实际和仅具有初小文化程度的聋生的实际。新的教学计划将其定位为："聋哑学校必须在党的领导下，贯彻执行教育为无产阶级的政治服务，教育与生产劳动相结合的方针，通过学校的教育与训练，力求弥补聋哑儿童的听觉缺陷，使他们在德育、智育和体育几方面都得到发展，成为有社会主义觉悟的有文化的劳动者。"这基本符合聋校小学性质的实际。

（二）加强思想政治教育工作

新教学计划专门设置了政治常识课，一改过去聋校课程设置中没有专门思想品德类课程，德育为先不突出的状况。

（三）取消按手语、口语教学手段不同分别开班和设置课程的做法

重新按没有残余听力、没有语言基础的适龄聋哑儿童设班考虑，统一设有周会、政治常识、语文、算术、历史、地理、自然、律动、体育、图画、手工及生产劳动等课。但不排除有条件的学校根据聋哑儿童的残余听力、口头语言的基础和年龄大小等不同情况，分编微聋儿童班或超龄儿童班、设置课程的做法。

（四）仍然强调坚持口语教学的方向

新教学计划提出，在课堂教学中，教师讲授课文、学生回答问题必须以口语为主，同时适当运用手指语、手势语和书面语，必要时也可运用少量手势作为教学的辅助手段，以弥补用口语进行教学的局限性。在低年级应尽量少用或不用，中、高年级可以按照汉语语法有控制地使用通用手势。书面语可随课堂教学的需要运用。

三、20 世纪 80 年代的聋校课程设置

在"文化大革命"十年的动乱当中，聋校没有了正常的教学秩序。在结束这场动乱，特别是党的十一届三中全会后，教育部即着手重新制订聋校的教学计划，1984 年公布了"六年制和八年制聋哑学校教学计划（征求意见稿）"，以适

应当时全国不同地区聋校的教学实际。这一教学计划(以八年制为例)设立思想品德、语文(含语文初步、语言技能、叙述、作文、阅读和写字)、数学、常识、律动、体育、图画、手工劳作和职业技术等课程,以及课外活动。课程设置的基本指导思想和课程门类与 20 年前的情况基本相同。

表 2-9 全日制八年制聋哑学校教学计划(征求意见稿)

周／年级课程时数	一	二	三	四	五	六	七	八	上课总时数	百分比
思想品德		1	1	1	1	1	1		204	2.5
语文 语文初步	2	2							136	1.7%
语文 语言技能	1	1							68	0.8%
语文 叙述			2	2					136	1.7%
语文 作文					4	4	2	2	408	5.1%
语文 阅读	12	12	12	12	10	10	10	10	2992	37.2%
语文 写字	1	1	1	1					204	2.5%
语文 小计	16	16	15	15	15	15	12	12	3944	49.2%
数学	6	6	6	6	6	6	6	6	1632	20.3%
常识			2	2	2	2	2		340	4.2%
律动	2	2							204	2.5%
体育			2	2	2	2	2		340	4.2%
图画	2	2	2	2	2	2			408	5.1%
手工劳作	1	1	2	2					204	2.5%
职业技术					3	3	8	8	748	9.3%
并开课程	5	5	6	7	7	7	6	6		
每周总时数	27	27	28	30	31	31	31	31	8024	
课外活动 体育活动	2	2	2	2	2	2	2	2		
课外活动 课外小组活动	1	1	1	1	1	1	1	1		
课外活动 校班团队活动	2	2	2	2	2	2	2	2		
每周在校活动总量	32	32	33	35	36	36	36	36		

20世纪80年代教学计划的历史贡献可以归结为以下几点。

第一，起到拨乱反正的作用，重新统一全国聋校的基本学制和课程设置，结束"文化大革命"期间各地聋校学制和课程设置各行其是的混乱状态。同时从两种学制的计划的提出，也体现出照顾差异的思想，改变以往大一统的做法。

第二，进一步科学定位聋校的教育目标，是根据党的教育方针，"使聋哑学生德、智、体全面发展，成为热爱祖国，热爱社会主义，热爱生活，有良好的道德品质，有初等文化程度和一定劳动技能，身心正常发展，适应社会生活的劳动者，并为他们继续接受各种形式的教育与自觉打下基础"①。所以，"适应社会生活的劳动者"和"打基础"的目标是符合聋校作为基础教育学校的性质和功能的，这一表述一直被以后沿用。

第三，概括聋校教育教学工作的最基本的任务是全面发展，补偿缺陷。计划特别提出："针对聋哑学生生理、心理特点，采取各种有效措施，补偿聋哑学生的听觉缺陷，形成和发展他们的语言。"这实质是对新中国成立后30多年聋教育工作的总结。

四、20世纪90年代的聋校课程设置

1993年10月原国家教委印发《全日制九年制聋校课程计划(试行)》，1994年又根据国务院颁发的新工时制对课时进行了调整。了解这一计划的制订，必须要分析以下背景。

一是1986年4月我国开始实施《义务教育法》；二是1987年进行了首次全国残疾人抽样调查，得出我国6～14岁学龄残疾儿童有625万，而残疾儿童少年的入学率不到10％；三是1988年11月召开了新中国成立后首次全国特殊教育工作会议，1989年5月国务院批转全国特殊教育工作会议形成的《关于发展特殊教育的若干意见》；四是1990年12月颁布《残疾人保障法》。这些法规和文件都明确了必须采取多种办学形式使适龄残疾儿童少年接受九年义务教育。因此，原有不同学制的聋校教学计划均要废止，依法制订九年制的新计划。

《全日制九年制聋校课程计划(试行)》设置了10门课程：思想品德/思想政治、语文、数学、社会(含史地)、自然、理科(含生化)、律动、体育、美工和劳动/劳技课程。

---

① 何东昌. 中华人民共和国重要教育文献(1949—1975年)[M]. 海口：海南出版社，1998：748～754.

表 2-10　全日制聋校课程计划(试行)

课程		一	二	三	四	五	六	七	八	九	总课时	合计	占周活动总量的%
思想品德	思想品德	1	1	1	1	1	1				204	204	2.00
	思想政治							2	2	2	204	24	2.00
学 科	语 文 语言训练	3	3	3							306		
	阅读	9	9	9	9	9	6	6	6	6	2346		
	叙述				2	2	2				204	3502	34.11
	作文					2	4	4	4	4	476		
	写字	1	1	1	1	1					170		
	小计	13	13	13	12	12	10	10	10	10	3502		
	数学	5	5	5	6	6	6	6	6	6	1734	1734	16.89
	自然常数			1	1	1	1				136		
	社会常识			1	1	2	2	2	2	2	340	680	6.60
	理科						一	2	2	2	204		
	律动	2	2	1							170	170	1.65
	体育	1	1	2	3	3	3	2	2	2	646	646	6.29
	美工	2	2	2	2	2	2				408	408	3.97
劳技	劳动	1	1	1	2						170	1088	10.60
	劳动技术					3	6	6	6	6	918		
	周学科课时	25	25	26	28	29	31	30	30	30	8636	8636	84.11
活 动	晨会	每天 10~15 分钟											
	班团队活动	1	1	1	1	1	1	1	1	1	306	306	2.98
	体育锻炼	1	1	1	1	1	1	1	1	1	306	306	2.98
	兴趣活动	2	2	2	2	2	2				408	408	3.97
	个别矫正												
	周活动课时	4	4	4	4	4	4	2	2	2	1020	1020	9.93
	地方安排课程	1	1	1	1	1	1	4	4	4	612	612	5.96
	周活动总量	30	30	31	33	34	36	36	36	36	10268	10268	100.00

这一课程计划具有几个标志性特点。

第一，首次使用"聋校""听力残疾学生"术语，停止使用了几十年的与国际聋教育专业术语不接轨的"聋哑学校""聋哑学生"的用语。这是一个历史的进步。

第二，首次实行聋生与普通学生受教育年限相同的政策。改变了过去聋校学制或长于或短于同级普通学校学制的现象。

第三，首次实行国家课程和地方课程二元管理的课程结构，在国家课程中又实行学科课程与活动课程并举的结构，强调活动也是课程。同时，出现了"社会""理科"这样的综合性课程。

第四，提出聋生与重听学生实行分类教学的要求。

第三节　21世纪我国聋校的课程改革

1999年，中共中央、国务院作出《关于深化教育改革全面推进素质教育的决定》，强调素质教育的核心是培养具有创新精神和实践能力的人才。随之在基础教育领域，后推广至高中教育进行以课程改革为切入点的教育改革。2001年11月27日国务院同意转发的教育部等部门《关于"十五"期间进一步推进特殊教育改革和发展的意见》提出："要完成特殊教育学校新的课程方案的制定工作"，聋校等特殊教育学校的课改方案研制正式起步。

2007年2月，教育部发布《聋校义务教育课程设置方案（试行）》，指出：聋校义务教育阶段的课程设置要落实科学发展观，坚持以人为本，体现义务教育的基本性质，遵循聋生身心发展的特点和规律，适应社会、经济和科学技术发展的要求，为聋生的持续、全面发展奠定基础。

一、聋校课程设置的基本原则

（一）均衡性与特殊性相结合原则

根据促进聋生全面发展的要求，均衡设置九年一贯的课程。课程设置强调形成积极主动的学习态度，使获得基础知识和基本技能的过程同时成为学会生存、学会学习、学会关心、学会合作和形成正确价值观的过程。

按照聋生身心发展规律，体现聋教育的特点，在缺陷补偿的同时，加强开发潜能，增设具有聋教育特点的课程，注重发展学生的语言能力，尤其是书面语言的能力。

(二)综合课程与分科课程相结合原则

各门课程重视学科知识、社会知识和聋生经验的整合，加强学科渗透。小学阶段(1～6 年级)以综合课程为主；初中阶段(7～9 年级)设置分科与综合相结合的课程。

(三)统一性与选择性相结合原则

课程设置既面向全国的聋校学生，提出统一的发展要求，又要根据各地区、各聋校的实际需要和聋生的个体差异，提供选择的空间。课程实行国家、地方和学校三级管理体制。地方和学校可以积极开设选修课，开发校本课程，以适应聋生个性发展的需要。

二、聋校的课程结构

新课改整体设置九年一贯的义务教育课程，其课程结构如表 2-11 所示。

表 2-11　聋校义务教育课程设置

		一	二	三	四	五	六	七	八	九	占总课时比例(%)
品德与生活		2	2	2							6.7～6.6
品德与社会					2	2	2				
思想品德								2	2	2	
历史与社会*	历史							2	2	2	3.8～3.7
	地理							2	2		
科学*	科学				2	2	2				5.5
	生物							2			
	物理								2	2	
	化学									3	
语文		8	8	8	7	7	7	7	7	7	24.8～24.3
数学		5	5	5	5	5	5	5	5	5	16.7～16.6
沟通与交往		3	3	3	3	3	3				6.8～6.6
外语*								2	2	2	2.2

续表

		一	二	三	四	五	六	七	八	九	占总课时比例(％)
体育与健康		3	3	3	3	3	3	2	2	2	9～8.8
艺术	律动	2	2	2							9～8.8
	美工	2	2	2	2	2	2	2	2	2	
劳动	生活指导	1	1	1							4.9～7
	劳动技术				1	1	2				
	职业技术							2～4	2～4	2～4	
综合实践活动					2	2	2	2	2	2	4.5～4.4
学校课程		2	2	2	2	2	2	1	1	1	5.6～5.5
周总课时数		28	28	28	29	29	30	31～33	31～33	32～34	
学年总课时数		980	980	980	1015	1015	1050	1085～1155	1085～1155	1088～1156	9278～9486

三、聋校课改的几个特点

第一，突出以人为本的思想，将促进聋生的全面发展作为课程改革的起点和归宿。与整个教育一样，新中国成立以来的相当长一段时间，特殊教育学校在培养目的上更多强调的是社会本位，即制定和阐述教育目标首先是站在国家角度，而非受教育者角度。这种以社会本位为主的价值取向随着以人为本新的治国理政理念的确立而发生了变化，使教育体现出尊重人、为了人和发展人的本来价值。

第二，将补偿缺陷与发展潜能辩证统一于培养目标，这使得特殊教育学校的教育目的和教育工作的功能更加科学与完整。扬长补短对于残疾学生来说有着特殊的重要意义，作为培养目标和教学的指导思想，在新中国成立后国家制订的历次聋校教学或课程计划中对补偿残疾学生缺陷提的明确、具体，对于发展其潜能强调不够。新的特殊教育学校课程设置方案将发展潜能作为培养目标之一加以明确，并在一定程度上予以突出，还是基于以学生为本的根本理念，要求特殊教育工作者全面完整地理解和把握特殊教育的目的。

第三，课程的综合性进一步凸显，加强学科之间的联系和综合，重视学科知识、社会知识和学生经验的整合。

表 2-12　不同时期聋校课程设置结构比较

	时间	20 世纪 50～60 年代	20 世纪 80 年代	20 世纪 90 年代	21 世纪初
课程设置	类型	学科课程	学科课程	学科课程	学科课程
				活动课程	活动课程
	结构	分科课程	分科课程	分科课程	综合课程
				综合课程	分科课程＋综合课程
					分科课程

第四，设置具有时代特色的课程，如"综合实践活动""沟通与交往"；又恢复了"外语"课程，在"沟通与交往"课中讲授手语知识。在一定意义上讲，这是对聋教育的规律和聋生自身潜力再认识的结果，改变了新中国成立后认为聋人不需要设课学外语、学手语的错误认识和取消外语课、手语课的做法。

第五，相对普通学校课改的实施过程与方式，聋校课改存在一些挑战性的问题，如没有安排"实验—反思—评估—修改"的过程，使得《实验方案》本身缺少实验环节的检验；课程标准制定后，受现实制约，不能做到"一纲多本"，缺少了竞争性和选择性，如果单编聋校教材，其原有的局限性仍然难以避免。对这些问题，需要以辩证唯物主义的观点来认识，将聋校课程改革视为继承与发展、不断完善的历史过程，而不能认为是一种终结。

思考题

1. 旧中国聋校的课程设置有哪些特点？

2. 怎样分析 20 世纪五六十年代的聋校教学计划？

3. 怎样分析 20 世纪八九十年代的聋校教学和课程计划？

4. 21 世纪我国聋校课程改革的基本特点有哪些？

5. 从历史的角度，总结和分析我国聋校课程设置的规律与特点。

第三章 聋校思想品德课程的教学

思想品德课是对学生进行思想品德教育，为其思想品德健康发展奠定基础的专门课程，也是学校德育工作的主要形式之一。育人为本，德育为先，党和国家始终要求必须坚持把学校德育工作摆在素质教育的首要位置，思想品德课程排在聋校一切课程的首位。

第一节 聋校思想品德教育面临的新形势

一、聋校思想品德教育面临的新形势

以人为本，全面实施素质教育，培养社会主义事业的建设者和接班人是教育改革发展的战略主题，是贯彻党的教育方针的时代要求，核心是解决好培养什么人、怎样培养人的重大问题。所以，学校思想教育工作必须始终坚持这一时代要求。牢牢把握思想政治素质这一决定一个人未来发展方向的最重要的素质。

现在，我国仍处在社会转型期，随着各项改革的深入，未成年人思想道德建设面临一系列新情况、新挑战。一方面，我国社会、经济和文化的深入发展为未成年人的全面发展创造了更加有利的条件；随着改革的深入，也使各种社会矛盾凸显，价值观念多元；道德失范，诚信缺失、假冒伪劣、欺骗欺诈、封建迷信、邪教和黄赌毒等社会消极腐败现象难以禁绝，成为社会公害。另一方面，互联网等新兴媒体的快速发展，给未成年人学习和娱乐开辟了新的渠道。同时，腐朽落后文化和有害信息也通过网络传播，腐蚀未成年人的心灵。国际敌对势力、民族分裂势力、极端宗教势力和"台独"势力妄图"西化""分化"我国的阴谋一直没有停止，与我争夺接班人的斗争也日趋尖锐和复杂。

聋生生活在现实的社会中，也会看到来自社会的各种消极腐败现象，有些聋生道德认识水平低，不能识别是非，行为失范，有的甚至禁不住一些社会聋人的利诱而误入歧途。因受听力残疾和语言能力的影响，聋生学习、理解思想道德各方面知识存在的困难要比普通学生多，聋校思想品德教育的任务实际更重，难度更大，也更需要不断改革创新。

二、党和国家对青少年思想品德教育的重要指示

鉴于培养什么人和怎样培养人关系到国家的命运和中华民族的未来，鉴于我国青少年思想品德教育面临的新形势、新情况，进入 21 世纪以来，党中央、国务院和国家主管部门对学校和青少年思想品德教育做出了一系列重要指示和重要部署，其中有关学校和青少年思想品德教育的专门文件主要如下（按时间为序）。

《中共中央办公厅国务院办公厅关于适应新形势进一步加强和改进中小学德育工作的意见》（2000 年 12 月 14 日），教育部关于学习贯彻《中共中央办公厅国务院办公厅关于适应新形势进一步加强和改进中小学德育工作的意见》的通知（2001 年 1 月 11 日），《国务院关于基础教育改革与发展的决定》（2001 年 5 月 29 日），教育部办公厅关于印发《中小学生预防艾滋病专题教育大纲》《中小学生毒品预防专题教育大纲》《中小学生环境教育专题教育大纲》的通知（2003 年 2 月 10 日），教育部办公厅关于进一步加强中小学诚信教育的通知（2004 年 3 月 25 日），教育部发布《中小学生守则》《小学生日常行为规范（修订）》和《中学生日常行为规范（修订）》（2004 年 3 月 25 日），《中共中央国务院关于进一步加强和改进未成年人思想道德建设的若干意见》（2004 年 3 月 22 日），中共中央宣传部、教育部关于印发《中小学开展弘扬和培育民族精神教育实施纲要》的通知（2004 年 3 月 30 日），教育部发布《中小学生毒品预防专题教育大纲》（2004 年 12 月 1 日），《教育部关于在大中小学全面开展廉洁教育的意见》（2007 年 3 月 27 日），中共中央宣传部、教育部、司法部、全国普及法律常识办公室关于印发《中小学法制教育指导纲要》的通知（2007 年 8 月 30 日），教育部办公厅、国家民委办公厅关于印发《学校民族团结教育指导纲要（试行）》的通知（2008 年 12 月 15 日），《教育部关于加强中小学网络道德教育抵制网络不良信息的通知》（2010 年 1 月 26 日），2010 年 7 月中共中央、国务院制定的《国家中长期教育改革和发展规划纲要（2010—2020 年）》中再次对学校德育工作作了专门阐述。由此可见，党和国家对青少年思想政治教育极其高度的重视。

这些都是聋校开展思想品德教育时需要遵循，并结合聋生实际创造性地予以实施的。

三、学校思想品德教育的主要任务

在上述党中央、国务院和国家主管部门有关学校和青少年思想品德教育的专门文件中，对青少年思想品德教育的主要任务和内容有明确具体的规定和

要求。

关于学校思想品德教育的主要任务，2004 年 3 月 22 日《中共中央国务院关于进一步加强和改进未成年人思想道德建设的若干意见》提出"未成年人思想道德建设的主要任务是：①从增强爱国情感做起，弘扬和培育以爱国主义为核心的伟大民族精神。深入进行中华民族优良传统教育和中国革命传统教育、中国历史特别是近现代史教育，引导广大未成年人认识中华民族的历史和传统，了解近代以来中华民族的深重灾难和中国人民进行的英勇斗争，从小树立民族自尊心、自信心和自豪感。②从确立远大志向做起，树立和培育正确的理想信念。进行中国革命、建设和改革开放的历史教育与国情教育，引导广大未成年人正确认识社会发展规律，正确认识国家的前途和命运，把个人的成长进步同中国特色社会主义伟大事业、同祖国的繁荣富强紧密联系在一起，为担负起建设祖国、振兴中华的光荣使命做好准备。③从规范行为习惯做起，培养良好道德品质和文明行为。大力普及'爱国守法、明礼诚信、团结友善、勤俭自强、敬业奉献'的基本道德规范，积极倡导集体主义精神和社会主义人道主义精神，引导广大未成年人牢固树立心中有祖国、心中有集体、心中有他人的意识，懂得为人做事的基本道理，具备文明生活的基本素养，学会处理人与人、人与社会、人与自然等基本关系。④从提高基本素质做起，促进未成年人的全面发展。努力培育未成年人的劳动意识、创造意识、效率意识、环境意识和进取精神、科学精神以及民主法制观念，增强他们的动手能力、自主能力和自我保护能力，引导未成年人保持蓬勃朝气、旺盛活力和昂扬向上的精神状态，激励他们勤奋学习、大胆实践、勇于创造，使他们的思想道德素质、科学文化素质和健康素质得到全面提高"。

《国家中长期教育改革和发展规划纲要(2010—2020 年)》提出"坚持德育为先。立德树人，把社会主义核心价值体系融入国民教育全过程。加强马克思主义中国化最新成果教育，引导学生形成正确的世界观、人生观、价值观；加强理想信念教育和道德教育，坚定学生对中国共产党领导、社会主义制度的信念和信心；加强以爱国主义为核心的民族精神和以改革创新为核心的时代精神教育；加强社会主义荣辱观教育，培养学生团结互助、诚实守信、遵纪守法、艰苦奋斗的良好品质。加强公民意识教育，树立社会主义民主法治、自由平等、公平正义理念，培养社会主义合格公民。加强中华民族优秀文化传统教育和革命传统教育"的最新要求。

第二节 聋校思想品德课程的教学目标

一、思想品德课程的总目标

《聋校义务教育课程设置实验方案》提出聋校的培养目标是："全面贯彻党的教育方针，体现时代要求，使聋生热爱祖国，热爱人民，热爱中国共产党；具有社会主义民主法制意识，遵守国家法律和社会公德；具有社会责任感，逐步形成正确的世界观、人生观、价值观，努力为人民服务；具有创新精神、实践能力、科学和人文素养以及环境意识；具有适应终身学习的基础知识、基本技能和方法；具有生活自理能力、社会适应能力和就业能力；具有健壮的体魄、良好的心理素质，养成健康的审美情趣和生活方式，培养自尊、自信、自强、自立的精神，成为有理想、有道德、有文化、有纪律的一代新人。"这一目标也是聋校思想品德教育应该达到的总目标。

二、思想品德课程的阶段目标

聋校思想品德课程参照普通学校同类课程标准，根据聋生身心发展的不同阶段，将思想品德教育分为三个阶段。

(一)1～3 年级阶段目标

1～3 年级是学生学习生活、养成习惯的时期，设"品德与生活"课程。其教学目标是：培养热爱生活、乐于探究、具有良好品德和行为习惯的聋生。在"情感、态度和价值观"方面，初步养成爱家长、爱老师、爱集体、爱家乡、爱祖国，爱生命、爱自然、爱科学，自信、诚实、上进，接纳自己、愿意交往、懂得回报。在"行为与习惯"方面，初步养成良好的生活、学习、劳动习惯，基本的文明行为、遵守纪律，乐于参与有益的活动，保护环境、爱护公物、懂得节俭。在"知识与技能"方面，培养初步的明辨是非的能力，生活需要的基本知识和劳动技能，正确使用助听器的能力，了解生活中的自然、社会常识，了解有关家庭、社会、国家的初步知识，初步的自我保护的意识和能力。在"过程与方法"方面，让学生体验提出问题、讨论问题的过程，尝试用不同的方法进行探究活动。

(二)4～6 年级阶段目标

4～6 年级是聋生社会性发展的时期，设"品德与社会"课程。其教学目标是：促进聋生良好品德形成和社会化发展，为聋生认识社会、适应社会、成为具有爱心、责任心、良好行为习惯和个性品质的社会主义合格公民奠定基础。在"情感、态度和价值观"方面，珍爱生命，热爱生活，培养自尊自主、乐观向上、爱科学、爱劳动、勤俭节约的态度，文明礼貌，诚实守信，友爱宽容、公平公正、热爱集体、团结合作、有责任心的品质。初步形成民主、法制观念和规则意识，爱祖国，珍视祖国的历史、文化传统，尊重不同国家和人民的文化差异，初步具有开放的国际意识。悦纳聋人群体，乐于与人交往，养成自信、自强的人生观和价值观。关爱自然，感谢大自然对人类的哺育，初步形成保护生态环境的意识。在"知识和能力"方面，初步了解儿童的基本权利和义务，初步理解个体与群体之间的互动关系；初步了解生产、消费与生活的关系，科学技术对人类生存与发展的重要影响，现代科技对残疾人发展的促进作用；了解人与自然、环境的相互依存关系，当今人类社会面临的共同问题；了解中华民族精神和优良传统，知道中国历史上的重大事件，新中国建设与发展的伟大成就；了解世界上的一些重要历史知识，不同文化背景下的生活方式、风俗习惯，各国和平共处的重要意义。培养控制和调整自己的情绪和行为，自我保护的能力，良好的生活和行为习惯；能清楚地表达自己的感受和见解，倾听他人的意见，通过多种途径与他人平等交流与合作，学习民主地参与集体生活；学习多角度观察、认识和分析社会现象，合理有创意地探究和解决生活中的问题，对生活中遇到的道德问题作出正确判断；学习收集、整理、分析和运用社会信息的方法。

(三)7～9年级阶段目标

7～9年级是聋生价值观形成的时期，设"思想品德"课程。其教学目标是：帮助聋生提高思想道德素质，形成健康的心理品质，树立法律意识，增强社会责任感和社会实践能力，弘扬民族精神，树立中国特色社会主义共同理想，逐步形成正确的世界观、人生观和价值观，为使聋生成为有理想、有道德、有文化、有纪律的好公民奠定基础。在"情感、态度和价值观"方面，进一步巩固以往的教育成果，但在程度上有所加深。例如，要求"勤俭节约、珍惜资源""孝敬父母、爱护弱小、乐于助人""热爱科学、勇于创新"以及"具有责任感、竞争意识、团结合作和奉献精神"等。在"知识与能力"方面，让学生了解青少年的身心发展特征和促进身心健康的途径，认识个人的发展与社会环境的关系；了解在与他人、与社会、与自然相处中需要遵守的道德规范、法律法规，尤其是有关残疾人的法规。了解我国的基本国情、基本路线和国际形势。了解国内外一些著名的聋人事迹。继续培养观察、感受、体验和参与社会公共生活的能力、道德判断和明辨是非的能力、独立思考、质疑和反思的能力以及遵纪守法和必要时寻求法律保护的能力。

可见，聋校思想品德课程的教学目标是由总目标和阶段性目标构成的，由此形成思想品德教育的体系。

第三节　聋校思想品德课程的教学内容

一、国家关于学校思想品德教育的内容结构

这些年，党中央、国务院和国家主管部门有关学校和青少年思想品德教育的专门文件所提出的学校思想品德教育的内容，概括起来包括以下几个方面。

（一）爱国主义、集体主义和社会主义教育

从增强爱国情感做起，弘扬和培育以爱国主义为核心的伟大民族精神。

（二）中华民族优良传统和革命传统教育

进行中国历史特别是近现代史教育，认识中华民族灿烂悠久的历史和文化传统，了解近代以来中华民族的深重灾难和中国人民进行的英勇斗争，树立民族自尊心、自信心和自豪感。

（三）马列主义、毛泽东思想和邓小平理论基本观点教育

进行辩证唯物主义和历史唯物主义的教育，引导学生树立正确的世界观、人生观、价值观、信念观和理想观。

（四）社会公德教育

培养爱国守法、明礼诚信、团结友善、勤俭自强、敬业奉献的基本道德规范，集体主义精神和人道主义精神，树立心中有祖国、心中有集体、心中有他人的意识，懂得为人做事的基本道理。

（五）法制教育

增强学生的法制意识和法制观念，使他们从小就养成遵纪守法的良好习惯。

（六）国防教育

增强学生的国防观念，使学生知道中国人民争取民族独立和人民解放斗争的历史，激发爱国热情；了解基本的国防知识，认识一些武器装备，学习初步军事技能，可以组织学生开展以国防教育为主题的少年军校、军训活动。

(七)民族团结教育

进行汉族离不开少数民族,少数民族离不开汉族,各少数民族之间也相互离不开的教育;了解和把握民族团结问题上维护人民利益、维护法律尊严、维护民族团结、维护祖国统一的原则;促进各民族之间的平等团结,树立民族自尊心和自豪感,不断增强中华民族的向心力、凝聚力。

(八)心理健康教育

提高全体学生的心理素质,充分开发他们的潜能,培养学生乐观、向上的心理品质,促进学生人格的健全发展。使学生不断正确认识自我,增强调控自我、承受挫折、适应环境的能力;培养学生健全的人格和良好的个性心理品质;对少数有心理困扰或心理障碍的学生,给予科学有效的心理咨询和辅导,使他们尽快摆脱障碍,调节自我,提高心理健康水平,增强自我教育能力。

(九)环境教育

懂得保护人类赖以生存的环境,节约资源,人与自然和谐相处;具备文明生活的基本素养,自觉采取对环境友善的行动。

二、聋校品德课程的教学内容结构

(一)品德课程的设计思路

按照《全日制聋校义务教育品德课程课程标准》(送审稿),该课程教学内容的设计思路如下。

1.《品德与生活》围绕三条轴线、四个方面组成内容的基本框架

三条轴线是:认识自我、认识家庭、认识社会。

四个方面是:健康安全地生活、愉快积极地生活、负责任有爱心地生活、动脑筋有创意地生活。

2.《品德与社会》以一条主线、点面结合、综合交叉、螺旋上升的思路组成内容的基本框架

一条主线是聋生的社会生活。点是社会生活的若干因素,面是聋生逐步扩大的生活领域,在面上选点,组织教学内容。综合交叉是指每一个教学知识点所包含的社会领域不是单一孤立的,而是综合性的,相互交叉。同时,每一知识点在后续年段仍然重复出现,但内容展开,程度提高,体现知识的螺旋上升。

3.《思想品德》以三个纵坐标、四个横坐标构成内容的基本框架

三个纵坐标是:成长中的我,我与他人,我与集体、社会和国家。

四个横坐标是:道德教育、心理健康教育、法律教育、国情教育。

　　聋校思想品德教育课程体现了一种新的内容结构框架。这种框架以学生为中心、为圆点，按照聋生不同年龄阶段的社会化程度及其认知水平，循着"情感、态度和价值观""知识与能力"以及"过程与方法"三个方向逐步安排知识点、扩大社会实践面，提升分析、评判和践行能力，好像水中的涟漪不断扩大。

　　(二)品德课程教学内容结构设计具有的特点

　　1. 思想政治性

　　结合我国社会和聋生生活的实际，对学生进行爱家乡、爱祖国、爱社会主义、爱人民、爱中国共产党、讲文明、有礼貌、守纪律的教育。其中，特别对学生进行党和国家和全社会关爱残疾人的教育，使学生懂得正确对待残疾，立志做有用的人。

　　2. 人文性

　　对学生进行中华民族优秀文化和民族精神的教育、国际知识的教育、培养学生的民族自豪感、继承发扬中华民族优秀传统的责任感以及关心世界大事的国际视野。

　　3. 综合性

　　课程以学生为核心呈现与他人、与集体、与社会、与国家、与国际的关系，从中贯穿思想、道德、政治、法律、人文和环境等各方面的知识。

　　4. 实践性

　　强调学生在学习中的主体性，运用参与式、活动式的实践教学方式，发挥学生经验和社会实践在学习中的作用，从而丰富学生的体验，锻炼能力，提高素养。

第四节　聋校思想品德课程的教学原则和教学方式

一、聋校思想品德课程的教学原则

　　(一)时代性原则

　　思想品德教育要反映马克思主义中国化的最新成果，我国改革创新为核心的时代精神，使学生通过鲜活真实的生活实际感受认识中国特色社会主义事业，坚定学生对中国共产党领导、社会主义制度的信念和信心。

　　(二)针对性原则

　　一个学生的思想品德形成是一个长期的过程，思想品德教育的内容选择、呈现方式和教学方法都需要符合不同年龄阶段学生的特点，避免机械地采用一个模式。在聋校，经常可以看到开全校大会时台下老师要不断维持学生纪律的场面。因为对于会议讲的内容，中、低年级的聋生一知半解，注意力就不能长时间保持了，自然会坐不住。所以，聋校更需要讲求分类分层组织活动，要在提高德育工作的吸引力和感染力方面动脑筋、想办法。

（三）实效性原则

思想品德教育活动必须将起到教育、内省、转化的效果，引起学生认识、情感、行为方面的变化作为检验成效高低和质量好坏的唯一标准。这也是对思想品德教育普遍存在形式上热热闹闹、内容上空空洞洞、效果上平平庸庸的不良风气的纠正。追求实效，需要摸真情，对学生情况了如指掌；出实招，教育的方法恰到好处；干实事，不仅在一时一事上下工夫争取实效，而且要持之以恒争取长效，使正确的思想道德真正内化为学生的自觉认识和行为。不断增强德育工作的针对性和实效性。

（四）主动性原则

一个年幼少知的聋生成为社会有用之人，其间不是靠自然习得和成长，而是教育发挥着引导的关键性作用。因此，国家要求把德育渗透于教育教学的各个环节，贯穿于学校教育、家庭教育和社会教育的各个方面，使得学生无时不在、无事不在、无处不在地接受正确思想品德的教育、影响和熏陶。

（五）阶段性原则

根据学生的生活经历、接受能力和思想品德教育内容的程度，教学应循序渐进。这是保证思想品德教育针对性、实效性的具体工作策略。例如，《中共中央办公厅国务院办公厅关于适应新形势进一步加强和改进中小学德育工作的意见》（2000 年 12 月 14 日）提出："小学从行为习惯养成入手，重点进行社会公德教育，进行爱祖国、爱人民、爱劳动、爱科学、爱社会主义教育，联系实际对学生进行热爱家乡、热爱集体以及社会、生活常识教育。初中加强国情教育、法制教育、纪律教育和品格修养。高中阶段注重进行马列主义、毛泽东思想和邓小平理论基本观点教育。对中学生进行正确的世界观、人生观和价值观教育。"从中可以看到教育是由近及远、由易到难的。

（六）实践性原则

注重知行统一，不仅让聋生懂得为什么做，而且指导聋生实际去做，是聋校思想品德教育工作要十分重视的一条基本原则。从某种意义上说，指导聋生实践正确的道德行为比指导他们阐释道德知识更重要。陶行知先生说："千教万教教人求真，千学万学学做真人"。显然，这里的千学万学绝不只是在书本中、课堂中的学，一定要在各种社会场合中通过实践去学。"要学生做的事，教职员躬亲共做；要学生学的知识，教职员躬亲共学；要学生守的规则，教职员躬亲共守。"在实践活动安排上，可以将本课程的实践活动与社会活动实践课程结合起来。

二、聋校思想品德课程的教学方式

思想品德课是对学生有目的、有计划、有系统地进行思想品德教育的主要方式。在《课程方案》和《课程标准》的规定下，要系统地给学生讲解思想道德的知识，培养学生的道德是非观念，养成良好的思想道德品质和行为。针对学生的特点，《课程标准》提出此课程以儿童直接参与的丰富多彩的活动为主要教学形式，强调寓教育于活动之中。显然，一定不能把思想品德教育搞成没有生气的简单说教。为此，《课程标准》建议采用的教学活动形式如下。

(一)讲授

这是对聋生进行思想品德教育的最基本活动方式。儿童少年如同一张白纸，需要用正确的思想道德绘出最新最美的图画。对因听觉缺陷而在学习上会受到影响的聋生而言，讲授更是不可缺少的。为了让讲授生动、有效，需要多用直观形象的教具教法，并辅之以其他形式的活动方式。

(二)讨论

讨论可以是小组的，也可以是全班的；讨论的题目可以是教师预定的，也可以是教学中根据学生的情况随机安排的。在讨论中学生有机会表达自己的想法，展示和分享彼此的成果，锻炼分析和表达能力。

(三)资料调查

在教师的指导下，根据学习内容的要求、学生的兴趣和能力，确定收集资料的目标、范围和途径，并以学生熟悉的方式加以整理、呈现和交流。

(四)现场调查

组织学生到现场观察或与当事人交流，使学生对某一特定的问题能有亲身感受，获得直观的印象和更深入的了解。在调查活动前，教师需要讲清调查任务；在调查活动中，教师要指导聋生观察事物的顺序、重点，聋生不懂的词语要用书面形式写下来再加以解释，而且可以让学生带上笔记本进行记录。

(五)情境模拟与角色扮演

创设某种情境让聋生进行仿真性演习，从而在角色模拟中获得经验、知识

49

和实际技能。这对于聋生是喜闻乐见的十分有效的一种学习方式。活动的关键是让聋生获得体验，演技好坏并不重要，而且一定要注意让每一位聋生都有表演的机会。

(六)操作性、实践性活动

组织聋生自己动脑动手进行小实验、小制作、饲养和种植等活动，以及参加值日、值周和检查评比活动。适用于科学探究、保护环境、小学生和中学生守则的学习和践行。

(七)教学游戏

结合教学内容，在教学过程中设计带有"玩"的色彩的游戏活动，也是儿童有效学习的一种方式。

(八)参观访问

这是充分利用各种校外教育资源，让聋生走出校园到社会去学习，开阔眼界，增长知识，扩展兴趣，提高能力。对此，教师首先要有高度的敏感性，注意身边各种有用的信息，抓住机遇及时组织相关活动。

(九)欣赏

这是以聋生体验、感受为主要学习形式的活动。欣赏的对象多种多样，如绘画、自然景色、摄影、舞蹈和电影等，也可以是学生喜欢、佩服的同伴或其他人物。

(十)练习

根据某一教育目标，开展课内或课外强化性练习，以巩固正确的方法和良好的习惯。

(十一)讲故事

这是以故事情节或主人翁的形象教育、感染聋生的活动方式。可以是教师讲，也可以由学生讲，通过故事领悟道理，分辨是非，激发情感。

思考题

1. 怎样认识"德育为先"的原则？
2. 聋校思想品德课的主要任务和内容有哪些？
3. 聋校思想品德教育有哪些专门针对聋生实际的内容？
4. 聋校思想品德教育常用的方式方法有哪些？

第四章 聋校数学课的教学

数学是一门最古老的科学，是人们对客观世界定性把握和定量刻画、逐渐抽象概括、形成方法和理论，并进行广泛应用的过程。数学也是现实生活、劳动和学习中不可缺少的工具。数学课是聋校的一门基础课程，对发展聋生逻辑思维能力、想象能力和创造能力具有特殊重要的作用，同时它也是聋生比较难学习的课程。

第一节 聋校数学课的教学目标

一、数学课的总目标

通过数学课的教学，使聋生在下列这些方面得到发展。

第一，获得初步适应未来社会生活和进一步发展所必需的数学知识（包括数学事实、数学活动经验）以及基本的数学思想方法和必要的应用技能；

第二，初步学会运用数学的思维方式去观察、分析现实社会，解决日常生活中和其他学科学习中的问题，增强应用数学的意识；

第三，初步体会数学与自然及人类社会的密切联系，了解数学的价值，增进对数学的理解和学好数学的信心；

第四，具有初步的创新精神和实践能力，在情感态度和一般能力方面得到充分发展。

二、数学课的分目标

数学课的教学总目标具体体现在知识与技能、数学思考、解决问题、情感与态度四个方面，构成其分目标。

（一）知识与技能目标

使聋生经历将一些实际问题抽象为数与代数问题的过程，掌握数与代数的基础知识和基本技能，并能解决简单的问题；经历探究物体与图形的形状、大小、位置关系和变换的过程，掌握空间与图形的基础知识和基本技能，并能解决简单的问题；经历提出问题、收集和处理数据、作出决策和预测的过程，掌握统计与概率的基础知识和基本技能，并能解决简单的问题。

(二)数学思考目标

使聋生经历运用数学符号和图形描述现实世界的过程，建立初步的数感和符号感，发展抽象思维；通过对现实空间及图形的认识，建立初步的空间观念，发展形象思维；经历运用数据描述信息、作出推断的过程，发展统计观念；经历观察、实验、猜想和证明等数学活动过程，发展合情推理能力和初步的演绎推理能力，能有条理地、清晰地阐述自己的观点。

(三)解决问题目标

使聋生初步学会从数学的角度提出问题、理解问题，并能综合运用所学的知识和技能解决问题，发展应用意识；形成解决问题的一些基本策略，体验解决问题策略的多样性，发展实践能力与创新精神；学会与人合作，并能与他人交流思维的过程和结果；初步形成评价与反思的意识。

(四)情感与态度目标

使聋生能积极参与数学学习活动，对数学有好奇心与求知欲；在数学学习活动中获得成功的体验，锻炼克服困难的意志，建立自信心；初步认识数学与人类生活的密切联系及对人类历史发展的作用，体验数学活动充满着探索与创造，感受数学的严谨性以及数学结论的确定性；形成实事求是的态度以及进行质疑和独立思考的习惯。

以上四个方面的目标是一个密切联系的有机整体，对人的发展具有十分重要的作用，它们是在丰富多彩的数学活动中实现的。其中，数学思考、解决问题、情感与态度的发展离不开知识与技能的学习，同时，知识与技能的学习必须以有利于其他目标的实现为前提。

具体到教学程度上，聋校九年级学生完成普通学校初一年级数学课教学内容的学习，数学水平达到普通学校初一年级学生的程度。

三、扬长与补短目标

数学课同样有扬长与补短的特殊教育目标。通过教学要使聋生能够掌握数学符号和术语，并能用数学语言说出、写出自己的计算思考过程。

通过数学活动，重点要发展聋生的数感、符号感、空间观念、统计观念，以及应用意识与推理能力。

数感主要表现在：理解数的意义；能用多种方法来表示数；能在具体的情境中把握数的相对大小关系；能用数来表达和交流信息；能为解决问题而选择适当的算法；能估计运算的结果，并对结果的合理性作出解释。

符号感主要表现在：能从具体情境中抽象出数量关系和变化规律，并用符号来表示；理解符号所代表的数量关系和变化规律；会进行符号间的转换；能选择适当的程序和方法解决用符号所表达的问题。

空间观念主要表现在：能由实物的形状想象出几何图形，由几何图形想象出实物的形状，进行几何体与其三视图、展开图之间的转化；能根据条件做出立体模型或画出图形；能从较复杂的图形中分解出基本的图形，并能分析其中的基本元素及其关系；能描述实物或几何图形的运动和变化；能采用适当的方式描述物体间的位置关系；能运用图形形象地描述问题，利用直观来进行思考。

统计观念主要表现在：能从统计的角度思考与数据信息有关的问题；能通过收集数据、描述数据和分析数据的过程作出合理的决策，认识到统计对决策的作用；能对数据的来源、处理数据的方法，以及由此得到的结果进行合理的质疑。

应用意识主要表现在：认识到现实生活中蕴涵着大量的数学信息，数学在现实世界中有着广泛的应用；面对实际问题时，能主动尝试着从数学的角度运用所学知识和方法寻求解决问题的策略；面对新的数学知识时，能主动地寻找其实际背景，并探索其应用价值。

推理能力主要表现在：能通过观察、实验、归纳和类比等获得数学猜想，并进一步寻求证据、给出证明或举出反例；能清晰、有条理地表达自己的思考过程，做到言之有理、落笔有据；在与他人交流的过程中，能运用数学语言合乎逻辑地进行讨论与质疑。

第二节　聋校数学课的教学内容

一、义务教育阶段的教学内容

聋校义务教育各学段中都安排了"数与代数""空间与图形""统计与概率"以及"实践与综合应用"四个学习领域。

"数与代数"的内容主要包括数与式、方程和不等式等，这些是研究数量关系和变化规律的数学模型，可以帮助聋生从数量关系的角度更准确、清晰地认识、描述和把握客观世界。

"空间与图形"的内容主要涉及现实世界中的物体、几何体和平面图形的形状、大小、位置关系及其变换。它是聋生更好地认识和描述生活空间并进行交流的重要工具。

"统计与概率"的内容主要研究现实生活的数据和客观世界中的随机现象，通过数据收集、整理、描述和分析，以及对事件发生可能性的刻画，进行合理的推断和预测。

"实践与综合应用"将帮助聋生综合运用已有的知识和经验，经过自主探究和合作交流，解决日常生活中的一些实际数学问题，加深对"数与代数""图形与几何"以及"统计与概率"内容的理解，体会各部分之间的关系。

表 4-1 各学段内容结构

内容 \ 学段	1～3 年级	4～6 年级	7～9 年级
数与代数	数的认识 数的运算 常见的量	数的认识 数的运算 常见的量 式与方程 探索规律	数的认识 数的运算 正、反比例 式与方程 不等式与不等式组
图形与几何	图形的认识 简单测量 图形与位置	图形的认识 简单测量 图形与位置 图形与变换	图形的认识 图形与位置 图形与变换 尺规作图
统计与概率	数据统计活动初步	简单数据统计图表 不确定现象	统计图表 可能性
综合与实践	实践活动	实践与综合应用	实践与综合应用

二、义务教育各学段的教学内容

(一)第一学段(1～3 年级)教学内容

1. 数与代数方面

(1)数的认识

①能认、读、写万以内的数，会用数表示物体的个数或事物的顺序和位置。②认识符号＜、＝、＞的含义，能够用符号和词语来描述万以内数的大小。③能说出各数位的名称，识别各数位上数字的意义。④结合现实素材感受

大数的意义，并能进行估计。⑤能运用数表示日常生活中的一些事物，并进行交流。

（2）数的运算

①结合具体情境，体会四则运算的意义。②能熟练地口算 20 以内的加减法和表内乘除法，会口算百以内的加减法。③能计算三位数的加减法，一位数乘三位数、三位数除以一位数的除法。④经历与他人交流各自算法的过程。⑤能灵活运用不同的方法解决生活中的简单问题，并能对结果的合理性进行判断。

（3）常见的量

①在现实情境中，认识元、角、分，并了解它们之间的关系。②能认识钟表，了解 24 时计时法；结合自己的生活经验，体验时间的长短。③在具体生活情境中，感受并认识克、千克，并能进行简单的换算。④结合生活实际，解决与常见的量有关的简单问题。

（4）探索规律

发现给定的事物中隐含的简单规律。

2. 空间与图形

（1）图形的认识

①通过实物和模型辨认长方形、正方形、圆柱和球等立体图形。②辨认从正面、侧面、上面观察到的简单物体的形状。③辨认长方形、正方形、圆柱、圆等简单图形。④通过观察、操作，能用自己的语言描述长方形、正方形的特征。⑤会用长方形、正方形拼图。⑥能区分直线、线段和射线。⑦结合生活情境认识角，会辨认直角、锐角和钝角。⑧能对简单几何体和图形进行分类。

（2）测量

①结合生活实际，经历用不同方式测量物体长度的过程；在测量活动中，体会建立统一度量单位的重要性。②在实践活动中，体会米、厘米的含义，知道分米、毫米，会进行简单的单位换算，会恰当地选择长度单位。③能估计一些物体的长度，并进行测量。④结合实例认识面积的含义，能用自选单位估计和测量图形的面积，体会并认识面积单位（平方厘米、平方米、平方千米、公顷），会进行简单的单位换算。

（3）图形与位置

会用上、下、左、右、前、后描述物体的相对位置。

3. 统计与概率

对数据统计过程有所体验，学习一些简单的收集、整理和描述数据的方法，能根据统计结果回答一些简单的问题。

4. 实践活动

通过实践活动，初步获得一些数学活动的经验，了解数学在日常生活中的简单应用，初步学会与他人合作交流，获得积极的数学学习情感。

(二)第二学段(4～6年级)教学内容

1. 数与代数

(1)数的认识

①在具体的情境中，认、读、写亿以内的数，了解十进制计数法，会用万、亿为单位表示大数。②初步认识小数和分数，探索小数、分数之间的关系，并会进行转化(不包括将循环小数化为分数)。③会比较小数、分数的大小。④结合现实情境感受大数的意义，并能进行估计。⑤进一步体会数在日常生活中的作用，会运用数表示事物，并能进行交流。⑥在1～100的自然数中，能找出10以内某个自然数的所有倍数，并知道2、3、5的倍数的特征，能找出10以内两个自然数的公倍数和最小公倍数。⑦在1～100的自然数中，能找出某个自然数的所有因数，能找出两个自然数的公因数和最大公因数。⑧知道整数、奇数、偶数、质数、合数。

(2)数的运算

①会口算百以内一位数乘、除两位数。②能笔算三位数乘以两位数的乘法，三位数除以两位数的除法。③能结合现实素材理解运算顺序，并进行简单的整数四则混合运算(以两步为主，不超过三步)。④探索和理解运算律，能应用运算律进行一些简便运算。⑤在具体运算和解决简单实际问题的过程中，体会加与减、乘与除的互逆关系。⑥会分别进行简单的小数、分数(不含带分数)加、减、乘、除运算及混合运算(以两步为主，不超过三步)。⑦会解决有关小数、分数的简单实际问题。⑧在解决具体问题的过程中，能选择合适的估算方法，养成估算的习惯。⑨能借助计算器进行较复杂的运算，解决简单的实际问题，探索简单的数学规律。

(3)式与方程

①在具体情境中会用字母表示数。②会用方程表示简单情境中的等量关系。

(4)探索规律

探求给定事物中隐含的规律或变化趋势。

2. 空间与图形

(1)图形的认识

①了解两点确定一条直线和两条相交直线确定一个点。②体会两点间所有

连线中线段最短，知道两点间的距离。③知道周角、平角的概念及周角、平角、钝角、直角、锐角之间的大小关系。④结合生活情境了解平面上两条直线的平行和相交（包括垂直）关系。⑤通过观察、操作，认识平行四边形、梯形和圆，会用圆规画圆。⑥认识三角形，通过观察、操作，了解三角形两边之和大于第三边、三角形内角和是 180°。⑦认识等腰三角形、等边三角形、直角三角形、锐角三角形、钝角三角形。⑧通过观察、操作，认识长方体、正方体、圆柱和圆锥，认识长方体、正方体和圆柱的展开图。⑨能辨认从不同方位看到的物体的形状和相对位置。

（2）测量

①会用量角器量指定角的度数，会画指定度数的角，会用三角尺画 30°、45°、60°、90°角。②利用方格纸或割补等方法，探索并掌握三角形、平行四边形和梯形的面积公式。③能用方格纸估计不规则图形的面积。

（3）图形与变换

①用折纸等方法确定轴对称图形的对称轴，能在方格纸上画出一个图形的轴对称图形。②通过观察实例，认识图形的平移与旋转，能在方格纸上将简单图形平移或旋转 90°。③欣赏生活中的图案，灵活运用平移、对称和旋转在方格纸上设计图案。

3. 统计与概率

（1）简单数据统计过程

①理解众数的含义，学会求一组数据的众数，理解众数在统计学上的意义。②根据数据的具体情况，选择适当的统计量表示数据的不同特征。③认识复式折现统计图，了解其特点，能根据需要，选择条形、折线统计图直观、有效的表示数据，并能对数据进行简单的分析和预测。

（2）可能性

①通过观察、猜测、试验、推理等活动，体会解决问题策略的多样性及运用优化的方法解决问题的有效性。②感受到数学在日常生活中的广泛应用，尝试用数学的方法来解决实际生活中的简单问题，初步培养聋生的应用意识和解决实际问题的能力。

4. 综合应用

在本学段中，聋生将通过数学活动了解数学与生活的广泛联系，学会综合运用所学的知识和方法解决简单的实际问题，加深对所学知识的理解，获得运用数学解决问题的思考方法，并能与他人进行合作交流。

教学时，应引导聋生从不同角度发现实际问题中所包含的丰富的数学信息，探索多种解决问题的方法，并鼓励聋生尝试独立地解决某些简单的实际问题。

(三)第三学段(7~9年级)教学内容

1. 数与代数

(1)数与式

①分数有关的知识，如分数乘法的计算方法，解答求一个数的几分之几是多少的实际问题。②倒数的意义，以及求倒数的方法。③比的意义、比的基本性质，运用比解决实际问题。④百分数的有关知识，百分数、小数、分数的互化方法，以及百分数的实际应用。⑤负数的概念，有理数的分类，以及有理数范围内的计算方法及运算定律。

(2)方程与不等式

①方程与方程组的有关知识，学习等式的性质，解一元一次方程、二元一次方程组的方法，以及应用方程或方程组解决实际问题。

②不等式的基本性质，解一元一次不等式、不等式组的方法，学习利用数轴表示不等式的解集，根据具体问题中的数量关系，列一元一次不等式或一元一次不等式组，解决实际问题。

2. 空间与图形

(1)图形的基本认识

①构成几何图形的基本元素，点、线、面之间的关系，从不同角度观察几何体。②几何体的展开图。

(2)直线、射线、线段

①直线、射线、线段的相关概念、特点及表示方法，直线公理，线段的和差倍分。②角的概念、表示方法、角的和差倍分。

(3)相交线与平行线

①平面内两条直线的位置关系，同位角、内错角、同旁内角的概念。②相交和平行的概念，平行线的性质及判定定理。③能够说、并写出推理与证明的基本过程。

(4)三角形

三角形的特征与分类，内角、外角、中线、高、角平分线，三角形的稳定性，三角形三边之间的关系，三角形内角和定理，以及外角的性质。

(5)平面直角坐标系

平面内确定物体的方法，了解有序数对，以及平面内一点的坐标表示方法，掌握平移的规律。

3. 统计与概率

其一，从统计图中准确提取统计信息，解释统计结果，做出合理推断。

其二，学习"抽屉原理"，用"抽屉原理"解决实际问题。

4. 课题学习

探讨一些具有挑战性的研究课题，发展应用数学知识解决问题的意识与能力，同时将进一步加深对相关数学知识的理解，认识数学知识之间的联系。在前两个学段的基础上，教学时应引导聋生结合自己的生活经验提出问题、积极思考所面临的课题，清楚表达自己的观点，并能够解决一些问题。

课题学习对聋生来说是比较困难的，表现在聋生很难提出问题，或者清楚地表达自己的观点。但是课题学习十分必要，是帮助聋生建立数学知识之间的联系，形成数学知识整体性认识的重要渠道。因此，切不可忽视课题学习方面的教学。教学时，教师可以利用教材中提供的课题，也可以不拘泥于教材，针对聋生学习的实际另行设计课题，使问题的情境更利于聋生理解和思考。

三、高中阶段教学内容

现在我国一些聋校陆续举办了高中班，学制自行确定，高中阶段数学课使用普通学校高中教材，以校本课程形式进行。以 2009 年《上海市聋人高级中学数学课课程标准（试行稿）》为例，其教学内容如下。

（一）高一阶段

1. 整式与分式

（1）整数指数幂及其运算

①整数指数幂的概念。②整数指数幂的性质。③整数指数幂的运算法则。④平方差公式、两数和（差）的平方公式。

（2）整式及其运算

①整式的概念。②整式的加减运算。③整式的乘除运算。④整式的乘方运算。

（3）因式分解

①因式分解的意义。②因式分解的方法（提取公因式法、分组分解法、公式法、十字相乘法）。③因式分解的步骤。④利用因式分解解决相关问题。

（4）分式及其运算

①分式的有关概念。②分式的基本性质（约分、通分）。③分式的运算（分式的加减、乘除运算）。

2. 基本图形画法

(1)直线、射线和线段

①画一条线段等于已知线段。②线段的和、差、倍及线段的中点。

(2)角

①画一个角等于已知角。②角的和、差、倍及角的平分线。

(二)高二阶段

1. 实数

(1)平方根

①平方根的定义及性质。②算数平方根的定义及性质。③开平方运算。

(2)实数

①实数的有关概念。②有理数与无理数。③实数比较大小。

(3)实数的运算

①实数的运算(加减法、乘除法、乘方、开方)。②实数的运算定律(交换律、结合律、分配率)。③科学计数法。

2. 二次根式

①二次根式的有关概念。

②二次根式的性质。

③二次根式的化简与计算。

④分数指数幂。

a. 分数指数幂的概念。b. 求分数指数幂(分数指数限于分母不大于3的真分数)。

3. 一元二次方程

①一元二次方程的概念。

②一元二次方程的解法。

a. 直接开平方法。b. 因式分解发。c. 配方法。

③一元二次方程的求根公式。

4. 正比例函数与反比例函数

(1)函数的有关概念

①变量、自变量、因变量。②函数、定义域、函数值、值域。③常值函数。

(2)正比例函数

①正比例函数的概念。②正比例函数的图像。③正比例函数的性质。

(3)反比例函数

①反正比例函数的概念。②反正比例函数的图像。③反比例函数的性质。

(三)高三阶段

1. 一次函数

①一次函数的概念。

②一次函数的图像。

③一次函数的性质。

④一次函数的实际应用。

⑤函数的表示方法。

2. 二次函数

①二次函数的概念。

②二次函数的图像。

③二次函数的性质。

④二次函数的应用。

3. 集合

①集合的概念。

②子集、交集、并集。

③集合间的运算。

4. 三角形

①三角形的有关概念。

②三角形的有关线段。

a. 三角形的高。b. 三角形的中线。c. 角平分线。

③三角形的分类。

④全等三角形的概念及其判定。

⑤直角三角形的计算和判定。

⑥等腰三角形的性质。

a. 等边对等角。b. 等角对等边。c. 三线合一。

5. 四边形

(1)多边形

①多边形及其有关概念。②多边形的内角和及外角和。③多边形内角和定理和外角和定理。

(2)平行四边形

①平行四边形的概念。②平行四边形的性质。③平行四边形的性质定理。④平行四边形的判定定理。

(3)特殊的平行四边形

①矩形的定义、性质和判定方法。②菱形的定义、性质和判定方法。③正方形的定义、性质和判定方法。

(4)梯形

①梯形的概念。②等腰梯形的性质与判定。③中位线(三角形、梯形的中位线)。

(四)高四阶段

1. 简单的代数方程

(1)整式方程

①整式方程的概念。②整式方程(二元二次字母系数)的解法。

(2)分式方程

①分式方程的概念。②分式方程的解法。

(3)二元二次方程组

①二元二次方程组的概念。②二元二次方程组的解法(降次、消元)。

(4)列方程组解应用题

①列一元二次方程解应用题。②列分式方程解应用题。

2. 锐角三角比

①锐角三角比概念。

②用计算器求锐角三角比的值。

③直角三角形概念:用勾股定理解直角三角形,以及解决一些简单的实际问题。

3. 圆

①圆心角、弧、弦心距之间的有关概念以及它们之间的关系。

②直线与圆、圆与圆的各种位置关系。

4. 统计初步

①统计的意义:了解统计的有关概念,知道统计的意义。

②表示一组数据平均水平的量。

a. 中位数、众数的相关概念。b. 运用中位数、众数解决简单的统计问题。

③表示一组数据分布的量。

a. 频数、频率的意义。b. 频数、频率分布的直方图。c. 运用频数、频率解释有关实际问题。d. 用计算器求有关统计量。

5. 拓展内容

①无理数的发现。

②代数恒等变形。

a. 乘法公式：推导和初步掌握立方和（差）公式。b. 公式变形：运用公式的变形，训练学生思维的多向性。

③图形与交换。自主设计对称性图案，进行交流。激发学生的审美情趣和创造意识。

④几何文化。勾股定理：运用构图法推导勾股定理，培养学生创造性思维和习惯。

⑤黄金分割简介与应用。通过生活中的实例了解黄金分割的应用价值，激发学生的审美情趣和创造意识。

⑥分类计数原理和分步计数原理。了解并掌握加法定理和乘法定理。

第三节　聋校数学课教学的特殊方法

一、运用直观手段，形成数学概念

概念的形成必须有丰富的感性材料，基础是感性知识。对聋生来说，形成概念必须采用直观媒体提供感性材料，但这还不够，还要形成聋生相应的语言能力，把感性认识提高到理性认识，形成抽象概念。形成概念是指聋生以语言为工具进行思维，在语言的基础上形成的理性概念。教学思想必须明确：直观手段是聋生形成数学概念的重要教学手段，而聋生建立在语言基础上的形成抽象概念是教学目标。

充分运用现代信息技术，加强信息技术与数学课的整合，不但可以给聋生提供大量直观的信息，克服理解困难，而且可以大大提高课堂教学效率。这对于存在一种感觉障碍的聋生来说有着特殊的意义。教师应该在学生理解并能正确运用公式、法则的基础上指导其使用计算器进行复杂的数学运算。

二、数学知识教学和数学语言教学相结合

数学教学离不开语言。随着学习内容的扩展加深，无论是对语言的要求还是对思维能力的要求都大大增强，其中很重要的一种要求就是对数学符号语言的习得。如果聋生的语言、思维发展水平达不到相应的要求，就一定会出现不适应的情况。

例如，"一(－5)＝＿＿＿"这样的填空题，绝大部分聋生经过学习和训练后（主要是掌握口诀"负负得正"，或者是依据去括号法则）能正确作答。但如果把这一题换成"一(－5)表示＿＿＿"，其实并不难，但是却有很多聋生不能正确作答。一方面，有没有深刻理解相反数的意义和表示方法的原因；另一方面，有一个原因就是聋生不懂得符号语言的真正含义。因此，从教学数字"1"开始，就不仅要教会聋生认识"1"，而且要教他读"1"；教"加法"和加法计算试题，就要教聋生说"加"，同时教会他们完整地说出"几加几等于几"；教文字题、计算法则和应用题等更要在教学知识的同时教学语言，整个几年的数学教学过程中都应如此。坚持不懈地发展聋生的语言水平，训练与提高其思维能力，既是聋生学习数学的需要，也是康复和补偿的需要。

三、加强应用题解题步骤的训练，突破聋生解答应用题能力差的难题

应用题教学是聋校数学教学中的难点。解答数学应用题，要坚持经过读题理解题目中表述事物情节之间的关系及提出的问题，通过分析找出有关的数量关系，然后确定解题方案，列式计算，写出答案等步骤。这些步骤是一个有机的整体，每一个步骤都与能否正确解答应用题密切相关，都与聋生的语言理解能力、思维能力和对已学过的数学知识是否巩固密切有关。

1. 读题(理解题意)是解答应用题的基础

聋生由于生活经验狭窄，知识很贫乏，如果题目内容脱离它们的生活经验和已有的知识，对理解题意就很困难。应用题叙述的是一个整体，包括情节、条件和问题，聋生读不懂题意，不能从整体上去思考掌握其全部结构和关系，不能分离出问题为解题目标、分离出条件为解题根据，就无法理解数量关系和列式去解答问题。所以读懂应用题叙述的情节，分离出问题为解题目标，分离出条件为解题依据，是解答应用题必须具备的基础。

有的教师在聋生刚把题目读一遍就立即提问"题目告诉我们什么？""题目要我们求什么？"聋生也就机械地去找，把"？"号前的一句视为"要求什么"，其余的语句视为"告诉什么"。实际上这是经常这样做后形成的一种思维定势，而非真正读懂题意。因此，这需要引起教师的注意，加以纠正。

2. 分析、综合数量关系是解答应用题的核心

表现为对已知和未知的数量关系进行分析综合，找出它们之间的关系。常用的方法有：分析法，从问题出发，逐步分析其间包含的每一个相关数量；综合法，把相关联的数量结合起来，是从部分到整体的思维方法。正确

把握题目中的数量关系，对正确解题、列式至关重要。所以在教学中，要认真指导和训练聋生正确应用两种分析数量关系的方法，从题目的特点和使聋生易于理解出发，可以选用一种为主（实际上两种方法多半是交织在一起不可分割的）。

3. 形成解题思路，确定解题方案，列式

这是运用已有的数学概念、运算法则、定律和公式等相应知识，分析、综合数量关系进行判断、推理的过程。

其中，已有的数学知识和运算技能相当关键。如果忘了，或者似懂非懂，就会造成列算式的困难，甚至列不出算式，有时碰巧列对了算式，也讲不请列式的理由。能否正确分析数量之间的关系也是决定因素。它不仅是检验聋生对已学过的数学知识、运算技能是否巩固，而且是逻辑思维能力的具体体现。在这个步骤的教学中，要引导聋生随着教师的思路走，请聋生陈述是怎样分析数量关系的，是怎样列出算式的。

4. 写出答案，返回题目

答案是根据题目进行运算的结果，所以把答案返回到题目，再完整地复述是怎样运用已有知识分析数量关系，判断、推理定出解题方案、列出算式，最后写出答案的整个过程，对聋生"知其然，又知其所以然"十分必要。既可巩固聋生解题、运算的能力，又能提高他们运用数学语言的能力。

现行《全日制聋校数学实验教材》适当降低了应用题教学的要求，删去了一些比较复杂的应用题。整、小数应用题以一步、二步计算为主，三步计算的只出现少量较容易的；分数应用题只出一步、二步计算的。超过以上难度的应用题作为选学内容。应用题内容注意联系实际，而且是比较容易分析的。所以，只要在以下几个方面认真教学，加强训练，突破难题是可能的。第一，从一年级起就加强数学知识、数学语言、计算能力的教学和综合训练，并注意反复巩固。第二，对数学概念、运算法则和公式等，在理解的基础上要熟记，并经常在口述算理时运用，形成熟练技能。第三，从教学简单应用题开始，认真指导和加强训练聋生的解题能力，掌握读解应用题的基本方法，如应用题是由已知条件和要求解答的问题组成；已知条件是题目中的已知数量的数值，已知数量之间的关系；已知数量和未知数的关系；知道哪种应用题用哪种运算方法解答。要重视组织聋生解答应用题的联系，要加强应用题算理的口述训练，在训练实践中加深理解，形成训练技能。

第四节 聋校数学课教学需注意的问题

一、紧密结合聋生的生活经验和已有知识学习、理解和运用数学

有效的数学学习过程不能单纯地依赖模仿与记忆。结合具体的数学教学内容，采用"问题情境—建立模型—解释—应用—拓展"的模式展开。让聋生经历知识的形成与应用过程，才能更好地理解数学知识的意义，掌握必要的基础知识与基本技能，发展应用数学知识的意识与能力，增强学好数学的愿望和信心。为此教师应该引导聋生主动地进行观察、实验、猜测、验证、推理与交流，形成生活体验，从周围熟悉的事物中学习数学和理解数学。

低年级学生主要通过对事物和具体模型的感知和操作，获得基本的数学知识和能力，如数和简单的计算、图形的认识、简单的测量和数据统计等。为此，数学教学必须注意从学生熟悉的生活情景和感兴趣的事物出发，为他们提供观察和操作的机会。使他们体会到数学就在身边，感受到数学的趣味和作用，对数学产生亲切感。

中、高年级学生能够理解和表达简单事物的性质，以及事物之间的简单关系。数学教学应结合学生生活中实际问题和已有知识，进一步体验数学知识之间的联系，感受数学与现实生活的密切联系。

聋校的数学教学内容，大多是生活、生产劳动中广泛应用的数学基础知识，教材编写又注意了联系实际。这为培养应用能力提供了条件，不仅在课上应多让他们动手操作，还应充分重视将所学的基础知识应用于实际生活，培养聋生运用数学知识解决实际问题的能力。如讲人民币"元、角、分的认识"时，让聋生进行购物、算账活动；讲长方形、正方形的周长和长方形、正方形的面积时，让聋生实际测量课桌、黑板、玻璃，并进行计算；讲四则运算应用题，编写一些结合聋生实际生活的应用题让其计算。学用结合，聋生更能体会数学知识和实际应用的关系，学会如何将所学的知识应用于实际生活中去。

二、加强聋生数学思维的培养

要学生从"学会"到"会学"，就必须在教学中长期地对学生进行数学思维活动的培养训练。纯粹的逻辑分析并不代表全部的数学。人们对数学理论与内容的本质认识即为数学思想，它直接支配着数学的实践活动；由数学实践发展为

一般科学态度的典范，即数学文化。

如果数学教学时只重视解题训练，尽管其可以在一定程度上提高聋生形式上的推导能力，却忽视了培养聋生数学思想和渗透数学文化。久而久之，就难免让聋生产生"为什么要学习数学""学习数学有什么用"的疑惑，导致学习数学的兴趣下降，甚至是厌烦、恐惧。同时，聋生由于先天（或后天）的听力损失，使语言的发展受到影响，抽象思维不够发达，逻辑思维能力比较弱，主要靠视觉来感知外界信息，缺乏语言功能的调节，往往抓不住事物的本质特征和重要的属性。这是聋生的一个普遍特征。聋生的认知特点造成有些数学思想不易被他们所接受，有些容易接受，而且对聋生数学能力的提高有很好的促进作用。因此，可以有选择地向聋生渗透一些数学思想。

例如，在小学阶段，他们的理解力在很大程度上还要依靠具体形象经验的支持。中年级聋生的思维正处于由具体形象思维向抽象逻辑思维过渡阶段，在中年级段不能让聋生的思维水平停留在"依葫芦画瓢"的水平，必须能够准确理解基本概念的内涵实质。例如，能够被2、3、5整除的数的特征部分，教师可以通过多种变式练习，如给一个多位数的某一位填上一个数字，使它符合某种特征等，既可以检验学生是否真正掌握了这些数的特征，又可以发散学生的思维，达到思维训练的目的。

再如，数形结合思想是基础数学中十分重要的一个思想，贯穿于小学、初中的每册教材。数学教师必须有系统观念，在适当的时候专门向聋生介绍数学思想，帮助他们将这些思想形成深刻的印象，贯穿于数学学习的始终。在高年级段数学教学中，教师要尽量避免对代数问题的抽象讨论，而更多地把代数里的含义用图形表示出来，帮助聋生理解。介绍"正数和负数"这一概念时，为了让聋生更好的理解正数、负数和零的含义，可以利用温度计帮助学生直观感知，同时教材中还举了生活中大量的实例解释说明相反意义的量，在帮助学生建立起这些直观的、现实的经验之后，教师应当立即引入数轴这一概念。其实数轴对于聋生来说并不是完全陌生的，五年级下学期学习"分数的意义和性质"时就已经接触过，只不过那时学生看到的只是一条直线，要求学生在直线上找到相应的整数或者分数。教师可以根据教学需要，适当调整知识呈现的顺序，将数轴及时地引入课堂，建立直观认知，帮助学生更好地理解正数、负数和零的含义，向学生渗透数形结合的思想。

同样，相反数、绝对值的含义，对于聋生理解起来也是一大难点。例如，①-4到原点的距离是（　　　），②到原点的距离是5的有理数是（　　　）这样的填空题，学生往往会将①题"距离"写成负数，②题丢解。究其原因，还是没有从数形结合的角度真正理解绝对值的含义。那么相反数、绝对值的几何解释则可以将这些较难、抽象的概念具体化、直观化。因此，教师在教学这两个概念时，要将重点放在几何解释上，深入挖掘数形结合点，向学生渗透数形结合思想，这一点丝毫不可放松，否则聋生的数学根基就有可能存在重大的缺陷，给其今后数学学习埋下隐患。

三、关注聋生数学学习"小不如初"的现象，重视学习方法的指导

经常存在这样的现象：聋生在小学阶段的数学成绩都还能令人满意，数学兴趣也比较浓厚，班级两极分化现象并不明显。开始学习初中数学课程后，过了一段时间往往就有相当一部分聋生的数学成绩落了下来。随着学习内容的不断增多，情况越来越严重，一时间似乎能考出"及格"的成绩都是那么可望而不可及。越是如此，聋生对数学学习的畏难情绪就表现得越明显，低成就感甚至会让聋生逐渐降低数学学习的兴趣，陷入到"恶性循环"之中。

为什么会出现上述这种现象呢？这里有主观和客观两方面原因。小学阶段教学内容浅，聋生依靠教师和家长的帮助基本上能跟上。初中数学知识容量大，使用的教材、学习要求与小学存在很大不同，课上留给学生理解和巩固记忆的时间相对少了。聋生的学习习惯、学习方法以及心理等方面会出现不适期。因此，在中、高年级的转衔阶段，数学教师一定要在备课、教学进度等方面精心设计，帮助聋生逐步顺利度过这一不适期。

如果说小学阶段主要是要培养聋生养成学习的好习惯，那么到了初中，就一定要让他们学会学习，尽快找到适合自己的一套学习方法。很大一部分聋生中存在着这样的现象：课余时间的学习仅仅是写完作业，剩余时间的学习安排是随意的、无序的。从某种意义上可以说聋生的依赖性较强，老师教他们什么，他们才可能掌握什么。因此，教师应该反思自己的教学行为，在教学的同时是否也把数学学科的学习方法传授给了学生？一句两句的提醒、一次两次的忠告所能起到的效果是非常有限的，必须对一些最基本的学习方法明确要求、长期坚持、督促检查。例如，培养聋生课前预习、抄写课堂笔记、课后复习、设置难题本和使用练习册等习惯和能力。课前寻找教学内容的疑点和难点；课中带着问题听课，记录自身需要的内容要点；课后在复习理解的基础上再写作业，提高独立分析问题、解决问题的能力；把平时遇到的难题、因理解错误造成的错题抄写在专门的本子上，便于随时翻看、复习；翻阅练习册中的经典例题，给自己增加一些课外练习的任务。

四、创造性地使用教材

在教材使用方面，全国各地聋校不尽相同，有的使用聋校教材，有的使用普校教材，其数学知识体系大同小异。普校新课改教材有多种版本，编写风格较原来老教材已经有很大不同了，具有强烈的时代气息。

聋生对数学规律的感知较普通孩子更加依赖于直观。培养聋生抽象思维能力的前提必须建立在学生的理解基础上。这样，适合聋生学习的教材，首先应该满足直观体现数学知识所蕴涵的关系、联系和规律这一基本要求；必须设计符合聋生对数学概念、数学运算法则和定律等内容的理解与记忆特点的例题，以及配套练习；教材应该合理地划分出每一课时所包含的教学内容，内容组织呈现的方式、教材语言要适合聋生自学和复习，例如，每一课时结束后呈现知识要点，以利于聋生最大限度地使用教材和教师对教学内容的把握。但不管何种版本的教材都会存在某种不适应聋生使用之处。因此，教师应该充分利用教材的多样性提供更多选择性的有利条件，根据本班聋生的学习特点进行创造性、灵活性的综合、改编工作，最大限度地发挥教材的学习资源作用。

思考题

1. 聋校数学课的教学目标有哪些？

2. 怎样理解知识与技能、数学思考、解决问题和情感与态度四个方面目标的关系？

3. 义务教育阶段聋校数学课教学的领域有哪些？

4. 如何认识数学知识与数学语言学习的关系？

5. 聋校数学课教学需要注意哪些问题？

第五章 聋校语文课的教学

语文是最重要的交际工具，是人类文化的重要组成部分。工具性与人文性的统一是语文课程的基本特点。聋校的语文课还担负着帮助聋生克服听觉和语言障碍、形成与发展语言的任务。聋生学习语文不仅仅是学习语言和文化，更重要的是掌握一种沟通交流的工具。这个工具掌握得好与差，直接影响聋生其他课程的学习。因此，在某种意义上讲，对聋生而言，语文学习的工具性大于语文的人文性。

第一节 聋校语文课的教学目标

一、语文课的总目标

聋校语文课的总目标包括以下要点。

第一，在语文学习的过程中，培养爱国主义情感和社会主义道德品质，逐步形成积极的人生观和正确的价值观，提高文化品位和审美情趣。

第二，认识中华民族文化的丰厚博大，吸收民族文化智慧。关心当代文化生活，尊重多样文化，汲取人类优秀文化的营养。

第三，培植热爱祖国语言文字的情感，养成语文学习的自信心和良好习惯，掌握最基本的语文学习方法。

第四，在发展语言能力的同时，培养思维能力，激发想象能力和创造能力。逐步形成在实践中自主学习和运用语文的主动性。

第五，基本掌握汉语拼音的口形和拼读方法。认识 2500 个左右的汉字。能正确工整地书写汉字，并有一定的速度。

第六，具有基本的独立阅读能力，学习多种阅读方法。能初步理解和欣赏文学作品，发展个性，有一定的积累，九年课外阅读总量不少于 220 万字，能背诵（默写）优秀诗文 150 篇（段）左右。

第七，能根据日常生活的需要，运用常见的表达形式写作，做到内容具体明确、语句基本通顺。

第八，具有看话（口语）、书面语交际的基本能力，初步学会文明地进行人际沟通和社会交往。

第九，学会使用常用的语文工具书，初步具备收集和处理信息的能力。

二、义务教育阶段语文课的教学目标

内容＼学段	第一学段（1～3 年级）	第一学段（4～6 年级）	第一学段（7～9 年级）
1. 识字与写字	①喜欢学习汉字，有主动识字的愿望。 ②认识常用汉字1200个左右，其中800个左右会写。 ③熟记声母、韵母和声调，整体认读音节和《汉语拼音字母表》。基本掌握汉语拼音的口形和拼读方法。认识大写字母，正确书写声母、韵母和音节。熟练地使用汉语拼音手指字母。 ④掌握汉字的基本笔画和常用的偏旁部首，能按照笔顺规范写字，注意间架结构。能够书写规范、端正、整洁。 ⑤能借助汉语拼音认读汉字。学习音序和部首检字表，学习独立识字。	①对学习汉字有浓厚的兴趣，养成主动识字的习惯。 ②累计认识常用汉字2000个左右，其中1600个左右会写。 ③掌握音序检字法及部首检字法。 ④能用硬笔熟练地书写楷书，行款整齐。开始学习使用毛笔临摹正楷字帖，在书写中体会汉字的优美。 ⑤有条件的学校，可学习使用键盘输入汉语拼音和汉字。	①有较强的独立识字能力。累计认识常用汉字2500个左右，其中2200个左右会写。 ②主动运用自己喜欢的检字方法，使用工具书识字学词，扫除阅读中的障碍。 ③用硬笔写楷字，行款整齐，有一定的速度。 ④能用毛笔书写楷书，体会书法的优美。

续表

内容 \ 学段	第一学段(1～3年级)	第一学段(4～6年级)	第一学段(7～9年级)
2. 阅读	①喜欢阅读，感受阅读的乐趣，初步养成爱护图书的习惯。 ②练习正确、有表情地朗读（或用手语表达）句子和课文。学习默读。 ③能结合上下文和生活实际了解词句的意思。 ④借助图画阅读浅近的童话、儿歌、故事，乐于与他人交流自己感兴趣的内容。 ⑤认识课文中常见的标点符号，在阅读中体会句号、逗号、问号和感叹号的不同用法。 ⑥积累自己喜欢的词语。背诵优秀诗文50篇（段）。课外阅读总量不少于10万字。	①正确、流利、有表情地朗读（或用手语表达）课文。背诵指定的内容。 ②初步学会默读课文，做到不出声、不指读。开始学习略读，粗知文章大意。 ③能联系上下文，借用工具书和已有生活经验理解词句的意思，初步把握文章的主要内容，体会文章表达的思想感情。体会课文中关键词句在表达情意方面的作用。能对不懂的地方提出疑问。 ④在理解语句的过程中，体会句号和逗号的不同用法，了解冒号、引号和书名号的一般用法。 ⑤能复述叙事性作品的大意，能与人交流自己的阅读感受。 ⑥积累课内外读物中的优美词语，精美句段。背诵优秀诗文50篇（段）。 ⑦养成读书看报的习惯，收藏并与同学交流图书资料。课外阅读总量不少于40万字。	①正确、流利、有表情地朗读（或用手语表达）课文。背诵指定的内容。 ②默读有一定的速度，默读一般读物每分钟300字左右。 ③能借助词典阅读、理解词语在课文中恰当意思，辨别词语的感情色彩。 ④联系上下文和自己的积累，体会作者的思想感情，初步领悟文章的表达方法。在交流和讨论中，敢于提出自己的看法和疑问。 ⑤初步了解议论文、说明文的基本写作方法，能抓住内容的要点。 ⑥阅读叙事性作品，了解事件梗概，能简单描述自己印象最深的场景、人物和细节，说出自己的感受。阅读诗歌、寓言和古文，大体理解内容，体会作者的情感。受到优秀作品的感染和激励，向往和追求美好的理想。 ⑦在理解课文的过程中，体会顿号与逗号、分号与句号的不同用法。 ⑧背诵优秀诗文50篇（段）。 ⑨学习浏览，学习利用图书室、网络收集信息，扩大阅读面。尝试每年阅读1～2部名著。课外阅读总量不少于150万字。

续表

学段\内容	第一学段(1~3年级)	第一学段(4~6年级)	第一学段(7~9年级)
3. 写话/习作/写作	①对写话有兴趣，能用基本句式写清楚自己想写的话。 ②能根据图片、简单的事物和生活场景写意思连贯、语句基本通顺的几句话，初步形成段的概念。 ③在写话中能运用阅读和生活中学到的词语。 ④根据表达需要，学习使用逗号、句号、问号和感叹号。	①学写日记，培养书面表达的兴趣，增强习作的信心。 ②培养有顺序地观察事物的习惯，能不拘形式地写下自己的见闻、感受和想象。 ③尝试在习作中运用平时积累的语言材料。 ④愿意将自己的习作讲给别人，与他人分享习作的快乐。 ⑤根据表达的需要，使用冒号、引号。 ⑥学习修改习作中的错误词句。 ⑦课内习作以短篇为主，每学年16次左右。	①知道写作是为了自我表达和与人交流。写作时懂得考虑不同的目的和对象。 ②养成留心观察周围事物的习惯，有意识地丰富自己的见闻，积累习作素材。 ③能写简单的记叙文和说明文，内容具体，感情真实，语句基本通顺，并根据表达的需要进行分段叙述，标点符号使用基本正确。 ④学写读书笔记和常用的应用文。 ⑤能修改自己的习作，并主动与他人交流。 ⑥课内习作每学年16次左右。一节课能完成不少于400字左右的习作。
4. 语言交际	①有表达的信心。愿用口语(看话)、书面语和手语等多种方式与人交谈。态度自然大方，有礼貌。 ②能认真看、听别人的表达，了解表达的主要内容。 ③能比较完整、通顺地复述课外读物、音像作品的大意和情节。 ④能比较完整、通顺地讲述一件事情和自己感兴趣的见闻。 ⑤积极参加讨论，对感兴趣的话题发表自己的意见。	①能比较熟练地用口语(看话)、书面语和手语等多种方式与人交谈。能认真看、听别人的表达，并就不理解的地方向人询问。 ②能把握别人表达的主要内容，并能简要转述。 ③能比较清楚、明白地表述见闻，并说出自己的感受和想法。	①与人交流时尊重、理解对方。 ②乐于与他人交流，能自信地表达自己的思想。 ③听别人表达时认真耐心，能抓住要点和作简要转述。 ④注意交流的对象和场合，表达有条理，语态得体，举止文明。

续表

学段 内容	第一学段（1～3年级）	第一学段（4～6年级）	第一学段（7～9年级）
5. 综合性学习	①对周围事物有好奇心，能就感兴趣的内容提出问题，结合课内外阅读，共同讨论。 ②结合语文学习，观察大自然和社会生活，用口头或图文方式表达观察所得。 ③热心参加校园、社区活动。结合活动，能用口头或图文方式表达自己的见闻和想法。	①能提出学习和生活中的问题，有目的地收集资料。 ②结合语文学习，观察大自然和社会生活，用口头和书面语相结合的方式表达观察所得。 ③在老师的指导下开展有趣味的语文活动，在活动中学习语文，学习合作。 ④在家庭和学校生活中尝试运用语文知识和能力解决简单问题。	①学习查找资料、运用资料的基本方法。 ②为解决学习和生活中的相关问题，利用图书馆、网络等信息渠道获取资料。 ③学习组织班级、年级或团队活动，学写活动计划、活动总结，写墙报、布置会场和展板。 ④对大家共同关注的问题进行讨论，能用文字、图表、图画、照片和多媒体展示成果。

三、高中阶段语文课的教学目标

聋校高中语文课程总目标分为三个层次：一是"积累·整合"，强调语文积累，并针对高中聋生的学习特点，在积累的同时，要求对所学的内容进行不断地梳理整合，以实现言语经验的系统化和结构化，语文素养的各个方面能融会贯通、整合为一体；二是"感受·鉴赏""思考·领悟"和"应用·拓展"，呈现语文学习活动的主要过程，突出高中语文课程着重培养聋生应用、审美和探究能力的基本思路；三是"发现·创新"，体现培养语文素养的更高要求。

(一)积累·整合

能围绕所选择的目标加强语文积累，在积累的过程中，注重梳理。根据自己的特点，扬长补短，逐步形成富有个性的语文学习方式。了解学习方法的多样性，掌握学习语文的基本方法，能根据需要采用适当的方法解决阅读、交流中的问题。通过对语文知识、能力、学习方法和情感、态度、价值观等方面要素的融汇整合，切实提高语文素养。

(二)感受·鉴赏

阅读优秀作品，品味语言，感受其思想、艺术魅力，发展想象力和审美力。具有良好的现代汉语语感，努力提高对古诗文语言的感受力。在阅读中，体味大自然和人生的多姿多彩，激发珍爱自然、热爱生活的感情；感受艺术和科学中的美，提升审美境界。通过阅读和鉴赏，深化热爱祖国语文的感情，体会中华文化的博大精深、源远流长，陶冶性情，追求高尚情趣，提高道德修养。

(三)思考·领悟

根据自己的学习目标，选读经典名著和其他优秀读物，与文本展开对话。通过阅读和思考，领悟其丰富内涵，探讨人生价值和时代精神，以利于逐步形成自己的思想、行为准则，树立积极向上的人生理想，增强为民族振兴而努力的使命感和社会责任感。养成独立思考、质疑探究的习惯，发展思维的严密性、深刻性和批判性。乐于进行交流和思想碰撞，在相互切磋中加深领悟、共同提高。

(四)应用·拓展

能在生活和其他学习领域中，正确、熟练、有效地运用祖国语言文字。在语文应用中开阔视野，初步认识自己学习语文的潜能和倾向，根据需要和可能，在自己喜爱的领域有所发展。增强文化意识，重视人类文化遗产的传承，尊重和理解多元文化，关注当代文化生活，学习对文化现象的剖析，积极参与先进文化的传播和交流。注重跨领域学习，拓展语文学习的范围，通过广泛的实践，提高语文综合应用能力。

(五)发现·创新

注意观察语言、文学和中外文化现象，学习从习以为常的事实和过程中发现问题，培养探究意识和发现问题的敏感性。对未知世界始终怀有强烈的兴趣和激情，敢于探异求新，走进新的学习领域，尝试新的方法，追求思维的创新、表达的创新。学习多角度多层次地阅读，对优秀作品能够常读常新，获得新的体验和发现。学习用历史眼光和现代观念审视古代作品的内容和思想倾向，提出自己的看法。在探究活动中，勇于提出自己的见解，尊重他人的成果，不断提高探究能力，逐步养成严谨、求实的学风。

由于目前聋校高中语文教学相当于普通高中二年级的目标要求，以上课程目标可根据各地学校及聋生的具体情况灵活掌握。

第二节　聋校语文课的教学内容

一、义务教育阶段语文课的教学内容

聋校义务教育阶段语文教学主要分为低、中、高三个阶段，每个阶段使用的教材也不尽相同。有些聋校仍沿用聋校统编教材，有些聋校使用普通学校教材，有些聋校则聋校统编教材与普通学校教材结合使用。为此，下面综合义务教育阶段聋校的情况，就各年级语文课的基本教学内容作一阐述。

（一）一年级教学内容

1. 一年级第一学期

一年级第一学期语文教材现有 20 篇课文，由入学教育、汉语拼音、看图学词及基础训练四部分内容组成。

入学教育部分共有 7 幅彩图，供教师向聋生进行学校常规和学习目的的教育使用。1～14 课为汉语拼音部分，学习 23 个声母（包括 y、w）、35 个韵母的发音部位及方法，能较正确地掌握声母、韵母的发音和口形，并能默写声、韵母。能准确认读 16 个整体认读音节。学会用两拼法拼读音节。对有听力的聋生要求会韵母带调拼读音节。会拼读（或直呼）教材中出现的 200 多个常用音节，做到口形基本正确。能正确地打出汉语拼音字母指式。能正确、清晰地打出音节指语，姿势正确。能看懂学过的手指语。会写拼音字母，做到笔顺、格式正确。能正确地抄写音节，仿写声调。

看图读拼音学词部分从 15～20 课共 6 课，包括两个基础训练，借助彩图、汉语拼音学习汉字的基本笔画，从单音节词到多音节词，笔画由简入繁，从易到难。本部分共识字 85 个，且多为独体字。

2. 一年级第二学期

一年级第二学期语文教材现有 20 篇课文，主要内容是看图学词学句。

汉语拼音：本学期学习 32 个新音节，新音节都是随着学词句出现的，并安排在课后练习中。

学词识字：本册书共学习 264 个生字，190 多个新词，认识 20 个常用偏旁。课文中所学的字词都是聋生日常生活中所见的，采用的是归类学词识字，如：学校、教室里的东西名称及学习用品、生活用品等，每个词语都配有直观形象的图画，便于聋生准确地理解词义。

句子：全册书学习 43 句话，句式结构较简单，排列由浅入深，由易到难。句式类型如："是什么""有什么"和"做什么"等。课文中的句子一般都配有图画，要让聋生把图中的形象和语言文字联系起来，借助图理解句意。

基础训练：本册共安排了 5 个基础训练，内容有复习汉语拼音，复习本单元学的词句，练习看图说话、写话等。

(二)二年级教学内容

1. 二年级第一学期

二年级第一学期语文教材由看图学词、看图学句和基础训练三部分组成。全册共 20 课，其中看图学词学句 12 课，例如，1～4 课为"北京""冷热""圆桌""白菜"。看图学句 8 课，例如，17～20 课为"麻雀从树上飞走了""屋子外面种着两棵树""王老师是我们的班主任""姐姐的语文课本比我的语文课本厚"。

2. 二年级第二学期

二年级第二学期语文教材由看图学词学句、看图学句和基础训练三部分组成。全册共 20 课，其中看图学词学句 8 课，主要是认识长城、天坛等北京古迹和花、树木、小动物等一些日常生活中常见的词语名称。看图学句 12 课，有"老师您好""水开了""春天""老师正在批改作业""同学们做游戏""小弟弟迷路了"等一些生活中、学习中聋生们能看到、接触到的情景句子。

(三)三年级教学内容

1. 三年级第一学期

汉语拼音：共 4 单元 16 课。每单元后有复习，课后无练习。主要学习汉语拼音基本内容，掌握音节。拼音教学中，安排了 70 个常用汉字，不要求书写，了解意思，整体认记即可。

识字教学：共 2 单元 8 课。特点是多读少写，为提早阅读做准备。

课文：共 4 单元 20 课。主要是把课文读正确，读通顺，能读出感情来。

语文园地：复习、巩固各单元知识，提倡同学之间的合作与相互交流。

口语交际：理解图意，重在联系实际进行扩展练习。

2. 三年级第二学期

本书以专题组织单元，以整合的方式组织教材内容，共分 8 个专题(8 组)。每个专题包括"识字"、4～5 篇课文和"语文园地"。

识字教学：共 8 组 8 课。包括词语、三字经、对对子、谜语、谚语和诗歌等多种形式。易于朗读，丰富知识储备，并给予思想和文化的熏陶。

课文：共 8 组 34 篇。内容丰富，题材多样，蕴涵丰富的人文内涵。要求读通顺，重点课文背诵。

语文园地：复习本单元知识，提倡课外识字，合作学习、相互交流。

口语交际：理解图意，重在联系实际进行扩展练习。

(四)四年级教学内容

1. 四年级第一学期

教科书设计了 8 个专题，围绕专题以整合的方式组织教材内容。依次是：

美丽的秋天，丰富多彩的学校生活，热爱祖国，怎样看问题、想问题，友好相处、团结合作，关爱他人，保护环境、爱护动物，热爱科学。

每组教材都包括导语、识字、4～5篇课文以及语文园地。识字的形式多样，有词语、成语、谚语、三字经、对联和儿歌等。课文共34篇，内容丰富，体裁多样，语言生动。语文园地包括"我的发现""日积月累""口语交际""展示台"等。

2. 四年级第二学期

教材分8个单元，每个单元涉及一个主题，有4篇课文。感受、探索春天，爱与奉献，爱祖国、爱家乡，勤动脑、善思考，神秘大自然，人的品行，正确看待问题，走进科技世界等。语文园地：包括我的发现、日积月累、口语交际，展示台和宽带网。围绕主题：包括字、词、句、文等方面，积累好词佳句、渗透中华文化，提倡合作和相互交流。围绕单元主题进行写作小练习，初步培养聋生的习作能力。

(五)五年级教学内容

1. 五年级第一学期

本册共有课文32篇，其中精读课文24篇，略读课文8篇。此外，教材后面还附有8篇选读课文。每个单元包括导语、课例和语文园地三大部分。课例由三篇精读课文和一篇略读课文组成。其中，精读课文后有要求认识和要求学会的字，还有课后练习题，略读课文前有一段连接语，既将前后的课文连接起来，又提示略读课文的学习要求和方法。在部分课文的练习题后，还安排有"资料袋"。第一单元和第五单元各安排一次综合性学习，分别是"我们的课余生活""生活中的传统文化"。

教材继续以专题组织单元，设计了8个专题，依次是：多彩的生活、名人故事、心中的秋天、细心观察、灿烂的中华文化、壮丽的祖国山河、科学的思想方法、献出我们的爱。每个专题内涵丰富，贴近儿童生活，体现时代特点，蕴涵教育价值。

2. 五年级第二学期

本册共有课文32篇，其中精读课文24篇，略读课文8篇。此外，教材后面还附有8篇选读课文。每个单元包括导语、课例和语文园地三大部分。课例由三篇精读课文和一篇略读课文组成。其中，精读课文后有要求认识和要求学会的字，还有课后练习题，略读课文前有一段连接语，既将前后的课文连接起来，又提示略读课文的学习要求和方法。在部分课文的练习题后，还安排有"资料袋"。

教材继续以专题组织单元，设计了 8 个专题，依次是：感受大自然的美好，爱护周围环境，怎样看问题、想问题，丰富多彩的儿童生活，可贵的亲情、友情，神奇的科技世界，国际理解和友好，神话故事、传说，每个专题人文内涵丰富，贴近儿童生活，体现时代特点，蕴涵教育价值。

（六）六年级教学内容

1. 六年级第一学期

本册教材分组编排。全册共分 8 组。每组包括导语、课例和语文园地三大部分。

教材继续按专题编组。专题内涵丰富，贴近儿童生活，既富有教育价值与时代感，又突出学习语文的特点。8 个专题依次是：自然奇观、观察与发现、中外童话、作家笔下的动物、我国的世界遗产、人间真情、成长的故事、科技成就。其中第三组（中外童话）和第七组（成长的故事）还安排了综合性学习，使这两组的学习内容与形式更加丰富多彩。

课文均围绕专题编选，分精读课文与略读课文两类。全册共有课文 32 篇，其中精读课文 18 篇，略读课文 14 篇。

2. 六年级第二学期

本册教材分组编排。全册共分 8 组。每组包括导语、课例和语文园地三大部分。

教材继续按专题编组。8 个专题依次是：走遍千山万水、以诚待人、大自然的启示、战争与和平、热爱生命、田园生活、执著的追求、故事长廊。其中第三单元"大自然的启示"和第六单元"田园生活"还安排有综合性学习内容，使专题的学习内容与形式更加丰富多彩。

全册共有课文 32 篇，其中精读课文 18 篇，略读课文 14 篇。精读课文后有思考练习题。略读课文在课文前有一段连接语，将前后课文连接起来，并提示略读课文的学习要求。在部分课文后面，安排有"资料袋"或"阅读链接"，以帮助了解相关资料或丰富聋生的阅读。

（七）七年级教学内容

1. 七年级第一学期

本册教材，共有课文 28 篇，其中精读课文 14 篇，略读课文 14 篇。这些课文从精读、略读到选读，按三个层次编排，每组由"导语""课例""口语交际·习作""回顾·拓展"四部分组成。

教材继续按专题组织单元，共设计了 9 个专题，依次是：我爱阅读、月是故乡明、学习说明性文章、生活的启示、遨游汉字王国、父母之爱、不忘国耻、振兴中华、走近毛泽东。在教材的最后，还安排了"综合性学习内容"，使学习内容与形式更加丰富多彩。

2. 七年级第二学期

本册教材分组编排。全册共分 8 组。每组包括导语、课例、口语交际、回顾·拓展四大部分。

教材继续按专题编组。专题内涵丰富，贴近儿童生活，既富有教育价值与时代感，又突出学习语文的特点。8 个专题依次是：走进西部、永远的童年、语言的艺术、他们让我感动、中国古典名著之旅、走进信息世界、作家笔下的人、异域风情。其中第三组(语言的艺术)和第六组(走进信息世界)还安排了综合性学习，使这两组的学习内容与形式更加丰富多彩。

(八)八年级教学内容

1. 八年级第一学期

本册共有课文 28 篇，精读课文、略读课文各 14 篇。这七组教材，每组由"导语""课例""口语交际·习作"和"回顾·拓展"四部分组成。课例包括四篇课文，精读课文两篇，略读课文两篇。精读课文后有思考练习题，略读课文前有连接语。部分课文后面安排了"资料袋"或"阅读链接"。

教材继续按专题组织单元，共 8 组，依次是：感受自然、祖国在我心中、心灵之歌、珍爱我们的家园、初识鲁迅、轻叩诗歌的大门、人与动物、艺术的魅力。

2. 八年级第二学期

本册教材共有课文 21 篇，其中精读课文 10 篇，略读课文 11 篇。这五组教材的编排体例与高年段前三册一致，每组由"导语""课例""口语交际·习作"和"回顾·拓展"四部分组成。

教材继续按专题组织单元，共设计了 6 个专题，依次是：人生感悟、民风民俗、深深的怀念、外国名篇名著、科学精神、难忘小聋生活。在六组教材之后，安排了一组"古诗词背诵"，提供了 10 首供聋生读背的古诗词。在教材的最后，还安排了"综合复习"，为教师准备了 9 篇复习材料以供期末复习时使用。

(九)九年级教学内容

1. 九年级第一学期

本册教材分为 6 个单元，共选编了 30 篇课文，其中 15 篇精读课文，15

篇略读课文，6个综合性学习·写作·口语交际。

6个单元的主题依次是：生命体验、理想信念、自然美景、科学世界、家庭亲情、想象世界。

2. 九年级第二学期

本册教材分为6个单元，共选编了30篇课文，其中15篇精读课文，15篇略读课文，6个综合性学习·写作·口语交际。

6个单元的主题依次是：成长的足迹，热爱祖国，学习杰出人物，文化艺术，探索自然、关爱动物，善待生命。

二、高中阶段语文课的教学内容

随着聋生受教育水平的提高，越来越多的聋生升入高中。聋校高中语文教育既有与义务教育阶段语文教育相同之处，又有其不同之处，因此，构建具有时代性、基础性和选择性的高中语文课程，也是聋校基础教育改革的一项重要任务。

(一)高中语文课程的结构

聋校高中语文课程与普通高中一样，由必修课程和选修课程两部分组成。必修课程突出课程的基础性和均衡性。通过必修课程的学习，使聋生具备基本的思想文化修养和一定的运用语言文字的能力，在语文的应用、审美和探究等方面得到较协调的发展。选修课程更主要的是致力于让聋生有选择地学习，促进聋生个性的发展。

必修课程和选修课程均按模块组织学习内容。必修课程是选修课程的基础，选修课程是必修课程的扩展，两者要有机衔接。根据目前聋校高中语文教学达到普通高中二年级的水平要求，必修课程包括"阅读与鉴赏"和"表达与交流"两个方面的目标，根据聋生的特点，由四个"语文"模块组成。选修课程可根据各校聋生的实际特点，从普通高中语文选修课程"诗歌与散文""小说与戏剧""新闻与传记""语言文字应用"和"文化论著研读"五个系列中选择，也可以根据本校的课程资源设计选修模块。选修模块课程的具体名称、顺序编排由学校自定。

(二)高中语文课程的内容

1. 必修课内容

(1)阅读与欣赏

正确认读并书写3000个常用汉字。能使用常用汉语工具书查阅字音、字形、字义，正确区分常用的同音字、形近字。

能用口语、手语诵读课文。注重对文章整体感知和领会，理解重要词语和句子在文章中的含义和作用，能概括文章的内容要点、中心意思和写作特点。能辨识常见的修辞手法，体会文章中修辞手法的表达作用。

阅读适量的优秀作品，体会其丰富内涵，加深和拓宽对自然、社会和人生等问题的思考和认识。了解散文、诗歌、小说和戏剧等文学形式的特点。注重阅读中的情感体验，感受教材中文学作品的思想情感和艺术魅力，学会初步欣赏文学作品。就作品中感兴趣的内容进行讨论，说出自己的理解、体验或感悟。诵读教材中的古代诗文，大体理解内容，背诵或默写其中的名句、名段、名篇。激发学习古代诗文的兴趣，增强热爱中华民族传统文化的思想感情。掌握精读、略读和浏览等阅读方式。掌握圈点、列提纲、制卡片和编文摘等阅读方法。

能利用图书馆、网络等收集、筛选和提取有用的信息。

（2）表达与交流

进一步提高运用所学的语文知识进行交流的能力，做到自信、大方地表达自己的观点，表达基本清楚、连贯、得体，有中心，有条理。

进一步提高写作能力，做到基本符合题意，中心明确，思想健康；选材得当，结构完整，语句基本通顺；书写规范，不写错别字，正确使用标点符号。45 分钟内能写 600 字左右的文章。

（3）语文综合实践活动

根据校园生活、社会生活确定活动内容，设计活动项目，创设活动情境。通过收集资料、小组合作、交流展示和总结评价等步骤，围绕活动主题开展语文实践活动，运用有关的语文知识和技能，提高语文应用能力。

2. 选修课内容

（1）阅读与欣赏

精读文章，能理清作者思路，辨析文章结构，概括文章主旨，了解写作特点。初步掌握欣赏散文、诗歌、小说和戏剧的方法，阅读一定数量的优秀文学作品。品味文学作品的形象、情感和语言，能通过口头、手语或书面表达自己的理解、体验或感悟。

能借助注释和工具书，读懂文言文课文的基本内容，了解课文中常见文言实词的含义和常见文言虚词的用法，以及与现代汉语不同的文言句式。能结合教材中的古代诗文了解相关的文化常识，丰富文化积累。

初步掌握绘图表、作批注、写心得等阅读方法。

（2）表达与交流

能用口语或手语正确表达自己的观点，能根据语境，借助表情、体态语恰当地表情达意，提高交际效果。

学会讲解、采访、讨论和辩论等口语及手语交际的方法和技能，做到重点突出、条理清楚、用语简洁，恰当地表达与交流。

篇章写作，做到观点正确，中心明确，思想健康；内容具体，结构严谨，层次清晰；语言简洁，形象生动，文字基本通顺；格式标准，文面整洁。能写作总结、记录和海报等应用文，做到格式规范，文字表述正确，内容符合要求。45 分钟能写 800 字左右的文章。

（3）语文综合实践活动

针对社会活动中的重要问题，发现和确定活动内容，设计活动项目，开展语文实践活动，培养语文综合应用能力。

第三节　聋校语文教学的几种方法

一、识字教学

学词识字是聋生阅读和写作的基础，具有重要意义。

(一)字音教学

教师可把生字当作聋生要交往的新朋友，激发聋生学习生字新词的兴趣。借助拼音让聋生自己读出字的发音，再以小组读、个别读等方式了解聋生发音情况，纠正错误读音。然后再去掉拼音以字卡等方式来检查聋生掌握情况。学习字音的同时也是对拼音的复习。

在拼音教学方面要注意与"沟通与交往"课程之间的衔接，避免不必要的重复。

(二)字形教学

字形教学重在引导聋生掌握汉字的结构系统，即笔画—部件—偏旁部首—整字，其中偏旁部首是关键。教师要根据聋生的情况循序渐进地引导聋生掌握笔画、笔顺、部件、偏旁部首和字形结构，为聋生自主识字奠定基础。聋生初接触的汉字大部分是独体字，此时要让他们掌握好生字的笔画、笔顺。随着识字教学的深入，聋生接触到的汉字越来越多，结构也越来越复杂，而笔画位置变幻莫测，不能有效地帮助聋生记忆字形，这时要引导聋生运用部件、偏旁部首和字形结构来分析汉字，特别是要注意偏旁部首的表音表意功能。

记忆字形的有效方法有笔画结构分析法和比较辨析法。

笔画结构分析法是通过分析汉字的结构来记忆字形。聋生记忆字形时容易记住字的整体，而忽视一些细节部分，从而出现错误，笔画结构分析法的好处是可以帮助聋生识别、记忆字的细微部分，避免写错字。

比较辨析法通常用于帮助聋生区别形近字和同音字。汉字中有许多形近字，而在知觉活动中，人们整体知觉优于部分知觉，因此聋生容易混淆一些整体相似而在细节部分有差异的汉字。例如，对于"辨""辩"和"辫"三个字，聋生往往分不清它们，使用时容易发生错误。运用比较辨析方法可以帮助聋生对形近字进行区别。教学时，教师可以把容易混淆的字列出来，将有差异的部分用不同颜色加以标示，在视觉上突出形近字之间的差异，同时通过组词和释义的方式帮助聋生了解形近字之间的区别。

（三）字义教学

字义教学是聋生识字教学的重点，它在实质上是词义教学。低年级字义教学分为单独识字和随句学字，方法上主要是通过出示图片、课件、手语、动作示范和表情等直观方式，调动多种感官参与进行。中高年级的识字教学通过随文识字的方式进行，字义教学要培养聋生查字典、联系上下文选择适当的字（词）义的能力，注重词语积累和运用，对字（词）义的理解主要侧重于字（词）在课文语言环境中的意思。字（词）义教学在聋校非常重要，低年级要打好基础，到了高年级也不能忽视。

在字义教学上还可采用替换比较法，即将生词中的一部分进行替换，然后对几个词语的词义进行比较辨别，如将森林、树林和树木放在一起进行比较学习；选择比较法，把词语的几个词义放在一起，通过上下文联系进行比较选择；创设情境释义法，即有些生词在课文情境中不太容易理解，教师可以结合聋生学习和生活创设情境帮聋生理解词语。例如，学习"琳琅满目"一词时，教师可以引导聋生回忆在商场中都看到过什么商品，在聋生纷纷回答后，教师再进行总结，指出商场中的商品可以用"琳琅满目"来形容。

聋生识字是音、形、义同时学习的过程，教师在进行识字教学时，要帮助聋生掌握汉字的音、义、形，注意音、义、形三者的联系，对字音适当要求，重在字形、字义的教学。同时，可以识写分开在课堂上以识为主，课中留下五分钟的时间教聋生写。

二、句子教学

句子教学的一般步骤是：①借助媒体和句子对照，初读句子；②借助多媒体、情景完整地理解句意，正确地读句子；③媒体和句子交替，反馈句子的读音、文字和句义的掌握实际情况；④指导朗读，熟读句子；⑤提出句式，按句式说、写句子。

句子教学的方法很多，常见的方法主要有以下几种。

(一)看图学句

看图学句，是运用图片赋予句子内容的形象教学句子。在教学中充分利用图画，从图到文，用看图获得的形象与句子中的语言文字对照，帮助聋生理解句子所表达的意思。从文到到图，用语言文字加深对图画内容的认识，也就是把句子的内容与句子的音、形统一起来，最后达到掌握句子的目标，看图学句，不但通过直观让聋生理解句子的意思，而且要重视培养他们的正确观察能力和思维能力。

(二)看动作演示学句

事物是发展变化着的，是一个动态的过程。在句子教学中，最难的是让聋生感受事物的变化，并从变化着的事态正确理解句子的意思。因此，有些句子采用动作演示手段十分有利于聋生的体验，既有利于正确理解，又有利于表达。

(三)看多媒体演示学句

用多媒体辅助句子教学，可以将事物瞬间的动态变化或远离聋生生活经验的情景引入课堂，使聋生在情景中学习句子、理解句子、掌握句子。

(四)指导朗读句子

在句子教学过程中，指导朗读句子是必不可少的重要环节。聋生没有口语基础，不知道话是怎么说的，语音也不清晰，但通过具体的朗读指导能帮助聋生体会有节奏读句子的语感，领悟词语表达的语法规律，进而内化成习惯，提高聋生语言表达能力。当然，对于聋生朗读的清晰性不能按对普通学生的标准来要求。在朗读的形式上也可依聋生的情况边说边打手语。

(五)举一反三进行说、写句子练习

用聋生自己积累的词语替换课文中的句子中相应的词语组成新句，或用其他所学的句式替换呈现的句式，举一反三地练习说、写句子，帮助聋生加深对

句子的理解，丰富聋生的表达句式，培养聋生的变异思维。

(六)扩句练习

在聋生掌握主、谓、宾简单句式的基础上，引导其补充定、状、补的成分构成语义更丰富的单句。并随着理解力的提高，进一步学习复句，增强句子的表现力。

聋校的字词教学应做到字不离词，词不离句，句不离篇。

三、阅读教学

阅读教学是聋校高年级语文教学的重点。其教学的基本方法如下。

(一)讲读法

讲读法是语文阅读教学中广泛使用的一种方法，包括教师的讲解和指导、聋生的诵读和练习两方面的活动。

教师的讲对于聋生深入理解课文内容、把握文章写作方法等具有重要作用，阅读教学中教师的讲主要体现在介绍作家作品和时代背景、传授学习方法、解决疑难问题、引导聋生思考和活动能力等方面。教师的讲提倡精练，抓住重点，所起的作用应侧重于引导聋生投入到学习活动中，重在点拨聋生根据课文内容进行积极的思考和体会。

诵读是学习语言行之有效的方式，包括朗读和背诵。对聋生朗读的要求是：能够正确、流利、有表情地诵读。正确，指朗读时停顿要适当，不加字丢字，尽量做到口形正确，读准字音。流利，指语速适当，语流顺畅、连贯。有表情，指朗读时能结合作品的意境辅以表情。为了帮助聋生积累语言，还要求聋生背诵一定数量的优秀诗文，其中主要是文章。为此，教师要加强聋生背诵的指导。进行背诵首先要读懂课文的意思，对课文理解得越深入就越容易记忆；其次要引导聋生把握文章的脉络；最后要组织开展适当的复习。

(二)情境教学法

情境教学法是指在阅读教学中通过各种方法，充分创设具体生动的情境，将课文中的语言文字还原为形象，激发聋生学习的情绪，促进他们对语言的理解和运用，从而把认知活动与情感活动结合起来的一种教学方法。

具体实施方式如下：①现场教学，把聋生带入实际的或模拟的生活场景或自然场景，引导聋生观察，并将课文中的描述与之联系起来。通过插图、简笔画、剪贴画和多媒体课件展示情境。运用画面辅助聋生学习语言是聋校语文教学中常见的教学方式。此方式可以利用课文等平台进行。②角色表演，通过表演，可使聋生能够实际体验角色的心理状态，理解句子的不同含义。同时还能调动聋生参与学习的热情，增强学习的效果。③提问质疑，是指教师结合课文内容提出问题，或由聋生提出问题，然后通过分析、讨论，最终解决问题的教学方式。合理运用提问法可以激发聋生的求知欲，促进他们积极思考从而理解和掌握语言文字，还可以培养聋生形成质疑的意识和能力，进而提高自主学习的能力。

四、不同体裁课文的阅读教学

(一)记叙文教学

记叙文是以写人叙事为主，具体而形象地反映社会现实生活的文体。讲解记叙文时，必须让聋生理清文中的"六要素"，即人物、时间、地点、事件的起因、经过和结果。明白了作者的思路有助于聋生理解文章的整体结构，继而再研读课文，抓住重点内容，分析主题。记叙文教学的特点及规律，可以以人、以事、以题目、以开头、以议论、以结尾等不同角度切入进行分析讲解。

(二)说明文教学

说明文是一种以说明为主要表达方式来介绍事物、阐明事理的实用文体。它主要是用来帮助人们完整地了解、认识事物的形状、性质、成因、功能、构造、关系或发生和发展过程，从而把握事物的特征、本质及规律性。

说明文教学，可以从抓住说明对象的特征、理清说明的顺序、学习恰当的说明方法和体会准确周密的语言几方面进行。

(三)童话教学

童话是为儿童创作的故事，它运用想象、拟人和夸张的手法塑造形象反映生活，对儿童进行思想道德教育和智慧教育，是儿童喜闻乐见的一种文学样式。所以在讲解童话课文时，要做到把它作为现实的日常生活故事来分析，拉近它与聋生经验之间的距离；要引导聋生发挥想象力，去扩展故事的情节；多诵读和复述。

(四)寓言教学

寓言是寄托着深刻思想意义的一种简短故事。"寓"是寄托的意思，作者把自己认为正确的道理、有益的教训，通过虚构的简短故事加以比喻，让人们从故事中悟出道理，获得教训。

教学必须抓好一个"寓"字，首先是引导聋生理解寓言的艺术形象，从三个方面去揭示寓意：一是从分析关键性的词句揭示寓意，二是从分析事物特点或发展规律去揭示寓意，三是从分析现实去揭示寓意。

(五)诗歌教学

诗歌是一种语词凝练，结构跳跃、富有节奏和韵律、表达思想感情的文学样式。在聋校语文教材中这类题材的作品尽管不多，但是还有一些，如著名的古诗、现代诗和儿歌。进行诗歌教学要多些诵读，尽量让聋生体会诗歌的韵味和作者抒发的情感，并能通过诗歌的语句展开遐想，同时懂得诗歌语言的凝练特点，引导聋生在自己的表达中贴切地运用。

五、写作教学

写作文是聋生最头疼的问题，也是聋校教师感觉最难的教学任务。可以考虑从以下几方面入手来培养聋生写作文的兴趣，提高写作的能力。

(一)观察与积累素材

观察与积累是聋生在习作之中必须具备的两种主要能力。这两方面也是写作的前提和条件，目的主要是为写作获取素材。

培养观察常有两种方法：顺序观察法，一般观察的方法有时间顺序、空间顺序和逻辑顺序；比较观察法，把几件相同或相似的事物放在一起进行有针对性的观察，从中发现事物的异同。

培养积累语言材料的能力。作文就是语言的表达。语言材料主要靠聋生从书本中及课外阅读中积累。所以教师要教给他们积累语言的方法，把平时读到的优美的词语、句子和段落摘记下来，鼓励聋生坚持阅读，养成他们多看、多读、多记和多背的好习惯。

(二)炼意与审题

炼意，就是提炼文章的主题，即作者在文章中要集中表达的中心思想和基本观点。引导聋生炼意，第一，启发聋生说明自己的作文想写什么；第二，帮助聋生整理思路，逐渐搞清楚作文重点要表达的内容是什么；第三，在明确重点内容的基础上，引导聋生总结提炼作文的中心思想，如要说明什么道理，阐释什么精神等；第四，还要告诉聋生要想写出优秀的作文，主题贵在出新，不能千篇一律。

聋生习作训练多半是命题作文或半命题作文。教师在宣布作文题目后，要对作文题目分析，可从以下几方面对聋生进行审题引导：分析文体，如记叙文习作题目可以从某些字、词看出；分析人称，人称可从题目中看出；分析内容范围，一般作文题目在内容选材上有明确的要求和规定，如行数限制、地点和时间的限制等；还要会区分所写的对象，如写人、记事、描景和状物的不同要求；抓关键性词语，关键词语往往决定作文的主题和基本内容。

（三）构思和谋篇

要教聋生对文章的内容合理安排，对大脑中想表达的东西按照事物、事理各自发展变化的顺序和规律去构思。然后编写写作提纲，编写提纲的过程也是对思路的整理过程。如记叙文可按记叙的要素编写；说明文可按事物的顺序编写，突出说明事物的特征；议论文可按提出问题、分析问题和解决问题的顺序编写。进行联想和想象的指导。

（四）语言和表达

语言运用得好，文章才会生动、鲜明，才能更准确地表情达意，传播信息。因此，训练和培养聋生正确地运用语言的能力是其写好作文的重要一环，需要长期艰苦的过程。需要充实聋生的语言仓库，就是前面所说的平时要注意让聋生积累好词、好句和精彩段落；提高遣词造句的能力，如进行选词填空、造句和词语搭配的训练，尤其正确理解近义词、同义词和一词多义在不同的语境中的意义；培养组织句子的能力，聋生想做到用正确、连贯的话写出要表达的思想，就需要他们学会运用关联词语及常用标点符号。

常见的表达方式有五种：叙述、描写、抒情、说明、议论。教师根据聋生的情况可以重点突出训练其中的一种或几种。

叙述是写作中使用频率最高的一种表达方式，指在文章中对人物、事件和环境所作的陈述。叙述的方法主要有顺叙、倒叙、插叙和平叙等。描写是指用生动、形象的语言文字把人物、事件、环境的形态和特征具体、生动地刻画出来，使人对表述的对象获得真切、具体的感受和印象。抒情是在文章中抒发作者内心感受的一种表达方式。准确恰当的抒情，可达到以情动人、增强感染力、深化主题的效果。说明是一种对事物、事理的解说和阐释，使人获取有关的知识。说明常用的方法有：举例子、列数字、分类别、下定义、概括讲、打比方和作比较等。议论是一种在说理性文章中经常用到的表达方式，是作者阐述自己的观点和见解的表述方法。一段或一篇完整的议论通常由论点、论据和论证三个要素构成。

（五）修改与誊写

聋生写完作文之后，教师应采取集体或个别的形式指导聋生从主题、材料、结构和语言四个方面作修改，使他们知道原有存在的问题或怎样使文章更精彩。聋生在誊写时常出现错行、错字、错标点和改句义等现象，因此，誊写时一定要强调细心、认真。

习作要切合聋生的实际。命题作文或半命题作文在确定习作题目时一定要从聋生的生活、学习和认知水平出发,从他们身边最熟悉、最近的人和事物写起,让他们能直接去感受和把握事物发展的全过程,让他们有内容可写,有话可说,有感可发。

聋生每完成一篇习作,教师都要充满感情地认真批改,多从积极的角度写评语,也要用鼓励性的话语指出需要改进的主要问题,使聋生不断提升写作的信心。

思考题

1. 聋校语文课的总目标是什么?
2. 义务教育阶段聋校语文课的教学目标是什么?
3. 高中阶段聋校语文课教学目标的结构是什么?
4. 义务教育阶段聋校语文课都有哪些基本内容?
5. 怎样处理聋生口语和书面语学习的关系?

第六章 聋校沟通与交往课的教学

"沟通与交往"是聋校新课程方案中设置的一门新的综合性课程，在 9 个年级分三个阶段开设。此前，培养聋生沟通能力、补偿其听觉语言缺陷的课程曾有"看话""语文初步""语言技能"和"语言训练"等。

第一节 沟通与交往课的意义和教学目标

一、沟通与交往课的意义

沟通与交往是人应具有的最基本的能力，也是参与社会生活最基本的条件。从沟通形式上讲，语言交流是人与人之间沟通交往的主要手段，除此以外，还可以采用非言语的方式和途径进行交流，如手势、表情和眼神等肢体语言。

现代社会的高速发展拓展了人们沟通与交往的便利空间，同时提高了对人与人之间沟通交往能力的要求。因此，沟通与交往已成为现代公民必备的素养。聋生给聋人的语言发展带来不同程度的困难，同时影响了聋生沟通与交往技能的发展。在聋校设置沟通与交往课程，将有利于培养和造就符合时代要求、具有良好沟通交往能力的现代公民。

儿童在社会性发展过程中会处在不同的社会交往情境，这就需要了解、学习不同情境下与不同交往对象交往沟通的知识、方法，积累经验，形成主动、积极与人沟通交往的情绪态度。听觉障碍不仅仅造成儿童感觉的缺失，更重要的是影响到与他人的顺畅沟通，影响到学习、生活乃至社会性的正常发展。因此，有针对性地给聋生传授沟通与交往的知识与技能，补偿缺陷，对聋生来说更具有特殊和深远的意义。为此，沟通与交往课应构建以促进发展聋生沟通与交往能力为核心的教学内容，为他们提供专门、系统地学习和实践沟通技能的机会，有目的、有计划地提高沟通与交往能力，为他们更好地接受教育、养成健全人格、平等无障碍地参与社会生活奠定基础。

二、沟通与交往课的教学目标

此课程目标同样按照知识与能力、过程与方法、情感态度和价值观三个维度设计，相互联系，相互依存，相互渗透，融为一体。

(一)总目标

第一，在交往与沟通课程的学习中，培养聋生积极进取的人生态度和正确的价值观。

第二，帮助聋生认识沟通与交往的重要性与作用，激发沟通与交往的兴趣，树立信心，逐步形成不畏困难、勇于沟通、乐于交往和善于表达的态度倾向。

第三，初步掌握沟通与交往的基本知识，懂得人际沟通与社会交往中的文明礼貌规范，养成使用语言思考的习惯，丰富和积累语言，提高理解语言的能力。

第四，逐步具备在实际情景中恰当使用运用口语、看话、手语和笔谈等多种沟通方式与人沟通交流的基本能力。

(二)具体目标

此课程从口语沟通、手语沟通和其他沟通三大领域提出"基本内容标准"和"发展内容标准"的具体教学目标。

表 6-1　沟通与交往课的教学领域及教学目标

口语沟通目标领域		基本内容标准	发展内容标准
听觉训练	认识声音	知道声音的存在	
	分辨声音	分辨声音有无、大小、性质	分辨音色、韵律、欣赏歌曲
	了解语音	知道声母、韵母、语调	分辨语音的变化
	辨别日常用语	分辨称谓、礼貌用语、祈使句	分辨常见生活、教学用句
看话训练	情感态度	对看话有兴趣、态度专注	形成看话习惯
	常用词语	懂得常用名词、动词、方位词、数量词、疑问词	懂得常用形容词、代词、能愿动词、趋向动词、时间名词、虚词
	常用语句	懂得简单陈述句、疑问句、祈使句、感叹句、否定句	懂得比较句、口形相似句、不同角度、不同人的讲话，能听故事

续表

说话训练	说话姿态	姿态自然、大方	声调比较正常
	日常用语	能表达简单用语	能表达意愿、叙述事情
	日常对话	能与他人进行简单对话	能与他人进行较长的对话
	讲述事情	能简述、复述事情、故事	能较详细地讲述、复述事情
手语沟通目标领域		基本内容标准	发展内容标准
通用手语训练	感知手语	理解手指语、常用课堂和生活手语	理解表示复杂含义的手语
	使用手语	使用手指语、常用课堂和生活手语	能用手语表示复杂的含义，并能与书面语、地方手语互换
地方手语训练	感知手语	理解常用地方手语	理解地方手语与通用手语的差异
	使用手语	能使用常用地方手语	能与书面语、通用手语互换
其他沟通目标领域		基本内容标准	发展内容标准
书面语训练	笔谈	懂得笔谈的方式，能简单笔谈	能与他人进行较流畅的笔谈
	手机短信	懂得手机功能、会发短信	
	互联网	懂得网络沟通的常见形式	能利用网络与人沟通
体态语训练	体态语知识	了解体态语基本常识	知道体态语的差异
	体态语技能	了解体态语的一般动作	能表演哑剧或小品
符号图形训练	常用提示性、警告性符号	了解交通标志、公共设施标志、安全警示性标志的含义	能根据常用提示性、警告性符号向他人进行解释和服务
	图画	能以图画方式表示信息	能用图画方式帮助沟通

第二节　聋生的有声语言训练

有声语言训练是指对聋生进行感知和表达口语、书面语能力的训练，这是一项内容广泛但又艰苦的训练。

一、听觉训练

(一)听觉感知训练

听觉感知训练是培养聋生能注意听声音，感知声音的有无，形成对声音刺激的敏感性。

初期可以选择播放组合频率、强度反差大的音乐声、环境声和言语声，如鼓、锣、哨、牛叫、蛙鸣和鸟叫（都是低、中、高频一组的训练）。然后选择频率特性明确的声音，帮助学生倾听各主要频段的声音，声音刺激应从大到小，如钢琴、手机铃声等。

（二）听觉分辨能力训练

听觉分辨训练是培养聋生分辨不同声音特性的能力，其中重点在与聋生生活、学习密切相关的声音方面，如环境声、言语声的识别。

初期可以选择差异较大的音乐声（如低频的圆号声、中频的钢琴声和中、高频的小提琴声等）、环境声（如动物的叫声、刮风声、下雨声和打铃声）和说话声等，继而重点训练对语调和声调的识别。对语言的分辨与语言训练难以分开，不能人为地孤立进行。

二、言语训练和语言训练

言语是运用语言的过程，既包括说话，也包括书写，即口语和书面语。言语训练和语言训练是密切相关又略有区别的两种训练。一般来说，对言语机能进行的训练，如唇、舌、口腔训练，言语呼吸训练和发音训练为言语训练；语言训练则重在对词语、句子的感知理解以及表达能力的训练。但二者在实际教学中往往是综合进行，你中有我，我中有你。

（一）发音器官训练

聋生（尤其是学语前耳聋的学生）如鲁迅所描述的那样"是并非喉舌不能说话的，只因为从小就耳朵聋，听不见大人的言语，无可师法，就以为谁也不过张着口呜呜哑哑，他自然也只好呜呜哑哑了"[①]。因而需要发音器官训练。发音器官包括口腔、唇、舌和声带。训练自然要针对这些部位进行。

发音器官训练内容包括：①下颚运动训练，口慢慢张开，再慢慢闭合；口迅速张开，再迅速闭合。②唇运动训练，凸起嘴唇，再尽快缩回；嘴唇尽量横咧；嘴尽量张大，再紧闭住。③舌运动训练，舌头迅速伸出缩回；用舌头舔或抵住唇、齿和口腔；舌尖灵活地上下活动，转舌，舌面运动，舌根上下运动。④声带练习，平稳地发一个音；间断地发一个音；由低到高或由高到低发一个音；四声练习。

---

① 鲁迅. 准风月谈：由聋而哑//鲁迅. 鲁迅全集：5卷. 北京：人民文学出版社，2005.

(二)呼吸练习

为什么要进行呼吸训练？是因为言语呼吸与平和呼吸(非言语状态)的节奏和生理状态不同。当聋生不掌握两者不同时，其发音的节奏就出现问题，让人听起来不舒服。言语呼吸与平和呼吸的差异反映在四个方面。

表 6-2　言语呼吸与平和呼吸的差异比较

类别	言语呼吸	平和呼吸
时间差异	呼气长，吸气短	呼气、吸气的时间大致相当
吸气量差异	吸气量多	吸气量少
呼吸次数	8～10 次/分钟	16～18 次/分钟
吸气方式	多数音从嘴	从鼻子

呼吸练习的常用方法有：①闭嘴用鼻做深呼吸；②呼气练习，如吹气球、风车、哨子、肥皂泡和纸片；③吸气练习，用吸管吸水、饮料，用鼻子闻花香；用鼻子呼吸，通过纸片观察呼吸效果；④哈气，使玻璃有雾气。

站立位呼吸放松训练时，双脚左右分开约 30 厘米，然后做以下动作：①尽可能将手臂伸向上方。先将重心移向右脚，右手伸向右上方，伴随一声长叹，想象自己正在努力触摸天花板。接着将重心移向左脚，左手同上述动作。如此左右交替重复 10 次。②右肩做画圈运动，依次为前、上、后、下位。重复 5 次。③左肩做画圈运动，依次为前、上、后、下位。重复 5 次。④双肩臂做画圈运动，依次为前、上、后、下位。重复 5 次。⑤耸立双肩，维持着这种紧张状态 5～10 秒钟，然后迅速放松。重复该运动 10 次。⑥静立，轻松晃动双臂。

腹式呼吸训练方法如下：①仰卧在一张床上，双手臂自然地放于身体两侧，闭眼，保持该姿势数秒钟。②将一只手放在腹部，感觉这只手是如何随呼吸而上下起伏的。③将另一只手放在胸部，这时要感到吸气时腹部的膨胀，手随着抬起。④收紧双唇发[p]的音，这时应该腹部收缩，胸部抬起。⑤仰卧能熟练掌握后，姿势转为侧卧，以同样方法练习。⑥侧卧能熟练掌握后，姿势转为挺直腰的坐姿。⑦坐姿能熟练掌握后，姿势转为站姿。直至将腹式呼吸形成自然的生理呼吸。

(三)发音拼音训练

单纯的发音训练是对一个单个的声母或韵母发音的部位及方法的训练，拼音训练则是对音节发音的训练。前者是后者的基础，后者是前者的提升。

汉语拼音分为声母和韵母两大类。汉语拼音字母在不同场合使用有不同的发音音值，作为音节拼音表示声母韵母音素的音值时发本音；用作汉语拼音声母韵母教学时发呼读音；在称呼字母名称时则应发名称音。声母发音的过程也就是气流受阻和克服阻碍的过程。声母通常响度较低，不可任意延长，而且不用于押韵。韵母发音特点是不受气流阻碍，通常响度较高，可任意延长，而且用于押韵。

表6-3　汉语拼音声母的分类及发音方法

分类		内容	发音方法
双唇音		b p m	发 b 时，先双唇闭合，把气憋住，再突然放开，让气流自己冲出来，极轻极短，气流较弱。 发 p 时，先双唇闭合，把气憋住，再突然放开，向外送气，极轻极短，气流较强。 发 m 时，双唇闭拢，把气堵住，发音时气流从鼻腔出来，声带颤动。
唇齿音		f	发 f 时，上齿接触下唇，发音时气流从齿和唇的小缝中摩擦出来。
舌尖音	舌尖中音	d t n l	发 d 时，舌尖抵住上牙床(上齿龈)，憋住气流，然后舌尖突然放开，吐出微弱的气流，声带不颤动。 发 t 时，发音动作和 d 基本相同，不同的是口腔送出的气流比较强。 发 n 时，舌尖顶住上牙床，发音时声带颤动，气流从鼻腔出来。 发 l 时，舌尖顶住上牙床，发音时声带颤动，气流从舌头两边出来。
	舌尖前音	z c s	发 z 时，舌尖向前平伸，顶住上门齿背，憋住气，然后舌尖稍微放松，形成窄缝，让气流自然从窄缝中挤出。 发 c 时，发音动作和 z 基本相同，只是从窄缝中挤出的气流较强。 发 s 时，舌尖向前平伸，和上门齿背接近，中间留一条窄缝，气流从窄缝中挤出来，摩擦成音。
卷舌音		zh ch sh r	发 zh 时，舌尖翘起，抵住硬腭前部(上牙床后面的部位)，然后稍微放松，让气流从窄缝中挤出来。 发 ch 时，发音动作跟 zh 大体相同，只是在稍微放松时送出的气流较强。 发 sh 时，翘起舌尖，靠近硬腭前部，留一道窄缝，让气流从当中挤出来。 发 r 时，发音动作跟 sh 基本相同，嗓子用力发音，气流从窄缝中挤出，摩擦成音，声带颤动。
舌面音		j q x	发 j 时，舌面前部抬起贴紧硬腭前端，然后稍微放松一点，形成窄缝，让微小气流从缝中挤出来。 发 q 时，发音动作和 j 基本相同，只是由窄缝里挤出来的气流较强。 发 x 时，舌面向前、向上，接近硬腭前端，气流从舌面和硬腭间的窄缝中挤出来。
舌根音		g k h	发 g 时，舌根抬起，顶住软腭，然后突然放开，较弱的气流冲出来，发出又轻又短的音。 发 k 时，跟发 g 大体相同，只是冲出的气流比较强。 发 h 时，舌根靠近软腭，形成窄缝，气流从窄缝中挤出来。

分类	内容	发音方法
隔音	y w	i 列的韵母，前面没有声母的时候，写成 yi(i)，ya(ia)，ye(ie)，yao(iao)，you(优)，yan(烟)，yin(因)，yang(央)，ying(英)，yong(雍)。 u 列的韵母，前面没有声母的时候写成 wu(乌)，wa(蛙)，wo(窝)，wai(歪)，wei(威)，wan(弯)，wen(温)，wang(汪)，weng(翁)。 ü 列的韵母，前面没有声母的时候，写成 yu(迂)，yue(约)，yuan(冤)，yun(晕)。

表 6-4 汉语拼音韵母的分类及发音方法

分类		内容	发音方法及特点
单韵母	舌面元音	a o e ê i u ü	发 a 音时，口腔大开，舌头前伸，舌位低，舌头居中，嘴唇呈自然状态。 发 o 音时，口腔半合，知位半高，舌头后缩，嘴唇拢圆。 发 e 音状况大体像 o，只是双唇自然展开成扁形。 发 i 音时，口腔开度很小，舌头前伸，前舌面上升接近硬腭，气流通路狭窄，但不发生摩擦，嘴角向两边展开，呈扁平状。 发 u 音时，口腔开度很小，舌头后缩，后舌面上升接近硬腭，气流通路狭窄，但不发生摩擦，嘴唇拢圆成一小孔。 发 ü 音时，口腔开度很小，舌头前伸，前舌面上升接近硬腭，但气流通过时不发生摩擦，嘴唇拢圆成一小孔。发音情况和 i 基本相同，区别是 ü 嘴唇是圆的，i 嘴唇是扁的。 发 ê 音时，口腔半开，舌位半低，舌头前伸，舌尖抵住下齿背，嘴角向两边自然展开，唇形不圆。在普通话里，ê 很少单独使用，经常出现在 i、ü 的后面，在 i、ü 后面时，书写要省去符号"∧"。
	舌尖元音	—i(前) —i(后)	发—i(前)音时，舌尖前伸，对着上齿背形成狭窄的通道，气流通过不发生摩擦，嘴唇向两边展开。用普通话念"私"并延长，字音后面的部分便是—i(前)。这个韵母只跟 z、c、s 配合，不和任何其他声母相拼，也不能自成音节。 发—i(后)音时，舌尖上翘，对着硬腭形成狭窄的通道，气流通过不发生摩擦，嘴角向两边展开。用普通话念"师"并延长，字音后面的部分便是—i(后)。这个韵母只跟 zh、ch、sh、r 配合，不与其他声母相拼，也不能自成音节。
	卷舌韵母	er	发 er 音时，口腔半开，开口度比 ê 略小，舌位居中，稍后缩，唇形不圆。在发 e 的同时，舌尖向硬腭轻轻卷起，不是先发 e，然后卷舌，而是发 e 的同时舌尖卷起。"er"中的 r 不代表音素，只是表示卷舌动作的符号。 er 只能自成音节，不和任何声母相拼。

分类	内容	发音方法及特点
复韵母	前响复韵母	ai ei ao ou	前响复韵母指主要元音在前的复韵母，它们的共同特点是前一个元音清晰响亮，后一个元音轻短模糊，音值不太固定，只表示舌位滑动的方向。 ai 发音时，先发 a，这里的 a 舌位前，念得长而响亮，然后舌位向 i 移动，不到 i 的高度。i 只表示舌位移动的方向，音短而模糊。 ei 发音时，先发 e，比单念 e 时舌位前一点，这里的 e 是个中央元音，然后向 i 的方向滑动。 ao 发音时，先发 a，这里的 a 舌位靠后，是个后元音，发得响亮，接着向 u 的方向滑动。 ou 发音时，先发 o，接着向 u 滑动，舌位不到 u 即停止发音。
	后响复韵母	ia ie ua uo üe	后响复韵母指主要元音在后的复韵母，它们的共同特点是前面的元音发得轻短，只表示舌位从那里开始移动，后面的元音发得清晰响亮。 发 ia 音时，i 表示舌位起始的地方，发得轻短，很快滑向前元音 a，a 发得长而响亮。 发 ie 音时，先发 i，很快发 ê，前音轻短，后音响亮。 发 ua 音时，u 念得轻短，很快滑向 a，a 念得清晰响亮。 发 uo 音时，u 念得轻短，舌位很快降到 o，o 清晰响亮。 发 üe 音时，先发高元音 ü，ü 念得轻短，舌位很快降到 ê，ê 清晰响亮。
	中响复韵母	iao iou uai uei	中响复韵母指主要元音位居中间的韵母，它们共同的发音特点是前一个元音轻短，后面的元音含混，音值不太固定，只表示舌位滑动的方向，中间的元音清晰响亮。 发 iao 音时，先发 i，紧接着发 ao，使三个元音结合成一个整体。 发 iou 音时，先发 i 紧接着发 ou，紧密结合成一个复韵母。 发 uai 音时，先发 u，紧接着发 ai，使三个元音结合成一个整体。 发 uei 音时，先发 u，紧接着发 ei，紧密结合成一个整体。如"退回""归队"的韵母。 中响复韵母在自成音节时，韵头 i、u 改写成 y、w。 复韵母 iou、uei 前面加声母的时候，要省写成 iu、ui，如 liu、gui 等。

续表

分类		内容	发音方法及特点
鼻韵母	前鼻韵母	an ian uan üan en uen in ün	带舌尖鼻音 n 的韵母叫前鼻韵母。 发 an 音时，先发 a，然后舌尖向上齿龈移动，最后抵住上齿龈，发前鼻音 n。 发 ian 音时，先发 i，i 轻短，接着发 an，i 与 an 结合得很紧密。 发 uan 音时，先发 u，紧接着发 an，u 与 an 结合成一个整体。 发 üan 音时，先发 ü，紧接着发 an，ü 与 an 结合成一个整体。 发 en 音时，先发 e，然后舌尖向上齿龈移动，抵住上齿龈发鼻音 n。 发 uen/un 音时，先发 u，紧接着发 en，u 与 en 结合成一个整体。 uen 跟声母相拼时，省写作 un。 uen 自成音节时，仍按照拼写规则，写作 wen。 发 in 音时，先发 i，然后舌尖向上齿龈移动，抵住上齿龈，发鼻音 n。 发 ün 音时，先发 ü，舌尖向上齿龈移动，抵住上齿龈，气流从鼻腔通过。
	后鼻韵母	ang eng ing ong iang iong uang ueng ueng	带舌根鼻音 ng 的韵母叫后鼻韵母。 发 ang 音时，先发 a。舌头逐渐后缩，舌根抵住软腭，气流从鼻腔通过。 发 eng 音时，先发 e，舌根向软腭移动，抵住软腭，气流从鼻腔通过。 发 ing 音时，先发 i，舌头后缩，舌根抵住软腭，发后鼻音 ng。 发 ong 音时，舌根抬高抵住软腭，发后鼻音 ng。 发 iang 音时，先发 i，接着发 ang，使二者结合成一个整体。 发 iong 音时，先发 i，接着发 ong，二者结合成一个整体。 发 uang 音时，先发 u，接着发 ang，由 u 和 ang 紧密结合而成。 发 ueng 音时，先发 u，接着发 eng，由 u 和 eng 紧密结合而成。 ueng 自成音节，不拼声母。

　　根据聋校教师的经验，聋校拼音教学一般多采用声母支架拼音法，即两拼法。将韵母作为一个整体，减少拼音过程上的环节。

　　有关聋生发音的研究也值得在教学中重视。例如，李宇明教授等(1992)对 46 名 5~14 岁听力损失 60~100dB 的聋儿研究发现：聋儿易掌握的和难掌握的声母、韵母都依发音部位和方法的复杂程度、可视性而变化，具有其特点。[1] 因此，在字母呈现和训练的顺序上可以根据学生的情况加以调整。

---

　　[1]　李宇明，陈前瑞. 语言的理解与发生[M]. 武汉：华中师范大学出版社. 1998：226~243.

表 6-5　46 名聋儿声母发音部位的正确率

发音部位	双唇	唇齿	舌尖前	舌尖中	舌尖后	舌面	舌根
	b p m	f	z c s	d t n l	zh ch sh r	j q x	g k h ng
平均成绩	77.7	68.4	19.3	69.4	31.2	35.1	47.0

表 6-6　46 名聋儿声母发音方法的正确率

类型	发音方法							
	甲		乙		丙		丁		
	鼻	口	浊	清	不送气	送气	塞音	擦音	塞擦音
平均成绩	68.6	45.8	68.3	43.2	51.9	38.7	63.4	41.8	27.4

表 6-7　46 名聋儿韵母掌握情况的分析

类型	开口呼	齐齿呼	合口呼	撮口呼
	没有韵头，韵腹非 i、u、ü	韵头、韵腹是 i 的韵母	韵头、韵腹是 u 的韵母	韵头、韵腹是 ü 的韵母
平均成绩	60.4	54.4	54.8	39.6

　　另外，汉语拼音音节共 398 个，但使用得比较广泛的音节只占一少部分。有学者将汉语音节分为常用、次常用、又次常用和不常用四类，调查发现第一、二类只有 47 个(de、shi、yi、bu、you、zhi、le、ji、zhe、wo、ren、li、ta、dao、zhong、zi、guo、shang、ge、men、he、wei、ye、da、gong、jiu、jian、xiang、zhu、lai、sheng、di、zai、ni、xiao、ke、yao、wu、yu、jie、jin、chan、zuo、jia、xian、quan、shou)，却占音节总使用频率的 50%；加上第三类也只有 109 个，占总使用频率的 75%。[①] 也就是说，对于聋生的发音和拼音训练要将工夫用在这些常用音节上，突出重点。

　　(四)看话和说话训练

　　看话是聋人感知口语、实现沟通的一种独特方式。培养聋生看话能力是聋校教学的一项重要任务。从看懂话的内在因素而言，需要聋生较好地熟悉各音节(尤其是常用音节)的口形特征，在头脑中留下口形表象，并且掌握词语所表达的概念含义。这样，当观察他人口语表达时能结合沟通的背景较快地与头脑

---

① 吴海生，蔡来舟. 实用语言治疗学[M]. 北京：人民军医出版社. 1995：20.

中留下的口形表象加以联系，以便理解对方的意思。聋生看话能力和水平的提高需要长期的过程。作为教学应该从养成聋生看话的习惯入手，看的内容由简到繁，由易到难，教师说话的速度要张弛有度，口形自然，注意多重复，帮助他们积累看话的经验。

说话能力的提高有助于书面表达能力的提高。沟通与交往的过程一定是双向或多向的。因此，要使聋生实现运用口语形式与人沟通，说话训练与听觉训练就形成一体，包括语言感知和语言表达两个方面。

语言感知，主要是能通过听觉（含看话）感知，识别字、词、句和数字等语音差异，并能理解其含义。初期选择声母和韵母都不同并为学生常见、常用的单音节词（含数字识别）、双音节词、三音节词和短句进行，如数字 1 和 8，2 和 6，4 和 9；词语鸡、鸭、鹅、走、跑、跳、桌子、橡皮、搬椅子和背书包等。中期选择语音均衡式的声韵母、音位对比的声韵母、数字识别和短句识别等，如数字 1 和 4，4 和 7，4 和 10，6 和 9；词语"柿子"和"石榴"，"尺子"和"椅子"等；词语主要包括偏正结构（黄色的蝴蝶）、动宾结构、主谓结构（小朋友做操）和并列结构。后期主要是句子段落，使学生不仅要理解语音，更要理解语义。

语言表达训练的方式和内容多种多样，如日常对话、看图说话、故事讲述和课文复述等。说话训练讲求自然、生活化，尽量贴近聋生的生活，这样获得的语言经验才是生动的、实用的。

训练时，既要有对全体学生的基本活动和要求，又要注意个别差异，做好个别训练。

（五）书面语的训练

作为"沟通与交往"课程的书面语，教学重点在于使用书面语进行沟通的能力训练上。如《课标》提出的笔谈、书空、书写手机短信和写邮件等。这里包括形成正确的习惯和交往的礼仪方式，诸如养成随身带笔和纸、带字（词）典的习惯，书写工整的习惯；懂得书空笔画的笔顺，如果面对面站立，书空笔画要知道怎样站位便于对方看懂；懂得书写手机短信、写邮件的基本格式。

第三节　聋生的手语训练

新中国成立前我国许多聋校开设手语课，新中国成立后将其取消，聋生（包括聋校教师）的手语主要靠自然习得，这种情况实际不利于聋生对手语内在意义的理解。沟通与交往课程中的一大任务是进行手语的教学，将手语重新纳入讲授的内容是十分必要的。

一、手语的基本概念

手语是非言语的视觉符号体系，包括手势语和手指语。在日常交往中由于主要使用手势语，所以手语一般仅指手势语。

近年来，国内外对手语语言学的研究和介绍日渐广泛，手语语言学认为，手语仅指聋人表意表形的自然手语，不包括表音的手指语。这作为一种学术观点，值得了解。也说明手语作为一门学科尚有许多理论问题需要进行多学科的深入研究。

手势语通过手势动作（包括身体动作、表情）表达意思，实现信息的沟通与交流。手语是聋人使用的一种交际工具，也是聋校必不可少的语言手段。手指语是用手指的指式代表字母，按拼音的规则依次拼出词语的一种表达形式，分单手指语和双手指语。我国法定的手指语是单手指语。

在手语和特殊教育学科领域还有地方手语、通用手语、自然手语、文法手语、汉语手语和手语汉语等多种名称。地方手语类似方言，是一定地域聋人使用的手势语。通用手语则类似普通话，是全国范围内聋人使用的手势语，即中国手语。自然手语指聋人自发形成和使用的手势动作，有不同于有声语言的表达顺序。汉语手语与自然手语同义。文法手语指手语动作是人为编纂出来的，并与有声语言的表达顺序相同。手语汉语与文法手语同义。

二、手语的教学内容

在我国，聋人以及聋校教学使用的手语尚不统一。因此，手语的规范工作一直在进行，其中，1963 年 12 月"汉语手指字母方案"的颁布施行统一了手指语，通用手势语的规范统一工作取得了阶段性的成果。

(一)汉语手指字母的训练

手指字母和手指语在语文教学中也教，它对聋生学习语音、识字和看话有帮助作用。在表达方面，训练的重点在指式正确、清晰、拼打流畅，打的过程手不乱晃动。在观看方面，训练的重点是识别指式所代表的字母及音节，提高识别力和短时记忆能力。

(二)手势语的训练

按照我国《通用语言文字法》和国家主管部门有关文件的要求，聋校手语训练应将以《中国手语》及其系列丛书为载体的通用手语作为主体内容。手势语训练的要点包括三个方面。一是手势语的手形、位置、方向和移动的规范。要求学生掌握每个词语手势的正确动作，做到手形正确，位置适当，方向清晰，移动到位。二是讲解手势语动作本身的文化含义，包括动作的来由，设计的理念。例如，要讲"现在""过去""以后"的手势动作是以自己的身体为时间点，"一手横伸，掌心向上，在腹前上下掂动两下"表示"现在"；"一手直立，掌心向内，向肩后挥动一下"表示"过去"；"一手直立，掌心向外，向前挥动一下"表示"以后"。这样聋生就知其所以然。相当多的手势可以从表形、表义和表音的角度进行归纳和讲解。三是初步介绍手势语句法，这个问题比较复杂，且还未有成体系的规范，所以可以告知聋生手语句法既有与有声语言句式相同的一面，又有倒装、省略和简约，与有声语言不同的一面。如口语"我陪你去看病"，手势语可打成"看病我陪你"或"看病你我陪"。明白学习有声语言时手语需要按照有声语言语法表达，而在一般交往时可以按照自然手语的表达习惯去表达的道理，明白学习通用手语的必要性。

手语训练课也要适当介绍地方手语，介绍的内容和角度需要把握。如《中国手语》书没有，而地方手语有的词语手势需要介绍；《中国手语》书与地方手语都有，但手势动作不同的词语手势也可作对照介绍。

手语训练的重点，在表达上同样要抓住信、达、雅三项，要求聋生能准确、流利、美观地打手语；在观看上能准确理解对方手势的意思；在语言体系上，逐步做到手势语与书面语之间互译，通用手语与地方手语之间的互译。

第四节　沟通与交往课教学需注意的问题

作为一门新设置的课程还需要系统的实践，为此，教师在教学中需要注意以下几个问题。

一、遵循儿童语言的发展规律，正确把握各种语言工具之间的关系

实现沟通与交往，核心是掌握沟通的工具和手段。作为聋生不仅要会手语，还必须逐步掌握有声语言，这样才能适应在社会中生存和发展的需要。入学前后的聋生已经会打一定的手语，但也要经过教学过程使其丰富和规范化，特别是要将手语与有声语言相结合，理解两种语言符号系统之间的联系与区别。这应该是手语形成发展及手语教学的基本规律。尽管听觉障碍给聋生学习

有声语言带来很大的困难，但是他们仍然要学习它、掌握它。而有声语言的形成有其自然的顺序与规律，必须经由口语到书面语的发展阶段。聋生也难以逾越这一规律。因此，应根据儿童语言的发展规律设立教育训练的阶段目标，抓好发音辨音首要环节的训练，为其看话、说话和写话奠定基础。

根据聋人现实生活需要，要多强调综合运用多种语言工具的能力的重要性和必要性。

二、以聋生为本，合理确定发展目标和教学要求

此课程的教学目标是要聋生习得多种语言工具，形成沟通与交往的能力。由于聋生的个别差异，在针对具体个人的发展目标和教学要求上应该实事求是地合理确定，具有个性和弹性。例如，在发音上并非一味强调发准、发清楚，有一定残余听力和言语模仿力强的学生可以多些口语训练，反之就多些手语训练，对所有学生重在手语、口语与书面语的转换结合训练。目前有很多教师仍然长时间下工夫在纠正聋童错误发音这一阶段。实际上，显示一个人的语言能力并不仅仅是发音能力，准确的理解和丰富的表达更是显示个体语言能力的重要指标。学习听音、文字和手势动作都必须与其所表示的具体概念、客观事物相联系，做到听到和看到就能准确地反映相应的概念和事物。因此，我们的训练要加强语义、语用的理解与辨析。

教师在整体设计教学计划时，需要根据不同发展阶段聋生学习的特殊性，以及每位聋生个性发展的特殊性，制订个别化教学计划，以体现尊重聋生差异、促进其个性化发展的教育精神。

三、编好校本教材，教学内容贴近聋生的生活实际

"沟通与交往"课程与"语文"课程最显著的区别就在于它的现实性、情景性和生活性。语言习得主要来源于生活。普通儿童所获得的语言中只有很少一部分是在课堂上由老师教给的，绝大部分来自于日常的语言生活。其实，聋儿手语的习得有着同样的规律。可见，人的语言能力的高低与其生活的经历、范围有密切关系。不能否认，从多数聋生来说，听觉障碍给他们的语言生活范围带来了很多限制，交往的范围有限，手段单一，能力不高。语言生活范围的狭窄反过来又加剧了语言障碍。因此，沟通与交往课就是要给聋生创设或者再现现实语言生活的场景，在这种场景中萌发语言意识，获得语言形式，习得语言规范，感知和理解如何沟通与交往。

生活的多样化和个性化使得此门课程可以选择丰富多彩的"看图说话""讲

故事"等儿童读物作为教材，但同时还需要结合本地区本校的生活、学习实际编写校本教材。选择或编写的教学内容要以聋生的已有经验为基础，以真实的社会情境为背景，体现生活意识、问题意识和实践意识，课程知识与实践操作紧密结合，让儿童在学习中实践，在实践中学习，能将沟通与交往技能恰当地运用于生活情境中，进而形成和提高聋生沟通与交往的能力，与人合作解决真实问题的能力，以及独立反思的能力。

四、多运用直观教学法和活动教学法

为调动聋生参与语言训练的兴趣，增强语言训练的效果，在训练中多采用实物、图片、模型和电化教学设备等进行直观教学，以及组织游戏、角色表演等活动教学。例如，听音、发音训练课采用让聋生听辨或模仿动物叫声、自然声的方法；词语与句子训练以儿童的日常生活为内容，以实物、图片辅助，让孩子们在自己场景中辨别词句；还可以组织活动，如去郊游、购物和外出用餐等，围绕活动就学生们感兴趣的话题进行随机性的对话。

五、发挥校内外教育的整体资源

即使沟通与交往课程内容再丰富、再生动，也不能完全达到提高聋生语言沟通与交往能力的目的，必须发挥校内外教育的整体资源，使聋生能无时不在、无处不在地感受语言信息的刺激，产生想沟通、想表达的欲望。在校内，要动员各教职工见到聋生要主动交往，要随处布置语言环境。在校外，尤其要动员并指导家长重视对孩子的语言交往，发挥家长在儿童语言教育中的作用，做好家校合作工作，将校内的语言学习延伸至家庭，这样会大大强化聋生沟通交往意识，增加学习运用语言的机会。

思考题

1. 怎样认识聋校设置沟通与交往课程的意义？
2. 沟通与交往课程的教学内容包括哪些领域？
3. 有声语言训练有什么主要内容？
4. 怎样理解手语训练的内容？
5. 聋生都会打手语，为什么还要进行专门训练？
6. 沟通与交往课程的教学需要注意哪些问题？

第七章 聋校历史与地理课的教学

在《聋校义务教育课程设置实验方案》中使用的是综合性"历史与社会课"的课程名称，但实为历史与地理的分科课程，分别在 7～9 年级和 7、8 年级开设。历史课重在人类社会的发展史，地理课重在认识地理环境、形成地理技能和可持续发展观念，兼有社会学和自然科学的性质。

第一节 聋校历史课与地理课的教学目标

本课程的教学目标是参照了教育部制订的全日制义务教育《历史课程标准》和《地理课程标准》(实验稿)而制定，同时结合聋生的认知特点，补充一些发挥聋生优势和补偿缺陷的内容。

一、历史课的教学目标

(一)知识与技能目标

第一，掌握基本的历史知识，包括重要的历史人物、历史事件和历史现象，以及重要的历史概念和历史发展的基本线索。

第二，在掌握基本历史知识的过程中，逐步形成正确的历史时空概念，掌握正确计算历史年代、识别和使用历史图表等基本技能，初步具备阅读、理解和通过多种途径获取并处理历史信息的能力，形成用口头和书面语言以及图表等形式陈述历史问题的表达能力。

第三，形成丰富的历史想象力和知识迁移能力，逐步了解一定的归纳、分析和判断的逻辑方法，初步形成在独立思考的基础上得出结论的能力；初步了解人类社会是从低级向高级不断发展的、历史发展是有规律的等科学的历史观，学习客观地认识和评价历史人物、历史事件和历史现象。

(二)过程与方法目标

第一，通过课堂学习和课后活动，逐步感知人类在文明演进中的艰辛历程和巨大成就，逐步积累客观、真实的历史知识；通过收集资料、构建论据和独立思考，能对历史现象进行初步的归纳、比较和概括，产生对人类历史的认同感，加深对人类历史发展进程的理解，并做出自己的解释。

第二，注意探究式学习，勇于从不同角度提出问题，学习解决历史问题的一些基本方法；乐于同他人合作，共同探讨问题，交流学习心得；积极参加各种社会实践活动，学习运用历史的眼光来分析历史与现实问题，培养对历史的理解力。

(三)情感与态度目标

第一，逐渐了解中国国情，理解并热爱中华民族的优秀文化传统，形成对祖国历史与文化的认同感，初步树立对国家、民族的历史责任感和历史使命感，培养爱国主义情感，逐步确立为祖国的社会主义现代化建设、人类和平与进步事业作贡献的人生理想。

第二，形成健全的人格和健康的审美情趣，确立积极进取的人生态度、坚强的意志和团结合作的精神，增强承受挫折、适应生存环境的能力，为树立正确的世界观、人生观和价值观打下良好的基础。

第三，在了解科学技术给人类历史发展带来巨大物质进步的基础上，逐步形成崇尚科学精神的意识，确立求真、求实和创新的科学态度。

第四，了解历史上专制与民主、人治与法制的演变过程，理解从专制到民主、从人治到法制是人类历史发展的必然趋势，不断强化民主与法制意识。

第五，了解人类社会历史发展的多样性，理解和尊重世界各国、各地区和各民族的文化传统，学习汲取人类创造的优秀文明成果，逐步形成面向世界、面向未来的国际意识。

二、地理课的教学目标

(一)知识与技能目标

第一，掌握地球的基本知识，学会运用地球仪的基本技能；掌握阅读和使用地图与地理图表的基本技能；初步学会简单的地理观测、调查统计以及运用其他手段获取地理信息等基本技能。

第二，能初步说明地形、气候等自然地理要素在地理环境形成中的作用，以及对人类活动的影响；初步认识人口、经济和文化发展的区域差异，以及发展变化的基本规律和趋势。

第三，知道世界、中国和家乡的地理概貌，了解中国与世界的联系；初步学会根据一个国家或一个地区的地理信息，归纳其地理特征。

第四，了解人类所面临的人口、资源、环境和发展等重大问题，初步认识环境与人类活动的相互关系。

(二)过程与方法目标

第一，通过各种途径感知身边的地理事物，并形成地理表象；初步学会根据收集到的地理信息，通过比较、抽象和概括等思维过程，形成地理概念，进而理解地理事物分布和发展变化的基本规律。

第二，尝试运用已获得的地理概念、地理基本原理对地理事物进行分析，做出判断。

第三，尝试从学习和生活中发现地理问题，提出探究思路，收集相关信息，运用有关知识和方法，提出看法或解决问题的设想。

第四，运用适当的方法和手段，表达自己学习的体会、看法和成果，并与他人交流。

(三)情感与态度目标

第一，初步形成对地理的好奇心和学习地理的兴趣，初步养成求真、求实的科学态度和地理审美情趣。

第二，关心家乡的环境与发展，关心我国的基本地理国情，增强热爱家乡、热爱祖国的情感。

第三，尊重不同国家的文化和传统，增强民族自尊、自信的情感，懂得国际合作的价值，初步形成全球意识。

第四，增强对环境、资源的保护意识和法制意识，初步形成可持续发展的观念，逐步养成关心和爱护环境的行为习惯。

(四)扬长与补短目标

第一，充分利用聋生的视觉优势，培养认真观察事物，正确阅读教材及相关资料(如史料、数据和图表等)的能力。

第二，通过课堂教学、课外实践活动，培养聋生的语言表达能力和与人沟通、交往、合作的能力。

第二节　聋校历史课的教学内容

历史课的教学内容分为中国古代史、中国近代史、中国现代史、世界古代史、世界近代史和世界现代史六个部分。

一、中国古代史

中国古代史开始于我国境内人类的产生，结束于 1840 年鸦片战争爆发前夕，历经原始社会、奴隶社会和封建社会三个发展阶段，可从以下九个方面来教学。

(一)中华文明的起源

以元谋人、北京人等早期人类为例，了解中国境内原始人类的文化遗存；简述河姆渡遗址、半坡遗址等原始农耕文化的特征；知道炎帝、黄帝和尧、舜、禹的传说，了解华夏民族、炎黄的由来及早期民主。

(二)国家的产生和社会变革

简述夏朝建立的史实，知道早期国家的产生；了解夏、商、西周三代的更替；说出西周分封制的主要内容；知道春秋争霸和战国七雄的史实；通过商鞅变法等史实，认识战国时期的社会变革。

(三)统一国家的建立

了解秦兼并六国和秦始皇加强中央集权的史实，统一国家建立的意义及秦兵马俑；知道陈胜吴广起义；列举汉武帝大一统的主要史实；讲述张骞通西域等史实；认识丝绸之路在中外交流中的作用。

(四)政权分立与民族融合

了解三国鼎立形成的史实；说出人口南迁和民族交往促进了江南开发的史实；概述北魏孝文帝促进民族融合的措施。

(五)繁荣与开放的社会

知道大运河、赵州桥和莫高窟；了解隋唐科举制度的主要内容；列举"贞观之治"的主要内容；知道武则天和"开元盛世"的基本史实；了解唐与吐蕃等民族交往的史实，以及遣唐使、玄奘西行、鉴真东渡等中外文化交流史。

(六)经济重心的南移和民族关系的发展

列举宋代南方生产发展和商业繁荣的史实，了解中国古代经济重心的南移和宋代的社会生活；知道辽、宋、西夏、金等政权的并立；简述成吉思汗统一蒙古和忽必烈建立元朝的史实，说明民族关系的发展。

(七)统一多民族国家的巩固和社会的危机

了解明清两朝加强专制统治的主要措施；概述郑和下西洋的史实；讲述戚继光抗倭、郑成功收复台湾和雅克萨之战等史实，感受中国人民反抗侵略的英勇斗争精神；列举清朝设置驻藏大臣和平定大小和卓叛乱等史实，了解清朝加强对边疆地区管辖和维护统一的主要措施；简述"闭关锁国"的主要表现，分析其历史影响。

(八)科学技术

以后母戊鼎等为例，了解中国古代青铜工艺的成就；知道《九章算术》，讲述祖冲之推算圆周率的史实，了解中国古代的数学成就；知道华佗、张仲景和《伤寒杂病论》、李时珍和《本草纲目》等名医名著；知道《水经注》《齐民要术》《天工开物》等重要著作；以都江堰、长城、大运河、赵州桥和北京故宫等为例，体会中国古代劳动人民的智慧和创造力；了解"四大发明"，认识中国古代科技发明对世界文明发展的贡献。

(九)思想文化

知道甲骨文、金文、小篆和隶书等字体、汉字的演变；知道孔子，了解"百家争鸣"、佛教传入、道教兴起的主要史实，中国古代的文学成就；知道《史记》《资治通鉴》的作者和体例，唐诗、宋词、元曲和明清小说；了解古代书法、绘画、雕塑和舞蹈等方面的主要成就。

二、中国近代史

中国近代史始自1840年中英鸦片战争爆发，止于1949年南京国民党政权覆亡，历经清王朝晚期、中华民国临时政府时期、北洋军阀时期和国民政府时期，是中国半殖民地半封建社会逐渐形成到瓦解的历史。可从以下七个方面来教学。

(一)列强的侵略与中国人民的抗争

讲述林则徐虎门销烟的故事；了解中英《南京条约》的主要内容，认识鸦片战争对中国近代社会的影响；知道太平军抗击洋枪队的事迹；简述第二次鸦片战争期间英法联军火烧圆明园、俄国通过不平等条约割占中国北方大片领土的侵略史实；了解左宗棠收复新疆的基本史实；讲述甲午中日战争中邓世昌的主要事迹，体会中国人民反抗外国侵略的民族气节和斗争精神；了解《马关条约》的主要内容，说明《马关条约》与中国民族危机加剧的关系；了解八国联军侵华的史实；知道《辛丑条约》对中国民族危机全面加深的影响。

(二)近代化的起步

列举洋务派为"自强""求富"而创办的主要军事工业和民用工业，知道洋务运动在中国近代化进程中的地位和作用；知道"百日维新"的主要内容，认识戊戌变法对中国近代社会的影响；了解孙中山的主要革命活动，知道武昌起义及辛亥革命的历史意义；列举陈独秀、胡适等新文化运动的主要代表人物，了解新文化运动在中国近代思想解放运动中的地位和作用。

(三)新民主主义革命的兴起

知道五四爱国运动的基本史实，理解五四精神；简述中国共产党第一次全国代表大会召开的史实，认识中国共产党成立的历史意义；知道黄埔军校的创建和北伐战争的胜利进军；了解南京国民政府成立的主要史实；知道南昌起义，讲述朱德和毛泽东井冈山会师的故事，中国共产党创建工农红军和农村革命根据地的意义；讲述中国工农红军长征的故事，体会红军的革命英雄主义精神，认识中国革命历程的艰难曲折。

(四)中华民族的抗日战争

了解九一八事变的史实，知道九一八事变后中国开始了局部抗战；了解西安事变的概况，认识西安事变和平解决的历史作用；了解七七事变的史实，知道中国全民族抗战从此开始；以侵华日军南京大屠杀等罪行为例，认识日本军国主义凶恶残暴的侵略本质；讲述中国军队血战台儿庄和百团大战等史实，体会中国军民在抗日战争中英勇顽强不怕牺牲的精神；了解中国共产党第七次全国代表大会的主要内容；抗日战争胜利的历史意义。

(五)人民解放战争的胜利

知道重庆谈判，理解中国共产党为争取和平民主做出的努力，认识国民党独裁内战的本质；了解中共中央转战陕北和刘邓大军挺进大别山的史实，知道人民解放军开始转入战略进攻；列举辽沈、淮海、平津三大战役和渡江战役，说明人民解放战争迅速胜利的主要原因。

(六)经济和社会生活

知道张謇兴办实业的故事，了解近代民族工业曲折发展的状况；知道轮船、火车、电报、照相和电影等在中国出现的史实；以《申报》、商务印书馆等为例，了解大众传播媒体对近代社会生活的影响和民国以来剪发辫、易服饰、改称呼等社会习俗方面的变化。

(七)科学技术与思想文化

知道詹天佑、侯德榜等近代科学技术方面的重要人物及其成就；了解魏源、严复等人的主要思想；以科举制度的废除和京师大学堂的开办为例，了解近代新式教育发端的主要史实；知道鲁迅、徐悲鸿、聂耳和冼星海等人的主要成就。

三、中国现代史

中国现代史是中国共产党领导全国各族人民进行社会主义现代化建设的历史。1949 年中华人民共和国的成立是中国现代史的开端。可从以下七方面进行教学。

（一）中华人民共和国的成立和巩固

讲述开国大典的史实，认识新中国成立的历史意义；简述西藏和平解放的基本史实；讲述黄继光、邱少云等的英雄事迹，体会志愿军战士的爱国主义和革命英雄主义精神；知道《中华人民共和国土地改革法》，理解废除封建土地制度的意义。

（二）社会主义道路的探索

了解第一个五年计划的基本任务；知道 1954 年颁布了第一部《中华人民共和国宪法》；知道对农业、手工业和资本主义工商业的社会主义改造基本完成是社会主义制度在我国建立的标志；了解"大跃进"和人民公社化运动是探索社会主义建设道路过程中的严重失误；讲述王进喜、邓稼先和焦裕禄等先进人物艰苦创业和全心全意为人民服务的事迹；了解"文化大革命"中民主法制和国民经济遭受严重破坏的主要史实，认识"文化大革命"给国家和人民带来了严重灾难。

（三）建设中国特色社会主义

认识中国共产党十一届三中全会是我国社会主义现代化建设史上的伟大转折；知道家庭联产承包责任制的主要内容，了解生产关系一定要适应生产力发展需要的基本原则；知道经济特区在社会主义现代化建设中的作用和影响；国有企业改革的主要内容；说出《中华人民共和国民法通则》《中华人民共和国残疾人保障法》等重要法律，了解社会主义民主与法制建设的重大进展；认识邓小平理论是改革开放和社会主义现代化建设的指导思想。

（四）民族团结与祖国统一

了解我国实行民族区域自治制度的主要史实；简述香港、澳门回归的史实，说明"一国两制"的科学构想是推进祖国和平统一大业的基本方针；了解祖国大陆与台湾经济文化交往日益密切的史实，认识祖国统一是历史发展的必然趋势。

（五）国防建设与外交成就

了解人民海军和人民空军建立的史实；以人民解放军导弹部队的建立和发

展为例，说明科技强军的重要性；知道和平共处五项原则的主要内容，了解周恩来出席万隆会议的史实；讲述我国恢复在联合国合法席位和中美建交等史实；以我国参与"亚太经合组织"的活动等史实为例，说明我国在国际事务中发挥的作用。

(六)科技、教育与文化

知道"两弹一星"的成功研制、"籼型杂交水稻"的培育推广等标志性成果，以及"863"计划的制订；以计算机网络技术的应用为例，说明信息技术在促进我国社会发展中的重要作用；列举九年义务教育基本普及和特殊教育迅速发展的史实，认识教育发展在"科教兴国"战略中的地位；了解我国文化艺术和体育事业的主要成就。

(七)社会生活

以人们衣、食、住、行、用等方面的变化为例，说明改革开放对人们生活方式所产生的影响；知道就业制度的变化，认识社会发展改变了人们的就业观念；以医疗保险制度的建立为例，说明社会保障制度在社会发展中的重要作用。

四、世界古代史

世界古代史始自三四百万年前人类的出现，止于约公元 15 世纪，分为上古和中古两个历史时期，经历了原始社会、奴隶社会和封建社会。可从以下五方面教学。

(一)史前时期的人类

列举南方古猿等早期人类的代表，了解人类起源和三大主要人种的形成；讲述该亚与厄瑞斯忒的传说，知道母系氏族社会与父系氏族社会形成的原因及特点。

(二)上古人类文明

知道古代埃及的金字塔、古巴比伦的《汉谟拉比法典》和古代印度的种姓制度，了解人类早期文明产生的自然地理环境；了解伯里克利时代雅典民主政治的基本状况，知道古希腊是西方文明的发源地；了解罗马共和国的兴衰。

(三)中古亚欧文明

了解大化改新的基本内容，穆罕默德的主要活动；以查理·马特改革和丕平献土为例，了解西欧封建等级制度的特点和罗马教廷的地位；通过讲述琅城起义的故事，了解西欧城市兴起的历史意义；讲述君士坦丁堡陷落的故事，探讨拜占廷帝国衰落的原因。

（四）文明的冲撞与融合

了解希波战争、亚历山大大帝东征和罗马征服地中海世界等基本史实；知道马可·波罗来华、阿拉伯数字的发明和传播等史实，探讨世界各民族、各地区和平交往的历史意义。

（五）科学技术与思想文化

知道埃及象形文字、两河流域楔形文字；了解佛教、基督教和伊斯兰教的产生与传播；以《荷马史诗》《俄底浦斯王》和《天方夜谭》等作品为例，了解古典文学戏剧的成就；简述阿基米德等古代科学家的主要成就；说出阿拉伯麦加清真寺和巴黎圣母院等古代建筑的特点，了解古代劳动人民的创造力和审美情趣。

五、世界近代史

世界近代史是 16 世纪前后至 20 世纪初资本主义社会形态酝酿、产生和发展的历史。世界各地区前资本主义文明的相对独立和相互隔绝状态，被广阔的资本主义世界市场和血腥的殖民扩张所打破，人类逐渐步入相互联系、相互依赖的世界一体化阶段，进而产生了真正意义上的世界历史。

（一）欧美主要国家的社会巨变

知道《神曲》，复述达·芬奇、哥伦布的主要活动，初步认识文艺复兴和新航路开辟对欧洲资本主义社会的产生所起的作用；简述《权利法案》《独立宣言》和《人权宣言》的基本内容，初步了解英国资产阶级革命、美国独立战争和法国大革命的历史影响；知道华盛顿、拿破仑的主要活动，评价资产阶级政治家的历史作用。

（二）第一次工业革命

知道发明珍妮机的故事，了解英国工业革命开始于一系列工作机的发明；知道瓦特改进蒸汽机的史实，认识蒸汽机在大工厂生产中的作用；简述发明"旅行者号"机车的基本史实，认识铁路给人类社会带来的巨大影响。

（三）殖民扩张与殖民地人民的抗争

了解"三角贸易"的基本内容，资本原始积累的野蛮性与残酷性；讲述英国殖民者克莱武在印度疯狂掠夺的史实，认识殖民扩张和掠夺是英国最早成为资本主义工业强国的重要条件之一；概述玻利瓦尔和章西女王领导反抗殖民地统治斗争的主要事迹，体会殖民地国家和人民反抗殖民侵略的正义性。

(四)资产阶级统治的巩固与扩大

了解林肯在南北战争中的主要活动，《解放黑人奴隶宣言》的主要内容，理解南北战争在美国历史发展中的作用；讲述俄国废除奴隶制法令的主要内容，认识农奴制改革的历史作用；了解明治维新的主要内容，在促进日本向资本主义社会转变中所起的作用。

(五)国际工人运动与马克思主义的诞生

了解宪章运动的基本史实，欧洲早期工业无产阶级在反对资产阶级斗争中提出的基本要求；讲述马克思、恩格斯的革命活动和《共产党宣言》的历史意义；讲述"五月流血周"和创作国际歌的主要过程，感受巴黎公社的革命精神。

(六)第二次工业革命

列举电力广泛使用的史实，了解第二次工业革命的特点；知道本茨和莱特兄弟的发明活动，了解汽车和飞机两种交通工具的发明对人类社会发展的影响；讲述爱迪生发明电器的故事，认识电器的广泛使用对提高人类社会生活质量的重要作用。

(七)第一次世界大战

了解"三国同盟""三国协约"的组成国及相关条约的主要史实，了解欧洲两大军事对抗集团形成的严重后果；了解萨拉热窝事件的主要过程，认识突发事件对人类和平的威胁；以凡尔登战役为例，认识第一次世界大战给人类社会带来的巨大灾难。

(八)科学与思想文化

简述牛顿、达尔文和爱因斯坦等人的主要成就，认识科学家在社会发展中的作用；了解伏尔泰等人的基本主张，初步认识思想解放与社会进步的关系；知道莎士比亚和托尔斯泰的主要作品；说出《最后的晚餐》和《向日葵》两幅名画的作者和艺术风格；知道贝多芬的《英雄交响曲》，初步理解作者创作这一作品的历史背景。

六、世界现代史

世界现代史主要反映第一次世界大战和俄国十月社会主义革命以来世界历史发展的基本进程。

(一)苏联社会主义道路的探索

简述俄国 1917 年彼得格勒武装起义的概况，了解世界历史上第一个社会主义国家的诞生及其重大意义；了解列宁在社会主义建设方面所做的探索；知道 20 世纪二三十年代苏联社会主义建设的重大成就和经济政治体制上存在的严重弊端。

(二)凡尔赛—华盛顿体系下的西方世界

了解凡尔赛和约、九国公约的基本内容；简述 1929—1933 年资本主义世界经济危机的影响；以"产业复兴法"为例，知道罗斯福新政在资本主义发展史上的作用；通过国会纵火案和反犹暴行等事例，揭露德意日的法西斯暴行。

(三)第二次世界大战

以慕尼黑会议为例，说明绥靖政策的实质和恶劣影响；简述德国进攻波兰和苏联、日本偷袭珍珠港等导致第二次世界大战全面爆发和逐步扩大的主要事件；通过联合国家宣言和雅尔塔会议等史实，了解国际反法西斯联盟的建立及其作用；简述斯大林格勒战役、诺曼底登陆和攻克柏林战役在反法西斯战争中的作用。

(四)主要资本主义国家的发展变化

知道战后美国经济发展的主要特点；知道欧洲联盟；了解战后日本成为资本主义经济强国的主要史实。

(五)社会主义国家的改革与演变

了解赫鲁晓夫改革；知道戈尔巴乔夫改革和苏联解体；以匈牙利为例，了解东欧社会主义国家的改革运动。

(六)亚非拉国家的独立和振兴

以印度等国为例，简述亚洲国家实现国家独立和走上民族振兴道路的概况；简述战后非洲独立运动和拉丁美洲各国为捍卫国家主权、促进社会经济发展所进行的斗争；知道中东战争，认识战后中东地区矛盾的复杂性。

(七)战后世界格局的演变

了解杜鲁门主义等史实，美苏"冷战"对峙局面的形成，初步认识霸权主义对人类进步和安全的威胁；概述世界经济全球化加速发展的趋向，理解世界各国相互依存、相互竞争的复杂性；以科索沃战争等历史事件为例，了解世界政治格局的多极化趋势。

(八)科学技术和文化

以计算机网络技术、生物工程技术等为例，概述第三次科技革命的特点；知道莱德赛的《美国的悲剧》等著名文学作品；了解毕加索等美术家的艺术成就；通过爵士乐、好莱坞等，了解现代音乐和电影业的发展。

第三节　聋校地理课的教学内容

聋校地理课以区域地理学习为主，内容分为四大部分：地球与地图、世界地理、中国地理和乡土地理。

一、地球与地图

(一)地球与地图

第一，知道地球是宇宙中无数天体中的一个；知道地球的形状、大小，要求学生能够提出证据说明地球是个球体。理解地球的运动和意义，并能够用事实分别说明地球自转、公转及其产生的地理现象。

第二，认知地球仪。要求学生能够运用地球仪，说出经线与纬线、经度与纬度的划分，能用经纬网确定任意地点的位置。

第三，地图的识别与运用。知道地图的三要素：方向、图例和比例尺；能够运用地图辨别方向、量算距离、估算海拔与相对高度；能识别等高线地形图上的山峰、山脊和山谷等；在地形图上识别五种主要的地形类型；知道地图图例的含义；能根据需要选择常用地图，查找所需的地理信息，养成在日常生活中运用地图的习惯；还要知道电子地图、遥感图像等在生产、生活中的用途。

(二)海洋与陆地

第一，知道全球海陆分布特点；运用世界地图说出七大洲、四大洋的地理分布和概况。

第二，学习海陆变迁时，举例说明地球表面海陆处在不断的运动和变化之中；了解魏格纳与大陆漂移说。

第三，知道板块构造学说，了解全球六大板块的划分，板块之间的基本运动形式，说出世界著名山系及火山、地震分布与板块运动的关系。

(三)天气与气候

第一，多变的天气：知道"天气"和"气候"的区别，并在生活中正确使用这两个术语；能够识别常用天气符号，看懂简单的天气图；能用实例说明人类活动对大气环境的负面影响及保护大气环境的重要性。

第二，气温与气温的分布：了解气温与人类生活和生产的关系；认识气温的日变化规律；气温的年变化规律；从纬度和海陆分布两方面说出世界气温的分布规律；理解气温垂直变化的一般规律。

第三，降水与降水的分布：理解降水的形式；认识降水与人类生活和生产的关系；初步学会阅读世界年平均降水量分布图，说出世界降水分布的差异；能使用气温、降水资料，绘制气温曲线和降水量柱状图，并读图说出气温与降水的变化规律。

第四，世界的气候：在世界气候分布图上说出主要气候类型的分布地区；能举例分析纬度位置、海陆分布和地形等对气候的影响；认识气候对生活和生产的影响。

二、世界地理

(一)居民与聚落

第一，人口与人种：运用地图、资料，说出世界人口增长和分布的特点；人口问题对环境及社会、经济的影响。世界黑色、黄色和白色三大人种的特点及主要分布地区。

第二，语言与宗教：能运用地图说出汉语、英语、法语、俄语、西班牙语和阿拉伯语的主要分布地区。世界三大宗教及其主要分布地区，不同国家和地区存在着不同的宗教信仰及文化传统。

第三，聚落：能描述城市景观和乡村景观的差别；聚落与自然环境的关系；保护世界文化遗产的意义。

(二)发展与差异

第一，发达国家与发展中国家：因为地区发展不平衡而产生了地区发展差异，知道世界上的国家分为发展中国家与发达国家；发展中国家和发达国家发展水平的差异；发展中国家与发达国家的地区分布特点。

第二，国际合作的意义：人类社会的发展与经济的发展必然要求国际合作；说出联合国等国际组织在国际合作中的作用。

(三)认识区域

地理教材认识区域部分主要以日本、印度、俄罗斯、澳大利亚、美国、巴西，以及东南亚地区、中东地区、欧洲西部和撒哈拉以南的非洲地区等为例。

在认识大洲时，运用地图说明某一大洲的纬度位置、海陆位置；归纳出某一大洲的地形、气候、河流特点及其相互关系；说出某一大洲存在的人口、环境和发展等问题；通过实例说明某一大洲内部的经济发展水平是不平衡的。

在认识地区时，要在地图上找出某一地区的位置、范围、主要国家及其首都，读图说出该地区地理位置的特点，地势变化及地形分布特点，地形与人类活动的关系；气候的特点以及气候对当地农业生产和生活的影响；运用地形图说明某一地区主要河流概况，以及河流对城市分布的影响；指出某一地区对当地或世界经济发展影响最大的一种或几种自然资源，发展旅游业的优势和最有影响的区域性国际组织，富有特色的文化习俗；说出两极地区自然环境的特殊性以及开展科学考察和环境保护的重要性。

在认识国家时，指导学生认识地图上某一国家的地理位置、领土组成和首都，重点培养学生识图和运用资料理解相关知识点的能力，如说出某一国家自然环境的基本特点，指出特有的自然地理现象和突出的自然灾害，并简单说明其形成的主要原因；该国因地制宜发展经济的实例；交通运输特点以及主要城市；民族、人口和宗教、语言等至少一个方面的概况。

另外，教学中要举例或实例说明高新技术产业在某一国家经济发展中的地位和作用；某一国家自然与社会环境对民俗的影响和在开发利用自然资源和保护环境方面的经验、教训以及与其他国家在经济、贸易和文化等方面的联系。

三、中国地理

(一)疆域与人口

第一，中国的疆域辽阔，利用地图说出我国的地理位置、范围、领土与领海、邻国和濒临的海洋，认知我国既是陆地大国，也是海洋大国；在我国政区图上准确找出 34 个省级行政区，记住它们的简称和行政中心。

第二，说出我国的人口总数及人口国策；我国人口的分布概况；了解我国视力残疾、听力残疾、智力残疾、肢体残疾、言语残疾、精神残疾和多重残疾的人口总数。

第三，我国少数民族分布特征，主要少数民族的风土人情和文化特点。

(二)自然环境

第一，认识我国地形、地势的主要特征，我国的地形复杂，多样化的地形对生活和生产的影响；自然资源丰富；要指导学生运用中国地形图。

第二，了解我国冬夏气温及降水的主要分布特点，并简单分析影响成因；

了解我国温度带干湿地区的划分依据和划分地区，知道我国地理环境的巨大差异性；认识我国季风气候的特征及对生活和生产的影响。

第三，认识我国的主要河流湖泊；了解黄河各河段产生危害的原因及治理的基本法案；了解长江开发的措施。

（三）自然资源

第一，知道什么是自然资源以及我国自然资源的主要类型。

第二，了解自然资源与人类生活和生产的密切联系和重要性，以及我国自然资源丰富但人均不足，并且破坏严重的现状。

第三，我国土地资源的利用类型和基本特点，了解合理利用土地资源的重要性，我国土地资源存在的问题。

第四，我国水资源的时空分布特点以及对于社会经济发展的影响，我国为解决水资源分布不均而建设的大型工程，认识节约用水、保护水资源的途径。

（四）经济与文化

第一，交通运输在生活和生产中的重要作用；记住我国主要的铁路线，了解我国交通运输网络的大致格局，学会查看列车时刻表，通过比较不同的交通运输方式的特点；根据需要合理选择交通工具。

第二，了解我国的农业发展，了解因地制宜发展农业的必要性。

第三，了解工业生产的一般过程；工业在国民经济中的地位和作用；我国工业的地理分布，高新技术产业在工业发展中的作用。

第四，知道我国民居、服饰和饮食的地方特色，举例说明自然环境对文化的影响；说明我国具有地方文化特色的旅游业。

（五）地理差异

第一，区域划分的方法及相应的地理区域的类型；我国四大地理区域的位置、范围和他们的自然地理差异。理解秦岭—淮河一线的重要地理意义。

第二，明确秦岭—淮河一线是划分我国南北地区的分界线，了解北方地区和南方地区主要的自然特征、人文特征，自然地理差异对生活、生产的影响。

第三，我国西北地区的范围和以高原、盆地为主的地形；西北地区由东向西的自然景观的变化规律以及形成的原因；西北地区主要的自然特征，与地形、植被、河流的相互关系和对生活、生产的影响；我国主要牧区青藏高原及其地理特征。

（六）认识省级区域

第一，全国政治文化中心——北京的位置、范围并做出简要评价；北京的自然条件、历史文化传统和城市功能。

第二，香港、澳门特别行政区的海陆位置和相对位置的优越性；香港、澳门人口的基本特点；它们与祖国内地优势互补的模式、意义和影响因素；我国"一国两制"的基本制度。

第三，祖国神圣领土台湾的位置和范围；台湾自然地理的环境和经济特色。

第四，西部大开发的重地——新疆维吾尔自治区的位置、范围、人口和城市的分布特点、地形特点；西部大开发与环境保护之间的关系。

(七)认识省内区域

第一，以珠江三角洲为例，了解其地理位置的重要性和优越性；发展特点和主要产业部门及其形成原因；区域社会经济发展对生态环境的影响。

第二，以西双版纳为例，说明其地理位置，原始热带雨林的基本特征，资源优势和旅游业对于区域经济的带动作用；设立自然保护区的意义以及如何保持该地区可持续的发展。

(八)认识跨省区域

第一，以黄土高原为例，说明地理位置和范围以及所跨的省级行政区；地形、地貌特征；水土流失严重的原因，生态环境恶化、自然灾害频繁的自然和人为原因。

第二，以长江沿岸工业带为例，说明沿岸工业带的范围和相对地理位置；气候特点和区域内的地理差异，长江在区域经济发展中的特殊地位，沿岸水土流失、江水污染和酸雨等生态问题的危害与治理保护。

第三，区域内主要地理差异；区域内自然地理要素的相互作用和相互影响；影响区域农业或工业发展的地理因素；中国在全球化进程中和解决人类面临的重大问题中的作用。

四、乡土地理

聋校的乡土地理教学，旨在帮助学生认识学校所在地区的生活环境，引导学生学以致用，培养学生的实践能力，树立可持续发展的观念，增强爱国、爱家乡的情感。所以，教学中可以指导学生利用图文材料和历史档案调查、了解家乡的地理位置、自然条件、人口数量和风土人情等基本情况，并在此基础上进一步分析自然条件对家乡的经济、环境、生态、文化和生活诸多方面产生的影响。还可以指导学生认知家乡的生态环境状况，找出存在的问题，提出建议性方案。

第四节　聋校历史课与地理课教学的特殊方法和需注意的问题

一、教学的特殊方法

在历史课与地理课的教学过程中，教师们常会用到多种教学方法，诸如讲述法、谈话法、阅读法和练习法等。但针对聋生的认知特点，还有以下几种特殊的教学方法可以起到较好的教学效果。

（一）课前批注法

所谓课前批注法，即学生预习新课内容或资料时，将自己感兴趣的或是认为自己应该学习的知识点进行圈注，并写上对圈点内容的理解和评语。

教师有意识地要求学生采用这种方法，不仅可以督促其进行新课的预习，初步了解新课内容，养成预习的好习惯，还可以留给学生发挥其想象力、创造力的空间。例如，预习《香港和澳门的回归》一课时，学生能将"一国两制"的含义、作用，香港和澳门回归祖国的时间、历史意义圈画出来。可能有一些学生还不能完全或准确地抓住新知识要点，但在教师讲解之后，他们会对自己勾画、圈注的内容有更深刻的认知和理解。同时，对自己未勾画和圈注的内容也会引起注意，找出忽视的原因。这样更易于学生对新知识的认识和理解。

（二）情景再现法

所谓情景再现法是指在教学过程中，教师有目的地引入或创设具有一定情绪色彩的具体生动的场景，以引起学生一定的态度体验，从而帮助学生理解教材。

结合教学内容，可以采用播放相关的影片、表演小品、情景剧和讲故事等方式创设不同的教学情景。发挥聋生视觉的代偿作用，通过双眼的"快看""细看"弥补听不见的缺陷，使学生有身临其境之感，便于新知识的学习。同时对培养情感、启迪思维、发展想象和开发智力等方面也有独到之处。例如，在讲抗美援朝历史时，播放《上甘岭战役》的电影片段，当学生看到"不到半天时间，敌人向阵地疯狂地进攻了八次"的激烈战斗，就容易明了上甘岭的重要军事地位，深深体会志愿军英勇顽强的战斗精神。现在，现代科学技术和文化产业的发展已经提供了大量直观再现历史事件、地理环境的素材、作品，是丰富的教学资源，在聋校教学中必须大量采用。特别是讲历史、讲国外、讲远离聋生生活经验的内容，更需要使用此直观教学方法。

(三)讨论探究法

讨论探究法是在教师指导下，由全班或小组围绕某一中心问题通过发表各自意见和看法，共同探讨，相互启发，集思广益地进行学习的一种方法。但教材内容并非都适宜采用探究方式来学习，需要教师精心筛选适宜探究学习的内容。

运用此方法共同分析问题、探寻问题的答案，不仅可以培养学生多角度思考、分析问题的能力，还可以提高学生的沟通交往能力。例如，《在地球上寻找我们生活的地方》一课教学时，可以试问学生："你知道地球是什么样子的吗？""你有什么证据说明地球是个球体呢？"学生经分组阅读讨论后，能够依据课本提供的地球卫星照片、月全食时对地球的影子的观察证据，人类对地球的认识过程(含麦哲伦船队环球探险航线)做出回答。

再如，在讲宋代商业的繁荣及其货币的演变时，可提出"我们外出购物必须携带什么？"学生很快就答出是钱。之后继续引导聋生讨论"以前人们用的钱是什么样子的？""铜钱、铁钱都很重，携带不方便，人们又想了什么办法呢？"然后引出"交子"出现的时间、地点、好处以及与今天使用纸币的不同之处，乃至信用卡的出现带来更多的方便等。这样探究的讨论过程，课堂氛围愉悦、轻松，不仅学生感兴趣，而且能将所学知识进行复习、运用，交流之中还增强了合作意识。

要事先根据学生的知识基础、阅读和理解能力、语言表达水平和家庭条件(是否具备上网查阅资料的条件)等，强弱搭配，将学生分为小组，限定探讨的时间，各组分别讨论探究某一重点的内容，每组选出一位组长，负责组织讨论和完成一个内容的讲解。

(四)巧妙记忆法

巧妙记忆法是根据学科特点、知识特点和学生的年龄、心理特征等，运用识记规律，使记忆变得敏捷、准确，保持长久，运用时能迅速提取的方法。"记"是"忆"的前提，"忆"是"记"的结果和验证。对于聋生来说，记忆是他们学习和掌握知识技能的重要条件。但从记忆的敏捷性、持久性、正确性和准备性四方面来说并不是很好，特别是他们对于语言文字材料记得慢、忘得快。所以，在教学中常会遇到明明讲过的知识，没过多久又忘得一干二净，特别是记忆历史时间和历史事件极易混淆。因此，教学中应注重指导聋生巧妙记忆，寻找规律和特点。例如，1921 年中共"一大"召开，中国共产党成立，1922 年中共"二大"召开，1923 年中共"三大"召开。这样有序记忆时间，学生再结合相关内容了解、学习就容易得多。

二、教学需注意的问题

历史和地理的学科特点，以及聋生学习的方式主要依靠视觉、手语的特点，使得对不是现实发生的、身边看不见的东西都会感到非常陌生和难学。因此，在教学中还需要注意以下问题。

（一）把握一般与重点的关系

历史课纵横古今中外，上下几千年，涉及的事件、人物数以百计。地理课中自然地理、人文地理交织，陆地、海洋和太空全有，知识点众多，且授课时间比普通学校少一年。因此，教学的难度大，必须把握一般与重点的关系。

首先，在学习的要求上适当调整。可将对普通学生做到"说出""评价"什么的要求变为"了解""知道"什么，降低难度。其次，历史教学要厚今薄古，厚中薄外，时空跨度大、时间久远的东西可以略讲，近现代的内容可以多讲；外国的东西可以少讲，中国的内容可以多讲。地理教学重在讲授对聋生生活、学习和终身发展有用的基础性地理知识和技能。最后，调整个别教学内容，补充与残疾人有关的知识，如知道我国《残疾人保障法》、各类残疾人口的数量。

（二）注重培养聋生通过网络筛选、利用有效信息的能力

网络提供了大量与历史、地理学习相关的各类文字、图片和影像资料，它们是了解、学习、分析历史或地理的一把钥匙，培养聋生从网上查阅、下载资料的能力，制作学习文档或课件是教师必须指导的教学实践活动。

聋生初选的网络信息可能不够精致，选用的文字、图片过多，或收集的不是最能说明问题的材料，或收集到的信息不适合教学需要。如在学习"陶瓷业发展"时，学生会收集到很多五大官窑的瓷器图片，如果在课堂上逐一介绍会占用很多时间，也没有重点。这就需要老师指导学生从有助于学习和理解知识的角度去选择、确定或精简内容，选用哥窑的"冰裂纹瓷"和"瓷都"景德镇的瓷器图片，其他图片可以作为课后欣赏。同时，要指导学生借助这些资料提高分析、解决问题的能力，这是更重要的。例如，通过观察唐朝与北宋城市布局图，要让学生比较分析有何不同，从而发现后者已打破"坊"和"市"的界限。这样比较分析，不仅进一步提高了学生的识图能力，还会引发学生深入思考、分析，促进思维能力的发展。

（三）改变学习方式，构建开放式的课程

历史课和地理课新课改的基本理念中，强调改变学习方式，倡导学生联系实际的参与式学习，充分利用校外资源，构建开放式的课程。因此，绝不能停留在书本中学历史、课堂里讲地理的教学方式。教师要有意识地带领聋生走出校园，组织丰富多彩的教学实践活动，利用生活中的史迹、博物馆、展览馆、自然和人文地理等资源，组织学生进行"寻找本地的历史遗迹""家乡的风味小吃""我们的民族风俗""观测天气变化"和"画一幅街区地图"等各种实践活动，让聋生实际去经历和体验，获得生动的历史和地理知识。

在活动之前，要告知学生活动的目的、任务、分组情况和完成时间，给学生示范调查的方法。例如，"寻找老房子"的活动，起初聋生们不知该去哪儿调查，也不知该如何问起，甚至和健听人交流还有些畏惧。这就需要教师先和聋生一起走访调查，通过教师的协助，健听人会热情、耐心地用纸笔与学生们交流，聋生也看到老房子内外的建筑式样，获得了知识，增强了与健听人交往的信心，学到走访调查的方法。这些都是课堂上学不到的。

思考题

1. 聋校的历史课与地理课具有什么样的性质？
2. 聋校的历史课与地理课的教学目标是什么？
3. 历史课程教学有哪几部分内容？
4. 地理课的教学有哪几部分内容？
5. 如何理解历史课与地理课内容贴近学生生活、贴近社会的理念？
6. 聋校历史课与地理课可采用的特殊教学法有哪些？
7. 组织聋生探究式学习，教师应注意哪些问题？
8. 请根据家乡的地理位置及特点，设计一个主题活动。

第八章　聋校科学课的教学

　　聋校科学课是带有科学启蒙性质的一门综合性课程，包括四个板块：4～6年级开设"科学"、7年级开设"生物"、8、9年级开设"物理"、9年级开设"化学"，讲授的都是自然科学的内容。自然科学研究自然界的变幻万千、奇妙无比的各种物质和现象，因此，科学课是最能吸引聋生，且其非常喜爱的一门课程。

第一节　聋校科学课的教学目标

一、科学课的总目标

　　让聋生知道与周围常见事物有关的浅显的科学知识，并将所学知识应用于日常生活，逐步养成科学的行为习惯和生活习惯；了解科学探究的过程和方法，并尝试应用于科学的探究活动中，逐步学会科学地看问题、想问题；保持和发展聋生对周围世界的好奇心与求知欲，使他们形成大胆想象、尊重证据、敢于创新的科学态度和爱科学、爱家乡、爱祖国的情感；使聋生亲近自然、欣赏自然、珍爱生命，积极参与资源和环境的保护，关心科技的新发展。

二、科学课的分目标

(一)科学探究

　　科学探究是养成科学的意识与习惯，要使聋生知道科学探究涉及的主要活动，理解科学探究的基本特征；能通过对身边自然事物的观察，发现和提出问题；能运用已有知识作出自己对问题的假想答案；能根据假想答案，制定简单的科学探究活动计划；能通过观察、试验和制作等活动进行探究；会查阅、整理从书刊及其他途径获得的科学资料；能在已有的知识、经验和现有信息的基础上，通过简单的思维加工，作出自己的解释或结论；能用自己擅长的方式表达探究结果，进行交流，并参与评议，知道对别人研究的结论提出质疑也是科学探究的一部分。

(二)科学知识目标

让聋生学习生命世界、物质世界、地球与宇宙三大领域中浅显的、与日常生活密切相关的知识与研究方法，并能尝试用于解决身边的实际问题；通过对物质世界有关知识的学习，了解物质的常见性质、用途和变化，对物体的运动、力和简单机械，以及能量的不同表现形式具有感性认识；通过对生命科学有关知识的学习，了解生命世界的轮廓，形成一些对生命活动和生命现象的基本认识，对人体和健康形成初步的认识；通过对地球与宇宙有关知识的学习，了解地球、太阳系的概况及运动变化的一般规律，认识人类与地球环境的相互作用，懂得地球是人类唯一家园的道理。

(三)情感态度与价值观目标

情感态度与价值观既是科学学习的动力因素，影响着聋生对科学学习的投入、过程与效果，又是科学教育的目标，具体体现在对待科学学习、对待科学、对待自然、对待科学技术与社会的关系方面。

第一，保持与发展聋生想要了解世界、喜欢尝试新的经验、爱提问、大胆想象、乐于探究与发现周围事物奥秘的欲望。

第二，珍爱并善待周围环境中的自然事物，初步形成人与自然和谐相处的意识。

第三，知道科学已能解释世界上的许多奥秘，但还有许多领域等待探究，科学不迷信权威。

第四，形成用科学提高生活质量的意识，愿意参与科学有关的社会问题讨论与活动。

第五，在科学学习中能注重事实，克服困难，善始善终，尊重他人意见，敢于提出不同见解，乐于合作与交流。乐于用学到的科学知识改善生活，关心日常生活中的科技新产品、新事物。

第六，意识到科学技术对人类与社会的发展既有促进作用，也有消极影响。

(四)扬长与补短目标

聋校的科学课程还有以下开发潜能、补偿缺陷的特殊任务。

1. 发展观察力和分析力

聋生尽管通过听觉获取信息的能力明显减弱，但他们通过视觉观察获取信息的能力却得到更多的锻炼。任何一种自然、物理和化学现象都离不开观察，因此，科学课在培养观察力上有独特的优势，需要在教学过程中对聋生培养良好的观察习惯、正确的观察方法和分析方法。

2. 培养动手实践能力

聋生在动手实践方面与普通学生没有明显的差别，只要教育培养得当，他们在这方面的能力不会比普通学生差。科学课程在培养聋生动手实践能力方面具有比其他课程更大的优势，同时也担负着更大的责任。

3. 发展语言能力

科学课要结合教学内容发展聋生的语言理解和表达能力，其中包括使用表达沟通能力，要使聋生通过语言能力的发展而促进思维的发展。

4. 培养合作解决问题的能力

当今社会，一个人要想不与人合作而完成一项复杂的任务已不可能。对于身体有缺陷的人来说更是如此。科学课程的很多实验活动都可以设计成让聋生与人合作的复杂任务，让聋生得到更多的与人合作的机会，以此提高日后他们在这方面的能力。

第二节　聋校科学课的教学内容

围绕本课程目标，科学课的教学内容涉及科学探究、生命世界、物质世界和地球与宇宙等方面。

一、科学探究

探究即探索研究，是多方寻求答案、解决疑难问题的过程。探究本身不能抽象成一个孤立的教学内容，一定是与具体的学科领域相联系，渗透在学科教学的环节之中，是科学学习的中心环节。在日常生活和学习中每个聋生都会发生探究解决问题的行为，但有许多盲目性。科学探究强调的探究过程的思维方式和方法应该是科学的。因此，此部分内容要让聋生知道怎么做才算是科学探究，知道科学探究如下的思维方式和方法。

(一)提出问题

让聋生从"这是什么""为什么会这样"等角度对周围事物提出问题，能选择适合自己探究的问题，对所提出的问题进行比较和评价。

(二)猜想与假设

让聋生应用已有知识和经验对所观察的现象作假设性解释，能区分什么是假设，什么是事实。

（三）制订计划

让聋生能提出进行探究活动的大致思路，能对自己或小组提出的探究问题作出书面计划。

（四）观察，实验，制作

让聋生能用各种感官直接感知自然事物并用语言或图画描述观察的事物的形态特征，能用简单的工具等对物体进行较细致的观察，并能用图和文字表达，能用简单测量工具对物体进行定量观察，采集数据，并作简单记录，能用简单器材做简单的观察实验和探究性实验，并作实验记录，会设计简单的实验报告，会制作简单的图表。

（五）收集整理信息

让聋生会查阅书刊及其他信息源，能利用简单表格、图形和统计等方法整理有关资料。

（六）思考与结论

让聋生能尝试用不同的方法分析和解读数据，对现象合理的解释，对考虑同一现象做不同的解释，能反思自己的探究过程，将探究的结果与假设相比较。

（七）表达与交流

让聋生能选择自己擅长的方式（语言、文字、图表和模型等）表述研究过程和结果，能倾听和尊重其他同学的不同观点和评议，能对研究过程和结果进行评议，并与他人交换意见。

二、生命世界

科学课中"生命世界"的学习内容是要让聋生尽可能多地认识不同种类、不同环境中的生物，进而对多种多样的生物有一个初步的基本认识，为今后学习"生物"课奠定基础。

（一）多样的生物

这部分内容是让聋生通过常见的植物、动物和其他生物懂得生物是多样的。从要求上，养成爱护花草树木的习惯，保护动物特别是保护濒危动物；能说出周围常见的植物和常见的动物名称，归纳某一类植物、动物的共同特征，学习用不同标准对常见植物、动物进行分类；意识到植物和动物与人类有密切关系；认识动物运动方式的多样性；知道细菌的主要特点和对人正反两方面的作用，真菌是既不属于植物也不属于动物的一类生物，病毒也是生物中的一类。

（二）生命的共同特征

这部分内容是让聋生了解生命的五个共同特征：生物的生命周期、繁衍、基本结构和功能、基本需求和遗传现象。从要求上，使聋生初步知道不同生物的生命过程是复杂多样的；繁衍是生命的共同特征，不同的动物具有不同的生殖方式；植物、动物的主要器官及各种器官的作用，细胞是生命体的基本单位；生物维持生命都要从外界吸收水分和营养，水、阳光、空气、温度和肥料影响植物的生长，绿色植物能在阳光下制造淀粉和氧气，同时吸收二氧化碳；不同的动物吃不同的食物；遗传和变异是生物的特征之一。

（三）生物与环境

这部分内容是让聋生了解生物与环境之间的两个关系：生物对环境的适应、进化现象。从要求上，观察植物和动物的外形，并将观察的结果和它们的生活环境建立联系；使聋生初步知道植物适应环境的几个特征，如向光性、向水性和向地性；列举一些动物适应环境的事实，如冬眠、保护色和拟态等；知道环境对生物生长、生活习性的多方面影响，懂得食物链的含义；认识到人类是自然的一部分，既依赖于环境，又影响环境，影响其他生物的生存；初步了解适者生存、自然选择的含义，以某类生物为例，阐释生物进化的过程，关注一些和进化有关的有趣问题。

（四）健康生活

这部分内容是让聋生了解生理与健康、生长发育和良好的生活习惯。从要求上，让聋生了解人类需要的营养及其来源，懂得营养全面合理的重要性，了解人体的消化过程、呼吸过程、心脏和血管的作用及保健，探究心跳的快慢与哪些因素有关；知道人体各种感觉是对外界的反应，知道大脑在人的语言、思维和情感方面的作用，是人体生命活动的"总指挥部"；了解人的一生的大致过程，青少年身体发育的特点以及青春期的主要身心发展特点；了解影响健康的各种因素，能认识到养成良好生活习惯的重要性，意识到个人对自身健康负有责任，能积极参加锻炼。

三、物质世界

科学课中"物质世界"的学习内容是让聋生直观感受物质世界与生命世界同

样五光十色，精彩纷呈，充满了形形色色的令人惊奇、迷惘和感叹的现象和过程。这部分所涉及的许多知识与技能都是现代科学和现代技术的基础，为今后学习"物理"课奠定基础。

(一)物体与物质

此部分使聋生经过对物体—材料—物质这三个层次的观察与探讨，了解物质一些基本的性质与变化过程，认识逐渐由具体向抽象过渡。

1. 物体的特征

学习用感官判断物体的特征，如大小、轻重、形状、颜色、冷热和沉浮等，根据特征对物体进行简单分类或排序，使用简单仪器(如尺、天平和温度计)测量物体的常见特征(长度、重量和温度)，教聋生设计简单的二维记录表格，做简单的定量记录，使用适当的单位，在经验基础上对其他物体进行估量，使他们意识到多次测量能够提高测量的准确性，了解通过加热或冷却可使物体的大小发生变化，能列举常见的热胀冷缩现象。

2. 材料的性质与用途

物体由材料组成，材料分为天然物材料和人造材料，不同的材料具有不同的性质，如是否导电、是否溶解、是否传热、是否沉浮等。可以根据这些性质对材料进行分类，材料的特性与它的用途相联系，通过这些内容的学习，使聋生意识到人类为了满足自身的需求，在不断发明新的材料，并增强对新事物的敏感性，激发创新意识。

3. 物质的变化

物质有三种常见的状态：固态、液态和气态，温度的改变可使物质的状态发生变化。物质的变化有两大类：一类是形态的变化，另一类会产生新的物质。物质的变化有的是可逆的，有的是不可逆的，使聋生认识到这些变化对人类生活的影响。

4. 物质的利用

物质有可再生的和不可再生的，保护资源十分重要，物质的利用对人具有有利和有害两方面的作用，要正确使用物质。教聋生一些常用的防范、安全和健康措施。

(二)运动和力

此部分使聋生了解位置与运动的概念，知道力与运动变化的关系，了解常见的简单机械。

1. 位置与运动

学习描述一个物体的位置，物体的位置需要相对于另一个物体的位置来确定。使聋生能测量并记录一个沿直线运动的物体在不同时刻的位置，并能用简单的图表或图形来表示距离与时间的关系，知道描述物体的运动需要位置、方向和快慢。

2. 常见的力

使聋生知道一些生活中常见的力，如重力、弹力、浮力和摩擦力等，推和拉都是力，力有大小和方向。

3. 简单机械

使聋生知道利用机械可以提高工作效率，了解一些简单机械的使用，如斜面、杠杆、齿轮和滑轮等。

(三)能量的表现形式

此部分使聋生知道声、热、光、电和磁这些物理现象是能量的不同表现形式，能量可以转换。

1. 声音的产生与传播

声音由物体的振动产生，通过物质传播至人的耳朵，学习噪声的危害和防治的方法。

2. 热现象

使聋生知道温度是表示物体冷热程度的物理量，常用单位有摄氏度和华氏度；会使用温度计；热总是从高温物体传向低温物体，直至物体温度相等为止；学习常用的传热和隔热的方法。

3. 光的传播

光是直线传播的，平面镜或放大镜可以改变光的传播路线；光是有颜色的，了解日光的色散现象。

4. 简单电路

常用电器的工作需要一个完整的回路，有的材料容易导电，有的材料不容易导电，开关具有开关电路的功能；通过学习，使聋生能用一些基本组件连接一个简单电路。

四、地球与宇宙

科学课所讲的地球与宇宙的知识使聋生获得有关地球与天空中的星体的初步印象，为以后学习"地理课"奠定基础。

(一)地球的概貌与地球的物质

地球的概貌介绍地球的形状、大小，由小部分陆地和大部分水域构成，地球内部有炙热的岩浆，使聋生了解人类对地球形状的认识历史，了解地球仪、地图的主要标识和功用。

地球的物质包括：地球的岩石、沙、土壤、水和空气等。

其一，主要的能源矿产，金属矿产及提炼物的名称，土壤的构成，能用不同的分类标准对岩石进行分类，设计不同土壤对植物生长影响的实验。

其二，自然界水资源的分布，水能溶解一些物质，水域污染的危害及主要原因等相关知识，意识到水与生物的密切关系，欣赏自然界水体的美丽。

其三，人类对空气的利用，空气对生命的意义，人类活动对大气层产生的不良影响等相关知识，能用一定办法证明空气的存在。懂得保护环境、水资源和大气层的重要性。

(二)地球运动与所引起的变化

此部分包括：地球运动与天气变化、地球运动与昼夜变化、地球运动与地表变化、地球运动与四季变化。

其一，学习用温度计、简易风向仪和雨量器进行观察和收集天气的有关数据，并分析数据得出结论；探究雨、雪和风的成因，欣赏美丽的天气，列举天气变化对人类工作生活的影响。

其二，知道地球在不停地自转，自转一周为一天，需 24 小时，学习古人对昼夜成因的猜想与哥白尼的贡献，探究昼夜变化对动植物行为的影响。知道地球表面在不断变化，了解火山喷发现象和地震现象，认识各种自然力量对地表改变的作用，了解人类活动对地表改变的影响。

其三，认识四季变化对动植物的影响，与地球的公转的关系。

(三)天空中的星体

此部分包括：太阳和月亮、太阳系、银河系及宇宙空间、探索宇宙的历史。

其一，知道太阳是一个温度很高的大火球，没有太阳，地球上就没有生命，学习人类对太阳能的利用的相关知识，太阳每天在天空中运动的模式，认识一天中温度和影子的变化与太阳的运动有关，能利用太阳辨认方向，知道月亮每天和每月的运动模式。

其二，知道太阳系九大行星的排列顺序，知道太阳系、银河系及宇宙的关系。

其三，了解人类对宇宙的探索历史，一些重要的探测宇宙的工具，意识到人类为了探索宇宙奥秘付出的艰辛，关注我国空间技术的最新发展。

第三节　聋校生物课的教学内容

在科学课聋生已有观察经验的基础上，生物课的主要任务是扩展知识的范围，深化知识的内容。

一、生物体的结构层次

(一)细胞是生命活动的基本结构和功能单位

单细胞可以独立完成生命活动，区别动、植物细胞结构的主要不同点，细胞核在生物遗传中的重要功能。

(二)细胞分裂、分化形成组织

细胞分裂的基本过程，细胞分裂分化形成生物体和各种组织，识别人体和植物的几种基本组织。

(三)多细胞生物体的结构层次

绿色开花植物体的结构层次：细胞、组织、器官和个体；人体的结构层次：细胞、组织、器官、系统和个体。

二、生物与环境

(一)生物的生存依赖一定的环境

水、温度、空气和光等是生物生存的环境条件，生物和生物之间也有着密切的联系。

(二)生物与环境组成生态系统

生态系统的组成，列举不同的生态系统，描述生态系统中的食物链和食物网，解释某些有害物质会通过食物链不断积累，生态系统的自我调节能力是有限的。

(三)生物圈是人类与其他生物的共同家园

生物圈是最大的生态系统，必须树立保护生物圈的意识。

三、生物圈中的绿色植物

绿色植物是生物圈中作用最大的一类生物，对生物圈的存在和发展起着决定性的作用，绿色植物分布广泛，与人类生活的关系十分密切，高等绿色植物中的粮食作物、蔬菜、瓜果和花卉等是人类种植栽培的主要对象。

(一)绿色植物的一生

种子萌发的条件和过程，芽的发育和根的生长过程，常见开花植物的栽培过程。

(二)绿色植物的生长

绿色植物的生长需要水和无机盐，描述绿色植物的蒸腾作用。

(三)绿色植物的光合作用和呼吸作用

绿色植物的光合作用，绿色植物光合作用原理在生产上的应用，绿色植物的呼吸作用。

(四)绿色植物对生物圈的重大作用

绿色植物通过它的生命活动直接或间接地为其他生物提供食物和能量，并能维持生物中的碳氧平衡，对水循环发挥着重要作用。

四、生物圈中的人

人类的活动对于生物圈有重要影响。人从生物圈中摄取各种各样的营养物质，以满足自身对物质和能量的需求，人既要吸收营养物质，又需要经循环系统、呼吸系统和泌尿系统等的协调活动将废物排出体外，人的各种活动受神经系统和内分泌系统的调节。人体结构和生理的知识对聋生了解自身和功能相互适应的关系具有重要作用。

(一)人的食物来源于环境

人体需要的主要营养物质，人体消化系统的组成，食物的消化和营养物质的吸收过程。

(二)人体生命活动的能量供给

人体血液循环和人体吸吸系统的组成，发生在肺部及组织细胞处的气体交换过程，说明能量来自细胞中有机物的氧化分解。

(三)人体代谢废物的排出

人体泌尿系统的组成，尿液的形成和排出过程，其他排出途径。

(四)人体通过神经系统的内分泌系统调节生命活动

人体神经系统的组成，人体神经调节的基本方式，人体通过眼、耳等感官获取信息，人体的激素参与生命活动调节。

（五）人是生物圈中的一员

人类的起源和进化，人对生物圈的影响。

五、动物的运动和行为

动物的运动依赖于一定的结构，动物行为是目前生物学研究中的一个十分活跃的领域，动物行为的知识与人类的生活和生产关系密切。

（一）动物的运动

动物多种多样的运动形式，动物的运动依赖于一定的结构。

（二）动物的行为

区别动物的先天性行为和学习行为，举例说出动物的社会行为。

六、生物的生殖、发育与遗传

生物的生殖、发育和遗传是生命的基本特征，植物、动物和人通过生殖和遗传维持种族的延续。学习动植物和人的生殖、发育和遗传的基本知识，以及遗传育种在生产实践中应用的知识，有助于聋生认识生物科学技术在生活、生产和社会发展中的作用以及优生优育和健康生活的意义。

（一）动物的生殖和发育

昆虫的生殖和发育过程，两栖动物的生殖和发育过程，鸟的生殖和发育过程。

（二）植物的生殖

植物的无性生殖，植物的有性生殖，尝试植物的扦插或嫁接。

（三）人的生殖和发育

男性和女性的生殖系统的结构和功能，人类的受精过程和胚胎发育过程。

（四）生物的遗传和变异

DNA 是主要的遗传物质，描述染色体、DNA 和基因的关系，举例说明生物的性状是由基因控制的，解释人的性别决定，举例说出生物的变异、遗传育种在实践中的应用。

七、生物的多样性

生物多样性是生物进化的结果，生命的起源和生物的进化是生物科学研究的重要领域。依据一定的特性，可将各种生物分成不同的类群，保护生物多样性对于人类的生存和发展具有重要意义。使聋生树立以自然选择学说为核心的生物进化观点和辩证唯物主义观点。

（一）生物的多样性

根据一定的特征对生物进行分类，病毒和细菌的主要特征以及它们与人类生活的关系，概述植物（如藻类植物、蕨类植物和种子植物等）和脊椎动物类群（如鱼类、鸟类和哺乳类）的主要特征以及它们与人类生活的关系，我国特有的珍稀动植物，保护生物多样性的重要意义。

（二）生命的起源和生物进化

生命起源的过程和生物进化的主要历程，生物进化的基本观点。

八、生物技术

生物技术的迅猛发展已经显现出巨大的社会效益和经济效益，并正在越来越多的影响人类的生活和社会发展，生物技术在现代化社会中的作用十分重要。

（一）日常生活中的生物技术

发酵技术在食品制作中的作用，说明食品的腐败原因，运用食品保鲜的一般方法。

（二）现代生物技术

了解克隆技术的应用、转基因技术的应用，关注生物技术的发展对人类未来的影响。

九、健康地生活

健康是指一个人有良好的身体和精神以及社会适应状态，教学有关青春期生理和保健的知识，传染病和免疫以及医药常识等知识对健康生活的意义。

（一）健康地度过青春期

青春期的发育特点，青春期的卫生保健习惯。

（二）传染病和免疫

传染病的原因，传播途径和预防措施，常见的寄生虫病、细菌性传染病（包括淋病）和病毒性传染病（包括艾滋病），人体的免疫功能，区别人体的特异性免疫和非特异性免疫，计划生育的意义。

(三)威胁人体健康的主要疾病

心血管疾病、癌症的危害。

(四)酗酒、吸烟和吸毒的危害

酗酒、吸烟和吸毒对人体健康的危害。

(五)医药常识

一些常用的药物的名称和作用,安全用药的常识和一些急救的方法。

第四节 聋校物理课的教学内容

物理课同样是深化科学课的"物质世界"的知识领域,更多地学习物理学的一些基本原理。

一、物质

(一)物质的形态和变化

学习利用文字或图表描述常见的物理特征,从生活和社会应用的角度,对物质进行分类,评估某些物质对人和环境的积极和消极影响;区别固、液和气三种物态并描述这三种物态的基本特征;通过实验探究物态变化过程,尝试将生活和自然界中的一些现象与物质的熔点或沸点联系起来,能用水的三态变化解释自然界中的一些水循环现象;培养聋生的节约用水意识。

(二)物质的属性

学习描述物质的一些属性,并尝试将这些属性与日常生活中物质的用途联系起来;初步认识质量的概念,测量固体和液体的质量;通过实验理解密度的概念,尝试用密度知识解决简单的问题,能解释生活中一些与密度有关的物理现象;了解物质的属性对科技进步的影响。

(三)物质的结构与物体的尺度

物质是由分子和原子组成的,让聋生了解原子的核式模型、人类探索微观世界的历程以及人类探索太阳系及宇宙的历程。

(四)新材料及其应用

初步了解半导体的一些特点,半导体材料的发展对社会的影响;超导体的一些特点以及超导体对人类生活和社会发展可能带来的影响。

二、运动和相互作用

物质处于永恒的运动中，不同的物质和不同的运动形式又发生着相互作用，物质的运动和相互作用的规律是认识物理现象所必需的，对它的学习有利于发展聋生的科学探究能力和解决问题的能力，培养科学态度和科学精神。

（一）多种多样的运动形式

用实例解释机械运动及其相对性，从生活、自然中的一些简单热现象推测分子的热运动，初步认识宏观热现象和分子热运动的联系，用实验证实电磁相互作用，举例说明电磁波在日常生活中的应用；自然界存在多种多样的运动形式，世界处于不停的运动中。

（二）机械运动

根据日常经验或自然现象粗略测时间，学习使用适当的工具测量时间。通过日常经验或物品粗略估测长度，学习选用适当的工具测量长度；用速度描述物体的运动，利用速度公式进行简单计算；通过常见事例或实验，了解重力、弹力和摩擦力，认识力的作用效果，用示意图描述力。使聋生会测量力的大小，知道二力平衡条件，了解物体运动状态变化的原因，学会使用简单机械改变力的大小和方向，通过实验探究学习压强的概念，能用压强公式进行简单计算，知道增大和减少压强的方法，了解测量大气压强的方法；认识浮力，知道物体沉浮的条件，经历探究浮力大小的过程，知道阿基米德原理；初步了解流体的压强与流速的关系。

（三）声和光

通过实验探究，初步认识声产生和传播的条件，了解乐音的特性。了解现代技术与声有关的应用，知道防治噪声的途径，通过实验探究光在同种均匀介质中的传播特点，探究并了解光的反射和折射的规律，探究平面镜成像与物的关系，认识凸透镜的会聚作用和凹透镜的发散作用，探究并知道透凸镜成像的规律，了解凸透镜成像的应用，通过观察和实验，知道白光是由色光组成的，比较色光混合与颜料混合的不同现象，知道波长、频率和波速的关系，了解波在信息传播中的作用。

（四）电和磁

通过实验，探究通电螺线管外部磁场的方向，了解通电导线在磁场中会受到安培力的作用，安培力的方向与电流及磁场的方向都有关系，探究导体在磁场中运动时产生感应电流的条件，知道光是电磁波，知道电磁波在真空中的传播速度，了解电磁波的应用及其对人类生活和社会发展的影响。

三、能量

能量的转化和守恒是自然科学的核心内容之一，从更深的层次反映物质运动和相互作用的本质，广泛渗透于各门学科中，并和各种产业及日常生活息息相关。这部分内容对于聋生联系生活生产实际，形成可持续发展的意识，以及进一步学习其他科学技术都是十分重要的。

(一)能量的转化和转移

了解能量及其存在的不同形式，简述各种各样的能量与生活的关系，通过实例认识能量可以从一个物体转移到另一个物体，不同形式的能量可以相互转化；懂得功的概念，做功的过程就是能量转化或转移的过程，结合实例理解功率的概念，功率在实际中的应用。

(二)机械能

物体的动能和势能以及它们的转化，机械能和其他形式的能的转化，知道机械功和功率的概念，能用生活、生产中的实例解释机械功的含义，理解机械效率，了解机械使用的历史发展过程，认识机械的使用对社会发展的作用。

(三)内能

通过观察和实验，初步了解分子动理论的基本观点，并用其解释某些热现象，了解内能和热量的概念，简单描述温度和内能的关系，从能量转化的角度认识燃料的热值，了解内能的利用在人类社会发展历史上的重要意义；通过实验了解比热容的概念，尝试用比热容解释简单的自然现象。

(四)电磁能

从能量转化的角度认识电源和用电器的作用。通过实验探究电流、电压和电阻的关系，学习欧姆定律，并进行简单计算；会讲、会画简单的电路图，能连接简单的串联电路和并联电路，能说出生产和生活中采用简单的串联或并联电路的实例；会使用电流表和电压表，理解电功率和电流、电压之间的关系，并能进行简单计算，能区分用电器的额定功率和实际功率；通过实验探究，知道在电流一定时，导体消耗的电功率与导体的电阻成正比，了解家庭电路和安全用电知识，培养安全用电的意识。

第五节　聋校化学课的教学内容

生活中聋生会接触到许多化学现象，使用化学产品，但是，学习化学对他们来说存在很多难点。普通学校化学课的教学内容包括五个一级主题和若干个二级主题，在聋校需要根据实际进行安排。

一、科学探究

义务教育阶段化学课程中的科学探究，是聋生积极主动地获取化学知识、认识和解决化学问题的重要实践活动，以增加感性经验。激发学习化学的兴趣，增进对化学学科的理解，初步形成化学探究能力。在学习阶段上同样包括提出问题、猜想与假设、制订计划、进行实验、收集证据、反思与评价以及表达与交流等要素。

化学实验是进行科学探究的重要方式。化学课要求聋生遵守化学实验室的规则，初步形成良好的实验工作习惯，并在实验技能方面达到如下要求：在老师指导下，根据实验目的选择实验药品和仪器，能进行药品的取用、实验仪器的连接和加热等安全操作；初步学会配制一定溶质检验和区分一些常见的物质；初步掌握运用过滤、蒸发的方法对混合物进行分离和使用简单装置和方法制取某些气体。

二、身边的化学物质

通过无处不在的自然现象引导聋生认识和探究身边的化学物质，了解化学变化的秘密，是化学启蒙教育的重要内容。

(一)空气

学习空气的主要成分，知道氧气、二氧化碳的主要性质和用途，认识氧气跟许多物质发生氧化反应，初步学习在实验室制取氧气和二氧化碳，了解自然界中的氧循环和碳循环。

(二)水与常见的溶液

认识水的组成，知道纯水与矿泉水、硬水与软水等的区别；了解吸附、沉淀、过滤和蒸馏等净化水的常用方法；认识溶解现象，知道水是最重要的溶剂，酒精、汽油等也是常见的溶剂；了解饱和溶液和溶解度的含义，能进行溶质质量分数的简单计算，初步学会配制一定溶质质量分数的溶液；了解结晶现象，能说出一些常见的乳化现象，了解溶液在生产、生活中的重要意义。

(三)金属与金属矿物

了解金属的物理特征,区分常见的金属和非金属;认识金属材料在生产、生活和社会发展中的重要作用,知道常见的金属与氧气的反应,了解防止金属锈蚀的简单方法,知道一些常见金属(铁、铝等)矿物,了解从铁矿石中将铁还原出来的方法;了解常见金属的特性及其应用,认识加入其他元素可以改良金属特性的重要性,知道生铁和钢等重要的合金;知道废弃金属对环境的污染,认识回收金属的重要性。

(四)生活中常见的化合物

知道常见酸碱的主要性质和用途,认识酸碱的腐蚀性,知道酸碱性对生命活动和农作物生长的影响,了解食盐、纯碱、小苏打和碳酸钙等在日常生活中的用途;知道一些常用化肥的名称和作用;列举生活中一些常见的有机物,意识到有机物对人类生活的重要性。

三、物质构成的奥秘

(一)化学物质和多样性

认识物质的三态及其转化,从组成上识别氧化物,区分纯净物、混合物和无机物,认识物质的多样性。

(二)微粒构成物质

认识物质的微粒性,分子、原子和离子等都是构成物质的微粒,用微粒的观点解释某些常见的现象,原子是由原子核和核外电子构成的,原子可以结合成分子,同一元素的原子和离子可以相互转化,初步认识核外电子在化学反应中的作用。

(三)认识化学元素

认识氢、碳、氧、氨和氮等与人类关系密切的常见元素,让聋生记住一些常见元素的名称和符号,知道元素的简单分类,能根据原子序数在元素周期表中找到指定的元素,形成"化学变化过程中元素不变"的观念。

(四)物质组成的表示

介绍几种常见元素的化合价,用化学式表示某些常见物质的组成,利用相对原子质量、相对分子质量进行物质组成的简单计算。

四、物质的化学变化

(一)化学变化的基本特征

认识化学变化的基本特征，理解反应现象和本质的联系，物质发生化学变化时伴随有能量变化，使聋生认识到通过化学反应获得能量的重要性，认识催化剂的重要作用，初步形成物质是变化的观点。

(二)认识几种化学反应

初步认识常见的化合反应、分解反应、置换反应和复分解反应，能用金属活动顺序表对有关的置换反应进行简单的判断，并能解释日常生活中的一些现象，了解人们如何利用化学反应改善和提高自身的生活质量。

第六节 聋校科学课教学需注意的问题

在聋校科学课程的教学中，教师需要注意以下一些问题。

一、全面掌握课程内容框架，避免教学上不必要的重复

在普通学校，科学课、生物课、物理课和化学课是各自独立设置的课程。而在聋校课程设置方案中，科学课是一门集科学、生物、物理和化学内容的综合课，其中"科学"部分的教学内容与"生物""物理"部分的知识点有很多交叉和重复。因此，教师需要全面掌握此课程教学内容的总体框架，熟悉各部分内容之间的联系和教学要求上的区别，把握不同阶段教学的重点，避免教学上不必要的重复。

二、多采用现场教学、活动教学

科学类的课程有着很强的实践性。重视观察和实验，课程标准在每一学科教学中都将"科学探究"置于首位，让聋生在现实中领略丰富多彩、生动活泼的客观世界，从中发现和总结规律和特点，在此基础上进行理论的学习。这不仅仅是学科本身的要求，也是为了发挥聋生优势感官的需要，是缺陷补偿的需要。

因此，聋校的科学课程教学应结合当地条件尽可能地安排现场教学、活动教学，抓好"科学探究"这一环节。实验法是活动教学的一种重要形式。乐于动手是儿童少年的天性，聋生也不例外。通过亲自动手的实验法，更能帮助聋生

克服感知障碍，更好地理解科学知识，还可以锻炼聋生的动手操作能力，培养与他人合作的能力。

实验包括演示实验、实验室实验和日常生活实验等。演示实验是教师在讲解过程中操作给聋生看的，在演示实验中，要注意培养聋生的观察能力，教师一边讲解，一边要求聋生积极配合回答问题，不要把演示变成教师个人的表演。实验室实验要进行充分的准备，分组时尽量把组内人数减少，让每个聋生都有动手操作的机会。日常生活实验对聋生的学习也有很大的帮助，如借助录像设备将日常生活中的一些物理现象摄录下来；讲超重失重，可以让聋生在电梯内站在电子秤上，通过观察电梯升降时的体重变化获得有关超重失重的直观感受。生物、物理和化学课程应该尽可能多地使用现实生活中和周边环境中的事物进行实验操作，以便能够让聋生更直观、更具体地理解抽象知识。

三、利用图形和多媒体辅助教学

聋生在理解文字方面存在很大的困难，所以，要特别注重利用聋生易于理解的图形来帮助他们理解抽象的概念、定理、公式和理论。例如，很多物理定理单靠阅读文字聋生恐难理解，这就要求教学中采用图解方法。

多媒体教学设备在为聋生提供直观形象、提高教学效率上更有独到之处，在科学课教学中要充分使用。例如，利用视频可以演示物理科学实验、生物发展过程、原子内部的结构和微观运动以及肉眼看不到的天体等。把手语难以表达解释的各种科学现象生动直观地呈现出来，这就大大扩展了聋生的感觉经验，有助于他们将感觉经验与书本的理论知识建立起联系。另外，通过多媒体技术还可以展示、赏析聋生的观察、实验活动场景、成果和作业等，这为师生互动、生生互动提供了有效的平台。

四、正确使用规范手语

科学课各种教学内容涉及众多的专有名称、术语，其中相当一部分不仅是聋生陌生的，而且教师也不清楚用怎样的手语动作去表达它们，客观上存在随意乱造手势动作的现象，这为科学地阐释教学内容带来了影响。为了给聋校教学提供手语沟通的条件，中国残联教育就业部和中国聋人协会已经陆续编辑出版了《计算机专业手语》《理科专业手语》等工具书，应该在教学中加以使用。

我国表示理科类专有名称、术语的手语有其一些约定俗成的打法。例如，《中国手语》书表示计量单位时一般用手指字母；如果手指字母与某个数字的手势动作相同，则改用书空字母的方式。像电压单位"伏"，用手指字母"V"的指式表示的话与数字"2"的手势相同，表示"220V"会误解为"2202"。因此，采用书空字母"V"的方式即可避免混淆。能量单位的"焦"，也用书空字母"J"的方式，以免误解为数字"9"。再如，表示化学名称时曾采用连续书空字母、数字方式呈现其化学式，或用特别设计的手势。遇到长的化学式，连续书空对于观看和记忆难度很大。《理科专业手语》一方面沿用《中国手语》书已有的化学类词目的手势，另一方面对新收录的化学类词目采用新的规范：含3个及以下字母的用书空方式表示化学式，超过3个字母的用手指字母表示化学式；化学式中的数字统一由书空方式表示。无机化学中含有"金"字旁的物质，如"铁、铝、铜、钡、钠"，在手势动作不重复的情况下采用约定俗成的"左手握拳，右手打手指字母，然后右手向下砸一下左手"的手势表达方式。对既有学名又有俗名，但学名词手势与俗名词手势完全不同的词目（如"氢氧化钙"即"熟石灰"），不再用括号词的方式列出"熟石灰"，以便使用者用相应的手势去表达该词。对此，教师自身要认真钻研和熟练掌握，还要介绍给聋生，使之理解。

思考题

1. 聋校科学课的总目标是什么？
2. 聋校科学课的分目标包括哪几个方面？
3. 科学课的教学内容主要包括哪些方面？
4. 科学探究教学的重点是什么？它与生物、物理和化学课程的区别与联系是什么？
5. 生物课的教学内容主要有哪些方面？
6. 物理课的教学内容主要有哪些方面？
7. 化学课的教学内容主要有哪些方面？
8. 聋校科学课教学中要注意哪些特殊的问题？

第九章　聋校体育与健康课的教学

聋校体育与健康课程是一门以身体练习为主要手段，以增进聋生健康为主要目的的课程。它融合了体育、运动康复、卫生保健、心理、环境、社会、安全和营养等诸多学科领域的有关知识，是实施素质教育和培养德智体美全面发展人才不可缺少的重要途径。与其他文化课不同的是，此课只有教师指导用书，没有供学生的教材。所以教学质量更要靠教师来把关。

第一节　聋校体育与健康课的教学目标

中共中央国务院《关于深化教育改革全面推进素质教育的决定》中指出："健康体魄是青少年为祖国和人民服务的基本前提，是中华民族旺盛生命力的体现。学校教育要树立健康为重的指导思想，切实加强体育工作。"聋校体育与健康课的课程标准和教学目标以此为指导思想。

一、课程的总目标

通过体育与健康课的学习，将使聋生达到以下总目标。

第一，增强体质，掌握和应用体育与健康的基本知识和基本技能，补偿运动缺陷；

第二，养成积极锻炼身体和讲究卫生的习惯；

第三，掌握体育运动术语，并能正确做出动作；

第四，培养勇敢顽强和团结合作的体育精神，形成积极进取、乐观开朗的生活态度。

坚持"健康第一"的指导思想，增进聋生身体健康，是本课程最基本的核心目标。当今时代，健康已不仅是没有疾病和不虚弱，而应该在身体、心理和社会各方面都状态完美。只有在身体、心理和社会适应方面保持良好的状态，才称得上健康。体育是促进人健康的重要手段。听觉障碍使聋生身体感觉机能已不完美，特别是感音性耳聋的学生可能伴有平衡觉方面的问题，导致运动能力不协调。因此，通过体育与健康课的教学，聋生提高对身体和健康的认识，掌握科学的强身健体的知识和技能，改善和增强体能，补偿运动缺陷，促进身体健康，为学习和今后的工作打下良好的基础，对他们具有特殊的意义和价值。

二、学习领域目标

聋校体育与健康课的学习领域目标，比普通学校增加了"康复训练"一项。

(一)运动参与目标

第一，具有积极参与体育活动的态度和行为；

第二，用科学的方法参与体育活动。

(二)运动技能目标

第一，获得运动基础知识；

第二，学习和进行体育活动；

第三，安全地进行体育活动；

第四，获得野外活动的基本技能。

(三)康复训练目标

第一，获得康复训练的基本知识；

第二，初步学会运用康复技术的基本技能；

第三，在教师的指导下有效地进行康复训练；

第四，具有关注运动康复的意识。

(四)身体健康目标

第一，形成正确的身体姿势；

第二，发展体能；

第三，具有关注身体和健康的意识；

第四，懂得营养、环境和不良行为对身体健康的影响。

(五)心理健康目标

第一，了解体育活动对心理健康的作用，认识身心发展的关系；

第二，正确理解体育活动与自尊、自信的关系；

第三，学会通过体育活动等方法调控情绪；

第四，形成克服困难的坚强意志品质。

(六)社会适应目标

第一，建立和谐的人际关系，具有良好的合作精神和体育道德；

第二，愿意和敢于与健听人同场竞赛；

第三，学会获取现代社会中体育与健康知识的方法。

本课程目标以健身规律和健康教育理论为基础，从聋生与社会发展的需要出发，遵循学校课程目标，通过体育与健康教育活动实践，从知识目标、技能目标、健康目标和道德品质目标四方面，落实全面培养人才这一目的，使聋生在掌握知识和基本技能的同时个性得到发展，养成积极乐观的生活态度，达到身心全面发展并形成良好的行为规范、锻炼习惯和体育道德；牢固树立团队精神及善于合作的作风，形成勇敢顽强的意志品质，懂得健身的意义，树立终身健身的观念；掌握健身的知识和方法，能运用多种基本运动技能和健身方法进行经常性锻炼，同时具备独立进行健身的能力和习惯。

第二节　聋校体育与健康课的教学内容

新课改的聋校体育与健康课的内容结构改变过去按运动项目划分内容和安排课时的做法，将教学内容划分为运动参与、运动技能、康复训练、身体健康、心理健康和社会适应6个领域（比普通学校多一个），每个领域的教学内容又根据领域目标构建。同时，依据聋生身心发展的阶段性特征，将学习划分为四级或五级水平（也可参照执行普通学校的六级水平）。

义务教育阶段重在培养聋生体验参加体育活动的乐趣，养成体育锻炼的习惯和初步掌握科学、安全锻炼身体的方法。高中阶段则着重于提高体育运动技能，以及发展个性化的体育运动专长。

一、义务教育阶段的教学内容

（一）运动参与

运动参与是聋生发展体能、实现康复训练效果、获得运动技能、提高健康水平和形成乐观开朗的生活态度的重要途径。促使聋生主动参与体育活动的关键是通过符合他们特点和需要的形式多样的教学手段、丰富多彩的活动内容，培养他们参与体育活动的兴趣和爱好，形成坚持锻炼的习惯和终身体育的意识，懂得科学锻炼身体的方法。

1. 具有积极参与体育活动的态度和行为

（1）水平一：认识体育与健康课

①从认识到喜欢体育与健康课；

②乐于参加各种游戏活动。

(2)水平二：学习简单的运动动作

①学习和模仿简单的运动动作；

②乐于向同伴展示简单的运动动作。

(3)水平三：学习运动动作的方法

①集中注意力，主动观察运动动作；

②愿意为同伴示范运动动作。

(4)水平四：积极参与体育活动

①自觉参加体育与健康课的学习；

②精神饱满地上好体育与健康课；

③积极参加课外的各种体育活动。

2. 用科学的方法参与体育活动

(1)水平四：掌握体育锻炼的合理性

①知道科学锻炼对增进身心健康的作用；

②懂得青春期锻炼身体的意义和方法；

③合理安排锻炼的时间和运动量。

(二)运动技能

运动技能是以身体形态、身体机能和身体素质为基础，在体育运动中有效完成专门动作的能力。运动技能学习领域体现体育与健康课程以身体练习为主的基本特征，学习运动技能也是实现其他领域学习目标的主要手段之一。通过运动技能的学习，绝大多数聋生将学会多种基本运动技能，在此基础上形成自己的兴趣爱好，并有所专长，提高终身体育锻炼的意识和能力，补偿缺陷。同时在学习过程中了解到安全地进行体育活动的知识和方法，培养安全锻炼意识。

1~6年级，应注重学生基本的运动知识、运动技能的掌握和应用，不过分追求运动技能传授的系统和完整，不苛求技术动作的细节。7~9年级，尊重学生的不同兴趣，选择其爱好的项目进行较系统的学习，促进专长的形成。

1. 获得运动基础知识

(1)水平二：知道简单的运动动作术语

①知道身体各部位简单动作的术语：如转头、侧平举和踢腿等；

②知道所做全身动作的术语：如蹲起、踏步、滚动和跳跃等；

③知道简单的运动动作术语的手语。

(2)水平三：知道简单的运动项目术语

①知道田径、球类、体操、游泳和滑冰等项目名称；

②知道田径动作术语：如起跑等；

③知道球类动作术语：如发球、投篮、扣球和点球等；

④知道体操动作术语：如前滚翻等；

⑤知道游泳动作术语：如划水等；

⑥知道地域性运动项目中的技术或动作术语：如滑冰运动中的蹬冰等；

⑦知道简单的运动项目术语的手语；

⑧观看电视中的体育比赛和表演。

(3)水平四：了解所学运动项目的简单技术战术知识和竞赛规则

①了解基本技术的知识；

②了解基本战术的知识；

③了解所学运动项目的竞赛规则；

④观看现场或电视中的体育比赛和表演，并能与他人交流；

⑤阅读报纸、杂志中有关体育赛事的报道，了解国内外重大体育事件。

2. 学习和应用运动技能

(1)水平一：初步掌握简单的技术动作

①在队列和体操活动中，按口令、手势做出相应的动作：如立正、稍息、向左转和成体操队列等；

②做出正确姿势的自然走和直线跑的动作；

③在球类游戏中做出单个动作，如拍球、投篮和运球等；

④做出基本体操动作；

⑤做出单一的体操动作，如滚翻、劈叉等；

⑥在形成动作中保持身体的平衡性。

(2)水平二：会做简单的组合动作

①模仿简单的舞蹈和韵律活动动作；

②做出体操的简单组合动作；

③做出武术的简单组合动作；

④做出地域性运动项目中的简单组合动作。

(3)水平三：初步掌握运动基本技术

①初步掌握小足球、小篮球运动中的多种技术动作；

②初步掌握一两套徒手操和技巧、支撑跳跃和低单杠运动中的单个技术动作；

③初步掌握一套简单的武术套路；

④初步掌握一套舞蹈和韵律操活动动作；

⑤初步掌握一两项田径运动技能；

⑥初步掌握一两种地域性运动项目的技术。

（4）水平四：发展和运用运动技术战术能力

①基本掌握一两项球类运动中的技术战术；

②基本掌握完成一两套武术套路；

③基本掌握完成一两套技巧项目动作或器械体操动作；

④基本掌握完成一两套舞蹈或健美操；

⑤基本掌握一两项田径运动技能；

⑥基本掌握一两种地域性运动项目的技术；

⑦学习一两种新兴的运动项目，如轮滑等；

⑧参加各级各种体育比赛，如球类、田径和跳绳等；

⑨自编自练简单的舞蹈或健美操；

⑩组织小型体育比赛，如班级间单项比赛等。

3. 安全地进行体育运动

（1）水平二：了解安全在体育运动中的重要性

①知道不按规则运动和游戏会导致身体受到伤害；

②知道在安全的环境中运动和游戏；

③知道在路上安全行走的方法；

④知道水、冰等潜在危险因素及避免危险的方法。

（2）水平三：了解和掌握安全的运动方法

①了解安全的运动方法：如穿着合适的服装和鞋运动，跳跃时用正确的姿势着地，摔倒时的自我保护方法等；

②正确应对运动中遇到的违规行为和危险。

（3）水平四：注意运动安全

①对安全和不安全的运动行为作出区分和评价；

②用安全的方法运动；

③在运动中避免粗野和鲁莽动作。

（4）水平五：初步掌握运动创伤时和紧急情况下的简易处置方法

①了解常见运动创伤的简易处理方法；

②了解和学习常用救生方法，如人工呼吸等。

4. 获得野外活动的基本技能

（1）水平四：在有指导的情况下，顺利完成集体野外活动

①了解在野外识别方向的一般知识和方法；

②学会一两种野外常见的运动方法，如骑自行车、划船等；

③参加有组织的野外活动，如远足、登山等。

（2）水平五：学习在野外条件下的活动技能和方法

①参加有组织的较大型野外活动；

②以小组形式制订野外活动计划；

③运用野外生存的知识和方法，如识别方向、识图和求救等；

④总结野外活动的经验与教训。

（三）康复训练

康复训练采用运动康复的手段，针对聋生在运动方面表现出的反应、灵敏、协调、平衡性功能不足或缺陷进行训练。

（1）水平一：获得康复训练的基本知识

①了解康复训练的基本形式；

②了解康复训练对自身健康的作用；

③认识自身在运动方面的身体功能不足，了解康复训练在矫正身体功能缺陷方面的特殊作用；

④初步掌握进行运动康复训练的基本方法。

（2）水平二：学会运用基本的康复训练技术

①学会运用康复训练方法矫正不正确的身体姿势；

②通过康复训练，形成正确的走、跑、跳和攀爬等运动能力；

③初步掌握运用康复技术的原理，改正其他不正确的运动姿势。

（3）水平三：在教师指导下有效地进行康复训练

①按照要求认真地参与康复训练；

②较好地完成体育与健康课安排的康复训练项目。

（4）水平四：具备主动运用康复训练知识和技术的能力

①具备一定的康复训练知识和技术的能力；

②会选择适合自身情况的康复训练的技术；

③能根据自身身体功能的不足，主动进行康复训练。

（四）身体健康

儿童少年正处在生长发育最旺盛的时期，这一时期学生的身体状况对他们身体的健康成长具有重要影响。身体健康水平与体能状况紧密相关，而良好的体能又是通过持之以恒的锻炼获得的。因此，体育活动是促进学生身体发展和健康的重要手段。本学习领域在引导学生积极参与体育活动、发展体能的同时，使他们了解营养、环境和不良行为对身体健康的影响，形成健康的生活方式，并要求在某一水平学习时侧重发展某些体能。

1. 形成正确的身体姿势

(1)水平一：形成正确的身体姿势

①指出坐、立、行正确与不正确身体姿势的区别；

②知道不正确的坐、立、行身体姿势的危害；

③努力改正不正确的身体姿势。

(2)水平二：保持正确的身体姿势

①在日常学习和生活中初步形成正确的身体姿势；

②在徒手操和队列等练习中保持正确的身体姿势。

(3)水平三：能够用正确的身体姿势进行学习、运动和生活

①在日常的学习和生活中保持正确的身体姿势；

②在体操、舞蹈或韵律活动等项目的学习中保持正确的身体姿势；

③在他人的指导下运用适当的体育活动改善身体姿势。

2. 发展体能

(1)水平一：发展柔韧、反应、灵敏和协调能力

①初步掌握实际生活中的移动动作，如走、跑、跳和攀爬等动作；

②随同集体基本完成各种必要的操练，如队列练习、广播操等；

③在游戏或基本运动中进行各种移动、躲闪、急停和跳跃的练习；

④在投掷或球类游戏中进行各种挥动、抛掷和转体的练习；

⑤进行发展柔韧性的各种动力性练习。

(2)水平二：发展灵敏、协调和平衡能力

①通过各种游戏发展反应能力和动作的灵敏性，提高位移速度；

②通过跳跃游戏和跳绳活动发展跳跃能力；

③通过各种练习形式发展平衡和协调能力。

(3)水平三：发展速度和平衡能力

①利用器械做跨越、钻过和绕过一定障碍的练习；

②进行各种迎面穿梭接力跑练习；

③练习各种平衡动作；

④进行各种有节奏的练习。

(4)水平四：发展速度、有氧耐力和灵敏性

①通过各种练习(如短距离跑和反复跑)发展位移速度；

②通过各种练习(如定时跑、定距跑和跳绳)发展有氧耐力；

③通过各种练习（如球类运动等）发展反应速度和灵敏性。

（5）水平五：发展肌肉力量和耐力

①通过多种练习发展上、下肢肌肉力量和耐力；

②通过多种练习发展腰、腹肌肉力量和耐力。

3. 具有关注身体和健康的意识

（1）水平一：知道身体各主要部位的名称和身体的变化

①知道身体各主要部位的名称；

②辨别左右、前后、上下的方位；

③定期测量和记录自己的身高、体重的变化。

（2）水平二：描述身体特征

①说出身体各主要部位的功能；

②描述自己的身体特征；

③比较自己与同伴的身体特征。

（3）水平三：了解青春期的卫生保健知识

①了解青春期男女生身体特征的变化，正确对待第二性征的出现；

②关注青春期的健康，如女生注意乳房和经期卫生，男生正确对待手淫和遗精等，养成良好的卫生习惯；

③初步认识青春期男女体能方面发生的变化；

④了解经期科学锻炼的知识。

（4）水平四：了解体育锻炼对身体形态和机能的影响

①认识体育锻炼对身体形态发展的影响；

②认识体育锻炼对身体机能发展的影响；

③根据自己的生理特点，了解在体育活动中应注意的事项。

4. 懂得营养、环境和不良行为对身体健康的影响

（1）水平三：了解营养与健康和体育活动的关系

①知道营养不足和营养过剩对健康的影响；

②知道主要食物（如米面、蔬菜和瓜果等）的营养价值；

③知道进行体育活动时必须注意的营养卫生常识；

④知道体育活动后要补充适当的水分和营养。

（2）水平四：初步学会选择有利于健康的营养食品，形成良好生活方式

①知道营养需求与年龄、性别和身体活动等的关系；

②初步学会选择有利于健康的营养食品；

③初步学会选择适合运动需要的健康营养食品；

④认识吸烟、酗酒和吸毒的危害；

⑤养成良好的睡眠和休息习惯，能合理安排学习和休息时间。

（3）水平五：懂得环境对健康的影响和运动对环境卫生的要求

①懂得环境因素与运动、健康的关系；

②能够选择适宜的运动环境；

③避免在不利于健康的环境（如大雾、灰尘等）中运动。

（五）心理健康

体育活动不仅有助于身体健康，也能增进心理健康。本课程十分重视通过体育活动来提高聋生的自信心、意志品质和调节情绪的能力。在教学中要注意创设一些专门的情境，采取一些特别的手段，促进聋生心理健康水平的提高。

在义务教育阶段，侧重使聋生了解和体验体育活动对心理状态的影响；高中阶段，侧重使聋生运用体育活动方法改善心理状态。

1. 了解体育活动对心理健康的作用，认识身心发展的关系

（1）水平二：体验体育活动中的心理感受

①描述观看和参加体育活动时的心理感受，如紧张、兴奋等；

②体验体育活动中身体疲劳时的心理感受。

（2）水平三：体验身体健康状况变化时的心理感受

①体验身体健康状况变化时注意力、记忆力的不同表现；

②体验身体健康状况变化时情绪的不同表现；

③体验身体健康状况变化时意志的不同表现。

（3）水平四：心理状态与健康的关系

①了解身心之间的关系；

②了解心理状态对身体健康的影响；

③了解运动快感的获得对坚持体育锻炼的影响。

（4）水平五：初步具有通过体育活动改善心理状态的意识

①在学习压力大或烦恼时进行体育活动；

②选择参加有助于获得愉快感的体育活动；

③选择参加有助于沟通交往的体育活动；

④选择参加能展示自己能力的体育活动。

2. 正确理解体育活动与自尊、自信的关系

（1）水平二：在体育活动中具有展示自己的愿望和行为

①在体育活动中喜欢展示自己；

②对体育活动表现出较高的热情。

（2）水平三：正确对待身体原因和运动能力弱可能带来的心理问题

①对生长发育的变化（如月经等）有坦然的态度；

②克服因听觉障碍和沟通障碍问题可能产生的隔阂感、自卑感；

③通过积极的体育活动消除因运动能力较弱产生的烦恼。

（3）水平四：树立自尊和自信

①认识体育活动对自尊和自信的影响；

②通过积极的体育活动，不断增强自尊和自信；

③在体育活动中表现出适宜的自信心。

（4）水平五：在体育活动中努力获得成功感

①通过合理设置目标使自己在体育活动中不断获得成功；

②在不断提高运动能力的过程中体验成功的感觉；

③将体育活动作为生活中不可缺少的组成部分；

④表现出珍惜生命、积极进取和自强不息的生活态度。

3. 学习通过体育活动调控情绪

（1）水平一：说出自己在体育活动中的情绪表现

①体验并简单描述在体育活动中进步、获胜时的心情；

②体验并简单描述在体育活动中退步、失利时的心情。

（2）水平二：说出同伴在体育活动中的情绪表现

①观察并简单描述同伴在体育活动中进步、获胜时的情绪表现；

②观察并简单描述同伴在体育活动中退步、失利时的情绪表现。

（3）水平三：了解通过体育活动调节情绪

①了解不良情绪对体育活动的影响；

②了解体育活动对减缓压力、调节情绪的作用。

（4）水平四：学习其他调节情绪的方法

①学习肌肉放松法；

②学习呼吸调节法；

③学习合理安排作息时间。

4. 形成克服困难的坚强意志品质

（1）水平一：克服心理障碍，乐于参加体育活动

①克服孤独感，乐于参加集体性游戏和体育活动；

②克服体弱感，努力参加游戏和体育活动；

③克服陌生感，能在陌生的场地或与陌生的同伴进行游戏和体育活动。

（2）水平二：在一定困难条件下进行体育活动

①参加较剧烈的游戏和运动时，在身体有轻微难受感觉的情况下，坚持完

成运动任务；

②不害怕与比自己"强大"的同伴一起游戏和运动。

（3）水平三：敢于进行有一定难度的体育活动

①了解勇敢与蛮干的区别，知道蛮干会伤害身体；

②在教师帮助下敢于做未曾做过的动作；

③在教师帮助下敢于做有一定难度的动作，如双杠的支撑动作。

（4）水平四：根据自己的运动能力设置体育学习目标

①正确评价自己的运动能力；

②设置合适的体育学习目标。

（5）水平五：在具有挑战性的运动情境中，体验战胜困难带来的喜悦

①体验困难环境中运动的乐趣；

②努力克服体育活动中的心理惧怕等现象；

③在具有挑战性的运动中体验乐趣。

（六）社会适应

体育活动对于发展聋生的社会适应能力具有独特的作用，经常参与体育活动的聋生，合作和竞争意识、交往能力、对集体和社会的关心程度都会得到提高，而且，聋生在体育活动中所获得的合作与交往等能力能迁移到日常的学习和生活中去。在体育教学中应特别注意营造友好、和谐的课堂氛围，采取有效的教学手段和方法培养聋生的社会适应能力。

义务教育阶段1~6年级着重帮助聋生了解一般游戏规则，7~9年级注重聋生对运动角色和体育道德行为的识别，培养聋生对媒体中的体育与健康信息作出简单评价的能力；在高中阶段，要关注聋生形成良好的体育道德和合作精神，增强他们对社会的责任感，使他们学会通过多种途径获取现代社会中体育与健康知识的方法。

1. 建立和谐的人际关系，具有良好的合作精神和体育道德

（1）水平一：体验集体活动与个人活动的区别

①比较并尝试说出独自活动和与他人一起活动的区别；

②按顺序轮流使用同一运动场地或设备；

③在游戏中表现出对他人的尊重和关心；

④不妨碍他人参加游戏或运动。

（2）水平二：在体育活动中表现出合作行为

①体验并说出个人参加团队游戏时的感受；

②知道在集体性体育活动中如何与他人合作；

③与他人合作完成体育活动任务。

(3)水平三：尊重与关爱运动能力弱的同伴

在体育活动中尊重与关爱运动能力弱的同伴。

(4)水平四：表现出良好的体育道德和合作精神

①在体育活动中不故意伤害他人；

②懂得体育活动中竞争与合作的关系；

③懂得"场上对手"与"场外朋友"之间的关系。

2. 学会获取现代社会中体育与健康知识的方法

(1)水平三：了解体育与健康资源

①从报刊中获得体育与健康的知识；

②从电视节目中获得体育与健康的知识；

③知道附近的体育场所及其用途。

(2)水平四：简单评价体育与健康的信息

①知道一些体育名人（包括残疾人体育名人），并能对他们进行简单的评价；

②观看电视体育节目，并能简单评价；

③知道通过互联网获取体育与健康方面知识的一般方法。

二、高中阶段的教学内容

高中阶段的体育与健康课主要任务在于进一步提高聋生运动参与、运能技能、身体健康、心理健康和社会适应等方面的水平。高中阶段聋生身心发展上趋于成熟，接受能力增强，体育兴趣也更加趋于稳定，具有明显的选择性、不平衡性。因此，在教学内容安排上应突出重点，发展个性化的体育专长。如男生喜欢竞争性强、对抗性强、能突出灵敏性与技巧性的项目，女生则更喜欢能展示身体美的体育活动项目。这样结合高中阶段体育与健康课目标与聋生身心特点，可选择田径类、球类、技巧类、舞蹈类和民族传统体育等运动项目作为教学内容。

(一)田径类运动

田径类体育运动项目是强健体魄、发展体能的最基本运动手段，为了最大限度地发展聋生力量、耐力、速度和灵敏性等，高中聋生的田径体育运动内容应重在以下方面。

1. 走

主要包括各种方式的健身走、散步、长距离快走、大步走和后退走等。

2. 跑

主要包括长跑、短跑、快速跑、耐久跑、障碍跑和接力跑等。

3. 跳跃

主要包括跳高与跳远，可通过原地跳跃、行进间跳跃、单腿跳跃、双腿跳跃和障碍跳跃等方式进行。

4. 投掷

主要在于实心球的学习与练习。包括：前抛实心球、原地推实心球、双手胸前推实心球、双手正面掷实心球、单手投实心球、跪投实心球和仰卧投实心球等。

(二)球类运动

球类运动可使高中聋生的各组织器官得到充分的锻炼，同时还可以促进聋生的社会化和个性化发展。因为球类运动的广泛性，成为聋生特别是住宿生的最爱。

1. 篮球

学习的内容应包括篮球知识、基本规则、基本动作与组合动作、基础配合和攻防战术等。具体内容可包括：行进间双手胸前传接球、断球、一对一攻防练习、半场三对三篮球赛、全场简化规则的教学比赛、定点近距离投篮、定点远距离跳跃投篮、行进间单手高手上篮、行进间单手低手上篮、跳起空中传接球、争抢篮板球、三攻二与二防三、半场人盯人战术、半场五对五比赛、全场五对五比赛、运球急停、区域联防、全场正式规则及按照正式规则比赛以及篮球游戏创编等。

2. 足球

足球运动对脚的要求比较高，学习的内容应包括：足球基本规则、足球的特点与功能介绍、颠球、脚内侧踢球、脚背内侧踢球、脚背正面踢球、脚背外侧踢球、脚尖踢球、脚外侧停球、脚背正面停空中球、大腿停球、胸部停球、脚内侧运球、正外脚背运球、头顶球、抢球、断球、"四三三"阵型介绍与实战、"四四二"阵型介绍与实战、"五三二"阵型介绍与实战、个人进攻战术(传球、射门、运球突破和跑位等)、局部进攻战术(局部传切配合、交叉掩护配合和二过一配合等)、整体进攻战术(边路进攻、中路进攻、转移进攻、快速反击进攻和层次进攻等)、个人防守战术(选位与盯人、断球、抢球和封堵等)、局部防守战术(保护、补位和围抢等)、整体防守战术、半场五对五比赛、全场十一对十一比赛和全场正式比赛规则等。在教学的过程中，根据聋生水平适当减低要求。

3. 排球

教学内容包括：排球运动的特点、正面双手下手垫球、正面双手上手传球、侧面下手发球、正面上手发球、正面屈体扣球(低网)、传球、传球与垫球组合技术、发球、垫球与传球组合技术、传球与低网扣球组合技术、基本阵容配备介绍("三三"阵容、"四二"阵容和"五一"阵容)、接发球、移动、全场正式比赛规则及正式比赛和排球游戏等。

4. 乒乓球

教学内容包括：握拍、发球(下旋球、上旋球)、接球(接弧线球等)、搓球、削球、推挡、拉弧圈球、攻球(正反手攻球、中远台进攻等)、防守、对攻、拉攻和比赛规则及按规则比赛等。

5. 羽毛球

教学内容包括：握拍、发球、接球、攻球、防守和比赛规则及按规则比赛等。

(三)其他运动

1. 技巧类运动

主要学习体操内容，包括：队列队形、徒手体操、轻器械体操、专项素质练习(力量、柔韧和协调性等)、跳绳、攀爬、支撑、悬垂、单杠、双杠、跳马(山羊)和滚翻(前滚翻、后滚翻和鱼跃前滚翻)等。

2. 舞蹈类运动

教学内容包括：①手语舞蹈，适合聋生和聋人艺术的特点，且能把韵律美、体态美和手语美融于一体；②健身操，如有氧健身操、拉丁健美操、搏击健美操、健身街舞和瑜伽等；③踢踏舞、民族舞等。

3. 传统体育运动

如武术，教学内容可包括：基本步型步伐、五步拳、少年拳、简化杨氏太极拳、初级长拳和擒拿格斗基本动作等。此外，踢毽子、抖空竹和摇竹竿也是很好的教学内容，学具容易购买或制作，聋生喜欢，而且不受年龄限制。

第三节 聋校体育与健康课教学的特殊方法

聋校体育与健康课的组织与实施，既有与普通学校相同的教学方式方法，又要针对聋生这一特殊群体，有其特殊的教学方式和方法。其特殊的教学方式和方法包括：

(一)分层教学，差异编组

体育与健康课，应针对聋生接受能力、运动能力发展的不平衡性控制教学的难易程度，体现因材施教和从实际出发原则，教学内容多元化，按能力分层教学，差异编组，提出不同的教学要求，使每一个学生都能得到相应的发展。

例如，对于接受能力强、反应快、身体素质好的学生，可将目标定在高一级的水平上；反之则将目标定在低一级的水平上。例如，在投篮教学中，可进行难易程度分配，对运动能力较强的学生采用三步上篮的教学内容，对接受能力相对弱的学生采用定点投篮的教学内容，让每位学生在体育课上各有所学，各有所练，身体都能得到锻炼，从而调动学生的体育课积极性。对那些具有运动特长的聋生更需要重点培养和提高，发挥其运动潜能。还可根据男女生性别实施不同侧重的教学内容，如对男生可侧重于篮球、足球等对抗性较强的运动项目，对女生则可侧重于健美操、舞蹈等展示形体美的运动项目。

(二)利用聋生感觉特点，突出直观动作演示

聋生学习主要靠视觉、触觉和动觉，有较强的动觉模仿能力，而体育运动本身恰恰也是靠视觉、触觉和动觉去感知的。所以，运动技术的教学最好采用直观演示法，通过视觉、运动觉的结合，让学生直接感知与领悟动作的空间变化。如教篮球持球突破动作时，体育教师就应该反复示范动作，让学生感悟运球与持球突破的方法，学习运球方向路线的灵活变化、学习通过假动作等顺利将防守人与球隔开的技术要领。

同时，一节课的内容不宜安排过多，对一个比较复杂的动作通过观察导入，通过比较、练习、质疑、解疑、讨论、自我和相互评价等方法让学生形成正确的概念和动作定势，使学生的注意力始终保持在一定的程度上。

(三)多种语言形式结合，重视发展聋生的语言能力

普通学校的体育教学一般只需要教师的口头讲解和肢体示范就可以，但是对有些聋生来说，仅仅靠看话和手语的讲解，以及老师的身体示范，仍不能完全理解动作要领。这就需要教师在讲授新课时板书技术动作的说明最好配上图画展示，以便学生能更好地理解与掌握，提高教学质量。如教"鱼跃前滚翻"这个动作的时候，就应该用文字把该动作的要领、方法描述出来，并配上"鱼跃前滚翻"的动作图示，让学生一目了然，明确该动作需要经过蹬、跃、撑和滚四个阶段，从而更好地掌握与完成动作。

需要特别指出的是，1993 年由教育部组织编写、人民教育出版社出版的《聋校体育教师用书》中首次附有体育手语图，为我国聋校体育教学手语统一规

范工作的开端。2008 年和 2010 年，北京奥运会组委会和中国残疾人联合会、中国聋人协会相继编印出版《北京奥运会和残奥会常用手语》、中国手语系列丛书《体育专业手语》，进一步丰富了体育方面的手语，可以基本满足聋人学习、参与和观赏体育活动的需要。因此，聋校体育与健康课教师应该学习、掌握，并在教学的不同阶段视学生需要选择使用这些已经规范了的手语。

发展聋生的看话能力、语言表达能力是聋校体育与健康课肩负的一项任务，这需要结合教学内容来进行。如要求学生记忆一些体育术语、讲述自己参加体育活动的体验、阅读体育新闻以及评论体育比赛等都是培养聋生语言能力的途径和方法。

(四)教学组织形式需灵活多样、富于变化

体育与健康课的组织形式要灵活多样，教学方法和练习手段也要生动新颖，不能总是固守一个模式没有变化。如准备活动每次都是慢跑中徒手操，聋生就会产生厌烦，提不起兴趣，效果也不会好。但如果结合课的内容运用一些花样跑、活动性游戏以及双人体操、多人体操等练习手段，学生的情绪就会高涨，效果就大不一样。

教学方案要精心设计，教学环节紧凑，一环扣一环，使学生做完上一个练习，就盼下一个练习。如把若干个已学过的动作编成联合动作，将学生分为几个小组，采用循环练习的方法，不仅加大了练习密度，而且也提高了学生的学习兴趣。耐久跑练习也是一项枯燥单调的活动，很多学生都不喜欢，但如果启发学生练习时自发加进一些游戏的内容，如穿越障碍等，这样就不会感到枯燥了。另外，不断丰富课的内容，使聋生不断激发学习的欲望，增加学习新知识的好奇心和新鲜感。还要发挥体育竞技的特点，经常组织比赛，来达到学习与运用运动技术和战术、培养集体主义精神、锻炼敢于拼搏、勇于克服困难的意志的教育目的。

思考题

1. 聋校体育与健康课的教学目标有哪些？
2. 聋校与普通学校体育与健康课的教学领域目标有何异同之处？
3. 体育与健康课教学内容划分为哪些领域？
4. 每个领域的教学内容是如何确定的？
5. 聋校体育与健康课重在发挥聋生什么潜能，补偿哪些缺陷？
6. 聋校体育与健康课需要运用什么特殊的教学方式和方法？

第十章　聋校艺术课的教学

艺术是人类文明的宝石。艺术用形象化的手段揭示生活的面貌，这一点非常适合聋生的认知特点。聋校的艺术课是由美工课和律动课两门分科课程组成，美工课在1～9年级开设，律动课在1～3年级开设，相对于普通学校艺术课包括音乐、美术、戏剧、舞蹈、影视、书法和篆刻等众多教学内容要单纯。此外，也有一些聋校开设艺术教育校本课程，如插花课、书法课、摄影课、体态课和礼仪课等。艺术课对聋生认知世界、陶冶情感和形成特长具有独特的魅力和价值，是实施美育的重要途径，并能为他们将来继续深造和择业奠定基础。

第一节　聋校艺术课的教学目标

一、艺术课的教学目标

教育部制定的全日制义务教育《艺术课程标准》确定的总目标是：通过各学段的学习，不断获得基本的艺术知识技能以及艺术的感知与欣赏、表现与创造、反思与评价和交流与合作等方面的艺术能力，提高生活情趣，形成尊重、关怀、友善和分享等品质，塑造健全人格，使艺术能力和人文素养得到整合发展。

分目标内容包括艺术与生活、艺术与情感、艺术与文化和艺术与科学四个方面。

在艺术与生活方面：使学生在对自然和社会生活的观察中，认识艺术的要素和组织原理；在艺术活动中加深对生活的认识，拓展生活经验，学会体验生活的乐趣；在生活经验和艺术经验的相互作用与转换中，获得用艺术的方式表现和美化生活的能力。

在艺术与情感方面：学习运用基本的艺术技能，创造性地表达、交流自己的情感和思想；感受和理解不同艺术作品和艺术表现蕴涵的情感和思想，获得对人类情感的体验；体验、了解和反思人类情感如何丰富了艺术的创造与表现，提高审美情趣，达到身心的和谐与愉悦。

在艺术与文化方面：探讨、比较我国民族艺术的风格特征和文化历史背景，学习它们独特的表现方式，学会珍视各民族艺术的价值；认识世界不同地区的艺术，了解其风格特征及文化历史背景，学会尊重多元文化；学会识别并领会不同地区与时代艺术符号的文化含义。

在艺术与科学方面：了解科学发现、科技进步对艺术发展的促进作用；了解艺术想象、审美要求对科学技术发展和产品设计的影响；尝试艺术手段与科技手段的结合，对自然、环境和生命科学等内容进行艺术创造和表现，促进科学思维和艺术思维的连接与互动。

上述这些对聋校艺术课均有指导意义。结合聋生的实际，聋校艺术课程的教学目标体现在以下三个方面。

(一)知识与技能目标

引导聋生通过对生活环境的观察、聆听(借助电子助听设备)和感受生活中和周围环境中体现的节奏、秩序、结构、韵律和色彩等与艺术表现相关的要素，培养他们对艺术和生活的感知能力和细微观察能力，使他们更全面和更深刻地领略艺术、生活和大自然中的美，增强对艺术和生活的热爱。

引导聋生通过对理解艺术起源于生活又高于生活的特点，逐步使聋生运用自己喜爱的艺术手段反映生活和表现生活，在对生活奥秘的不断探索和艺术的创造中生发出对生活的激情、想象、希望、理解和热爱，扩展生活的经验，逐步领悟自身生活的意义和价值。同时使聋生学会创造美，用艺术的方式美化自己的生活，不断提高个人生活的情趣和质量。

(二)情感与态度目标

艺术是人类情感和精神生活的创造性表现，任何艺术形象都包含着特定的情感和思想信息。聋校艺术课程要引导聋生通过艺术课学习，感受艺术，特别是古今中外的经典艺术作品，体验人类丰富的情感和思想，进一步丰富聋生的精神世界与情感思想，净化心灵，陶冶情操，培养积极乐观的生活态度和想象创造能力，学会运用多种艺术形式表达自己的情绪、情感、愿望和理想，逐步形成健康的审美情趣和价值观念。

(三)扬长补短目标

聋生由于听觉障碍，信息接收面较窄，发现问题或运用有关知识和方法分析解决问题的逻辑思维能力相对较弱，但是他们视觉观察力较细致，对视觉记忆和动觉记忆较好，形象思维能力相对得到较多发展。艺术课程应发挥形象直观作用和聋生的视觉、动觉优势，使聋生学会正确观察，提高观察能力、想象能力、记忆能力、思维能力和创造能力，丰富思想情感及个人的整体文化素养。

二、聋校美工课的教学目标

(一)教学总目标

以培养聋生艺术素养和审美能力为主线，通过涂涂画画、想想做做和看看说说等活动，让聋生体验美工活动的乐趣，初步认识视觉艺术的真谛；初步掌握用艺术的形式和方法表达自己的思想和情感，在尝试各种工具、材料的过程中，培养聋生的沟通能力、审美能力、创作能力和艺术意识，陶冶情操，张扬个性，形成乐观向上、热爱美好生活的人生观。

(二)阶段性教学目标

阶段性教学目标对不同年级从"涂涂画画""想想做做"和"看看说说"三个领域提出。

表 10-1 阶段性教学目标

	涂涂画画	想想做做	看看说说
第一学段 (1～2 年级)	认识绘画工具，用纸及容易找到的媒材，通过涂涂、画画，运用线条、形状和色彩，自由大胆地把自己所见、所想的事物用绘画的形式表现出来，体验绘画活动的乐趣。	认识手工工具，运用不同的感官，尝试各种工具材料，结合文体活动，通过想想做做，进行简单的组合和装饰，运用雕、刻、剪、折和编制等方法，充分体验手工制作活动的乐趣。	观赏自然和各类艺术作品的形与色，能说出不同作品的形象和种类，会用简单的专业术语表达自己的感受。
第二学段 (3～4 年级)	临摹名家作品，初步认识形、色与肌理等美术语言，学习使用多种工具，体验不同媒材的效果，通过涂涂、画画等方法表现身边的事物，体验绘画活动的乐趣，激发聋生丰富的想象力与创造力。	了解一些简易的创意和手工制作的方法，进行简单的设计和制作，感受设计制作与其他美术活动的区别。结合语文、律动等学科内容，进行美术创作、表演和展示，发表自己的创作意图，并对他人作品做出评价。初步懂得学习美术的意义。	欣赏民间艺术、名家美术作品及中外经典动画片，体会艺术作品中的形、色和肌理等视觉美及对比、和谐、对称和均衡等形式美，用口语、手语或书面语对看到的事物加以描述，说出其特点，表达出感受并进行创造性分析。

续表

	涂涂画画	想想做做	看看说说
第三学段 (5～6 年级)	运用形、色、肌理、空间、明暗和虚实等造型语言，以描绘的方法，选择适合于自己的工具、材料记录与表现所见所闻或所感所想的事物，发展美术构思与创作的能力，传递自己的思想和感情。	运用对比与和谐、对称与均衡、节奏与韵律以及变化与统一等组合原理，了解一些简单的创意、设计方法和媒材的加工方法，进行设计和装饰，美化身边的环境。结合律动、自然等学科认识美的规律，能与人合作完成作品。提高动手实践能力。明确学习美术的意义。	欣赏、认识自然美和艺术作品的材料、形式与内容特征。通过描述、分析与讨论等方式，了解艺术表现的多样性，能用一些简单的专业术语，表达自己对艺术的理解和感受。并将艺术与其他学科的知识、技能相结合，探索美术新的表现形式。
第四学段 (7～9 年级)	有意图地运用形、色、肌理、空间和明暗等美术语言，选择恰当的工具材料，在二维空间上表现二维空间，感受绘画的技术特性，掌握造型的基本方法，发展聋生的个性差异，培养聋生的创造性思维和技术意识。	调查了解美术与生活的关系，用艺术的手段进行记录、规划与制作。通过跨学科的学习，理解共同的主题和共同的原理，设计的类别、功能，运用对比与和谐、对称与均衡、节奏与韵律和多样与统一等组合原理，利用媒材特性，进行平面设计和立体制作，形成初步的设计意识，积累与健全人交流的经验，培养与人合作的精神。体会学习美术的意义。	欣赏当地风光，感受自然美；欣赏美术作品，感受艺术美。获得初步的审美经验和鉴赏力，初步了解中外美术发展的概况，尊重人类的文化遗产。能用手语或口语对美术作品和美术现象进行简单的评述，发表自己的见解，培养聋生的审美能力，提高聋生的语言表达能力。

"涂涂画画""想想做做"和"看看说说"用语一改过去使用冰冷的专业术语的做法，体现少年儿童美工实践活动那种轻松、愉快的特点，具有人文精神。三个学习领域既相互独立又相互渗透，各有主次之分。各学习领域可根据学龄适当调节，在比例上不做具体规定。

"涂涂画画"是指以纸为主，结合多种材料，运用不同的工具，在平面上创作艺术形象的活动。作为动词，表示绘画活动；作为名词，表示不但关注绘画活动的技法，而且重视过程与体验。"涂涂"在低年级指让学生大胆地无拘束地涂抹，在游戏中完成作品；在高年级指实践。"画画"在低年级指感受，在高年级指技术意识。

"想想做做"是指运用一定的物质材料和手段，围绕一定的目的和用途进行设计和制作活动，既可以是平面的，也可以是立体的。"想想"有动脑设计的意思；"做做"指动手实践。让学生体会自己动手美化生活的乐趣，了解其可以作为未来安身立业的手段。技术性活动是人类社会一种最基本的实践活动。聋校美术课程兼具技术性学科的特点，能向聋生提供技术性活动的基本方法，有助于培养聋生勇于实践和善于实践的心理品质。

"看看说说"是指学生对自然美和艺术作品等视觉世界进行欣赏和评述，逐步提高艺术欣赏的能力。"看看"指充分发挥聋生敏锐的视觉功能，多看、反复看；"说说"指发展聋生的表达能力，运用口语、手语、书面语和体态语多种方式谈学习的感受。

美工艺术是通过图形、色彩和光线等特殊"语言"形式表达情感的，具有直观、持久和微妙的特点，在"涂涂画画""想想做做"和"看看说说"的过程中，逐步让聋生意会理解艺术语言特殊的表达方法，提高聋生运用这种语言传情达意、与社会沟通的能力。

三、律动课的教学目标

(一)律动课的教学总目标

使聋生享受舞蹈、韵律体操和音乐艺术活动的欢乐，培养对表演艺术的兴趣和爱好，爱美、好动和创造的天性得到呵护和发展；初步获得对韵律的感受、体验、欣赏和表现能力，视觉、触觉、运动觉和想象力、语言表达能力得到发展，听觉缺陷和身体运动平衡力、协调力的缺陷得到补偿；初步养成尊重、关怀、合作、互助、分享和守纪律的品质和活泼乐观的健康个性，促进身心全面和谐的发展。

(二)律动课的教学分目标

1. 知识与技能目标

通过经典作品和活动范例的学习，了解人类优秀文化成果，初步领悟表演艺术的社会功能及其与生活的联系，增强对艺术的好奇心和求知欲。

初步领悟韵律的艺术方法，通过模仿用韵律动作表现情感，懂得表现形式和手段有多样选择。通过儿童舞蹈的学习和表演，感知舞蹈、韵律体操的人体动作美、节奏韵律美和思想感情美，学会儿童舞蹈的基本舞步和常用动作，能初步表演自己喜欢的我国汉族、少数民族或外国儿童舞蹈。学会所教的韵律体操，能在集体操中做到协调一致。

对动感音乐感兴趣，能利用残余听觉、视觉和触觉认识简谱，感悟音乐的高低、强弱、快慢和长短的旋律，跟着指挥完成音乐伴奏下的律动动作以及说唱歌词，表现作品和自己的情感，学习打击乐器，能独立或集体伴奏短小的音乐作品。

乐于参加生动活泼、富于情趣的情景游戏，在游戏中扮演角色，按照游戏规则与同伴共享游戏的快乐，并感悟在生活中遵守规则、友爱尊重和分工合作的价值。

2. 情感态度和价值观目标

通过律动课多方面内容的学习，受到艺术情感的感染和熏陶，潜移默化之中萌发对生活、对美好事物和对祖国的挚爱感情，初步形成积极乐观、勇于克服困难的人生态度和对未来的向往和追求。

享受参与艺术活动的快乐，增进对艺术的兴趣，乐于运用所学的艺术表现方法抒发情感，展示才能，进行人际交流，形成健康的审美情趣。

在集体性活动中，培养遵守规则、互相尊重、团结合作和共同发展的集体主义精神。

3. 扬长补短目标

充分发挥聋生残余听觉和其他健全感觉的潜能，提高韵律感受力、识别力、想象力和表现力，发展聋生形体艺术的特长，使其初步具有艺术素养。

结合教学内容，学习相关词语句子，丰富聋生的语言；借助韵律有选择地训练聋生的说唱、手语表达能力。

第二节　聋校美工课的教学内容

既然美工课是美术与手工的综合课，那么，在教学中就需要有画有做，或画做结合。

一、第一学段(1～2)年级教学内容

(一)涂涂画画

①认识绘画工具和材料，体验不同工具材料的使用效果。认识中国画的工具材料，学习执笔方法和调墨方法，进行笔墨绘画的练习。

②认识基本形，用基本形进行趣味组合或联想，创造新的形象。

③运用不同粗细长短曲直的线进行绘画表现活动。

④认识常用的颜色，用色彩表达自己的感想和观看到的自然景观的感受。

⑤学习不同的绘画语言，用不同的手法进行绘画，发挥个人特长。降低对学生绘画技能的要求，根据聋生的生活经验选择绘画内容。

⑥用绘画的形式有目的地表现一个主题。

⑦利用图片资料，进行绘画创作活动。

（二）想想做做

①认识手工材料和工具的名称和用途。知道选择安全的材料和工具，以及安全地使用材料和工具。

②以游戏的方式，观察和触摸各种不同的媒材，进行感官体验，并作简单的组合适型。

③用黏土、橡皮泥和泡沫板等可塑性材料，通过切、搓、揉、捏、团和挖等不同的方法，进行有趣的立体或半立体的制作。

④学习简单的剪纸工艺。

⑤用彩色纸或废旧画报通过剪、撕和拼贴等形式进行平面制作，表现自己熟悉的或想象中的事物。

⑥运用各种线形材料进行制作活动等，感受运用不同材料的乐趣。

⑦利用当地特有的材料进行制作活动。

⑧结合学校活动，用各种材料（如种子、木条和树叶等）创作自己喜欢的作品进行展示。

（三）看看说说

①观赏校园及所在地区的自然景观。

②欣赏当地有特色的风景和建筑物。

③欣赏大自然美丽的山川、动植物图片。

④欣赏国内外优秀的美术作品。

⑤欣赏同龄健全学生和聋生创作的美术作品。

⑥欣赏民间玩具的造型与色彩，展示自己喜爱的玩具。

⑦欣赏木偶戏和皮影戏的人物造型，通过音像制品观看表演片段。

⑧观看音像制品和画册，感受卡通形象的魅力。

⑨欣赏画册中的艺术形象，找出自己最喜爱的作品作简单的评述。

⑩用简单的词语说说观看作品的感受。

⑪欣赏各种节日艺术表演场景，让学生模仿表演。

⑫自己动手，将班级美术作品布置成小型展览。

二、第二学段(3～4年级)教学内容

(一)涂涂画画

①临摹名家作品，初步认识形、色与肌理等美术语言在美术创作中的运用。

②展示大量的名家及同龄儿童的绘画作品供参考，开阔视野。

③学习原色、问色和冷暖色等色彩基础知识，并有目的地加以运用。

④通过对自然物或人造物的拓印以及颜料的滴洒等方法，了解不同的肌理效果趣味性绘画活动。

⑤进行初步的写生练习，表现人物、动物和物体的主要特征。

⑥围绕一定的主题，用图画描绘生活中有意义的事，表达自己的情感。

⑦按自己的想法用图画反映周围的事物，表达自己的兴趣与愿望。

(二)想想做做

①运用对比与和谐、对称与均衡等组合原理，通过描绘、拼贴、堆积和组合等手法运用简单的造型活动，获得视觉和触觉经验。

②运用撕、剪、刻、折、卷曲、插接和黏结等基本技法，对材料加工处理，进行立体、半立体造型设计。

③进行简单的彩塑及脸谱等纯立体造型设计。

④结合语文、律动等课程内容，利用多种媒材进行美术创作活动，美化教室或学校环境。

⑤根据童话故事、课文情节开展表演、配插图等创作活动。

⑥采用拼贴、黏结、简易沙盘和雕塑等方式设计心中未来的学校、家园等。

⑦针对某一主题展开讨论，培养学生独立思考能力。

(三)看看说说

①欣赏民间艺术、名家美术作品及中外经典动画片，体会美术作品中的形、色和肌理等视觉美及对比、和谐、对称和均衡等形式美。

②用口语、手语或书面语对看到的事物加以描述，说出其特点，表达出感受并初步进行分析。

三、第三学段(5～6年级)教学内容

(一)涂涂画画

①学习绘画构图的方法，初步认识形式美的法则。

②学习几何石膏等物体的结构画法，初步懂得结构、比例、透视和明暗等知识。

③学习中国画的画法，体验传统画的笔墨情趣。

④学习漫画和卡通的表现方法，绘制自己喜爱的形象。

⑤学习色彩知识，感受对比、调和等不同的色彩效果。

⑥学习用色彩表现陶罐、酒瓶、水果和蔬菜等生活中常见的物品。

⑦用日记画的形式表现自己的所见、所闻、所想。

⑧初步学习计算机辅助绘画的方法。

(二)想想做做

①学习设计基础知识，运用对比与和谐、对称与均衡、节奏与韵律和变化与统一等组合原理，简单的创意、设计方法和材料加工方法，为学校运动会、文娱活动和节庆活动等设计制作标志。

②用自然物或人造材料的不同肌理，通过拓印或剪贴创造新的形象。

③学习简单的图案基础知识，认识单独纹样、适合纹样的组合方法、绘制方法，并进行装饰应用。

④学习风筝的扎、糊、绘全过程的制作，并进行放飞活动。

⑤学习陶艺制作方法。

⑥学习布贴画、剪纸等民间美术。

⑦学习泥塑、纸雕的表现方法，并能绘制和制作作品。

⑧用生活中的废旧材料，设计并制作出简单而有创意的立体造型或生活用品。

⑨配合班队活动以及学校活动进行策划、制作与展示。

⑩结合传统节日，创作、设计和制作平面或立体的美术作品，体会美术与传统文化的关系。

(三)看看说说

①通过多媒体或观看录像、图片等，欣赏古今中外优秀美术作品，了解作品内涵、创作年代及创作背景，体验美术与生活的关系。

②欣赏优秀雕塑作品和现代工业产品，感受不同材料的美。

③从课本中选取自己喜爱的作品,通过查阅资料,向同学介绍一位画家和作品以及本人的欣赏心得。

④欣赏我国的石窟艺术。

⑤学习使用摄像机、照相机和计算机收集素材,进行作品创作和展示活动。

四、第四学段(7～9年级)教学内容

(一)涂涂画画

①学习形式美的法则,运用点、线、面等视觉元素表现生活场景。

②运用不同的构图形式表达思想感情。

③认识具象和抽象,并能以具象和抽象等不同形式表现、表达自己对生活的感受。

④进一步学习透视原理和明暗塑造的方法,提高空间的表现能力,尝试描绘物体的质感和量感。

⑤进一步体会中国画的笔墨情趣,用不同的形式绘制中国画。

⑥进行人物肖像的写生练习,能用线条和明暗表现五官的结构。

⑦进行人物动态的速写练习,了解人体的结构比例。

⑧学习色彩知识,进一步领略色彩的冷暖、对比与调和的关系,用色彩进行静物与风景的写生练习。

⑨临摹中外优秀美术作品,体验其绘画技法和表现技巧。

⑩为课文、童话、寓言和故事等配插图,创造漫画或卡通形象,表达自己的思想感情。

⑪外出风景写生,用美术的眼光观察生活,描绘自然。

⑫参与健全人的画展、摄影等美术比赛和标志征集活动。

⑬以手语、口语的形式描述当地节日、婚礼和集市等情景,用绘画的形式表现出来。

⑭节日观看社会知名画家的绘画表演,了解绘画与生活的关系。

⑮采用合作创作的形式集体完成一幅作品。

(二)想想做做

①放不同内容的影视作品,体验舞蹈的节奏与韵律,感受大自然中对称与均衡的美,了解多样统一的组合规律。

②学习设计基础,作色彩的对比与调和练习。

③为商品做包装设计。

④利用硬塑材料设计制作小型工业产品的造型（如茶具、电话机），并绘制立体效果图。

⑤美化自己的房间和家园，并绘制设计效果图。用各种手段（布贴、纸贴和手绘）绘制学生装、时装的效果图。

⑥利用废旧材料（如纸盒、易拉罐）等进行加工，设计制作小装饰品，美化生活的空间。

⑦为校园或附近社区设计环境美化方案，并绘效果图。

⑧结合课本及其他读物的内容设计形象、面具和服饰，布置场景，选择合适的时日表演。

⑨运用摄影技术记录生活场面，会用计算机处理图片，体现艺术与科技的完美结合。

⑩配合学校艺术节和运动会策划，用计算机辅助设计会标、海报与标志，并运用到活动中去。

⑪设计班级主页和个人主页，参与网络交流，善于运用网络查找资料。集体为学校设计未来发展规划图。

（三）看看说说

①欣赏经典美术作品，感受名作的内涵。

②欣赏现代艺术作品，感受其时代感与形式美感。

③欣赏传统工艺品，比较其不同的造型和装饰趣味。

④欣赏现代广告艺术，感受其创意及高科技的成分。

⑤欣赏中外优秀雕塑作品，了解雕塑的语言及与环境的关系。

⑥欣赏中外经典建筑，认识其形式的美感以及所代表的人文精神。

⑦了解美术作品的价值，发表自己的见解。参观美术馆、画廊或艺术作坊，有条件的可与有关艺人交流。

⑧了解中外美术发展概况及中外美术史中重要的画派、代表人物和代表作品。

⑨欣赏动漫形象，了解造型的多种手段。

⑩欣赏书法、版画和篆刻，了解其种类特点。

第三节　聋校律动课的教学内容

我国聋校律动课于 20 世纪 50 年代从苏联引进，此后曾一度归入体育的范畴在低年级开设，新课改则将其纳入艺术教育的范畴。这说明律动课是集音乐、舞蹈、体操和游戏为一体的美育课程。

律动课教学内容包括"表现与体验""感受与欣赏"和"创造与拓展"三部分，各部分内容见表 10-2。

表 10-2　律动课教学内容

表现与体验	感受与欣赏	创造与拓展
儿童舞蹈	表现要素	探索肢体动作韵律
韵律体操	情绪与情感	即兴表演
动感音乐	风格与特点	综合学习
情景游戏		

一、表现与体验

（一）儿童舞蹈

1. 1～2 年级的教学内容

①对参与儿童舞蹈感兴趣；

②在活动中了解舞蹈对身体部位的划分，体验身体部位的活动性能和美感；

③通过模仿逐步掌握儿童舞蹈的基本手位、脚位和手型；

④通过模仿逐步掌握儿童舞蹈中手、臂、腿和身体的基本动作；

⑤通过模仿逐步掌握儿童舞蹈的基本舞步；

⑥学习基本的动作组合和建议儿童舞蹈，能独立表演 3～4 段儿童舞蹈，并表现出相应的情感；

⑦积极参与儿童集体舞，乐于和老师及同伴合作，举止文明有礼貌。

2. 3 年级的教学内容

①乐于参与日益丰富的儿童舞蹈的学习活动；

②继续学习舞蹈的基本动作和舞步，进一步发展儿童舞蹈的表现能力；

③在活动中体验舞蹈音乐的表现特征，初步掌握舞蹈节奏的韵律，并能以节奏、节拍为基准跳舞；

④通过模仿掌握一些有代表性的中外民间舞蹈的基本语汇，学会 1～2 个有一定观赏性的儿童舞蹈。

（二）韵律体操

韵律操为徒手操的一种，是由各种走、跑、跳跃、转体、平衡和波浪等动作以及舞蹈的基本步法组成的。韵律操比较灵活，不是那么规范，只要将三、五个动作、舞步和手势组合在一起，配合节奏鲜明、活泼欢快的音乐，在原地或行进间成为韵律操。

1.1～2 年级的教学内容

①对参与韵律体操学习活动感兴趣，在活动中表现出乐观的情绪；

②通过击掌、地板震动和音箱，感受节奏和音乐；

③学会所教的简单韵律体操，包括走、跑以及简单的徒手动作，轻器械动作（跳绳、球操和棍操）等基本体操动作。

2.3 年级的教学内容

①乐于参加韵律体操的学习活动。学习徒手操组合动作，学会两套动作组合较完整的徒手操，能较熟练、整齐地表演；如双手叉腰左右侧并步（1 步 2×8 拍）、双手叉腰左右侧并步（2 步 2×8 拍）、双手变化左右侧并步（2 步 2×8 拍）、双手叉腰左右侧弓步（1 步或 2 步 2×8 拍）、双手变化左右侧弓步（1 步或 2 步 2×8 拍）、左右侧并步连续 2 次侧弓步（8×8 拍）、双手叉腰左右腿依次后屈膝 6 次、左右转身各一周（4×8 拍）、双手变化左右腿依次后屈膝 6 次、左右转身各一周（4×8 拍）、双手叉腰左右腿连续 2 次后屈膝（2×8 拍）、双手变化左右腿连续 2 次后屈膝（2×8 拍）等。

②学习运用轻器械的体操组合，能较熟练地掌握两种轻器械的体操组合；

③参加由队形变化的、舞蹈化的、表现力较强的团体操练习和表演。

(三)动感音乐

1.1～2 年级的教学内容

①发挥聋生残余听觉和其他健全感觉的潜能，感知音乐的存在，对探索音乐世界有好奇心；

②利用残余听觉、其他健全感觉和体态感知和模仿音的高低、强弱、快慢、长短以及节奏、节拍等音乐的基本表现要素，认识简单的节奏、节拍符号，体会节奏、节拍所表现的事物互动中存在的运动规律；

③对打击乐器的演奏感兴趣，喜欢一种及一种以上的打击乐器，尝试模仿打击乐器的演奏，并乐于参加集体演奏的活动；

④尝试按图谱用有韵律的身体动作或打击乐器表现节奏、节拍。

2.3 年级的教学内容

①学习了解民族音乐节奏、节拍的特点；

②掌握音乐术语的手语，能根据手势动作的提示表现情感的变化，增强音乐性的表达能力；

③在教师的帮助下能看懂有变化的节奏、节拍图谱，跟着指挥有节律地运动或有规则地敲击乐器；

④在教师的帮助下，能按照儿童歌曲的节奏练习说、唱歌词。

（四）情景游戏

1.1～2 年级的教学内容

①参加 8 个以上的游戏，能按照游戏规则展现自己的游戏活动能力；

②在游戏中扮演角色，自然地流露情感和表演技能，并与游戏伙伴主动配合；

③有自己特别喜欢的游戏和合作伙伴。

2.3 年级的教学内容

①提高和拓展情景适应能力、想象能力和游戏活动能力，在有情节的游戏中能扮演不同的角色，基本适应角色的表现要求；

②有自己特别擅长的游戏，能对自己和他人在游戏中的表现作出简单评价。

二、感受与欣赏

（一）感受音乐的表现要素

1.1～2 年级的教学内容

①能用自己的身体动作对自然界和生活中的各种姿态和运动形象进行模仿或作出反应；

②能将对音乐表演的感知转化为对声音高低、强弱、快慢和长短等音乐要素的想象，初步建立起音乐的节奏感和节拍感；

③对身体姿势形成初步的审美意识，参加或观摩儿童舞蹈的练习或表演，能分辨基本动作是否正确、优美，动作和情感是否与节奏、节拍相吻合；

④感知打击乐器音响的不同振动和节律，能用打击乐器或身体有韵律的动作作出反应。

2.3 年级的教学内容

①能用自己的身体动作模仿自然界和生活中的各种姿态和运动形象，并简述自己的感受；

②在坐、立、行、卧时展现优美的体态；

③在初步建立音乐的节奏感、节拍感的基础上感知音乐，并由对音乐动感的感知扩展到相对完整的段落，能用身体动作或熟悉的语言表达自己的感受；

④观赏舞蹈表演，并能感知动作与姿态、节奏与韵律、情绪与情感等基本要素及音乐的韵律，能意会舞蹈中的音乐，并简述自己的感受；

⑤观赏韵律体操的表演和比赛，并能对动作、队形和服饰等要素作简单的评价；

⑥观赏打击乐器的演奏，感知常用打击乐器的结构特点和演奏特点，推想其表现性能。能凭借对打击乐器和演奏动作的直观了解想象节奏音乐的表现力，以及不同乐器独奏和合奏的气氛和效果。

（二）感受情绪与情感

1.1～2年级的教学内容

①对敬慕的人物或喜爱的动物有感情，从而有模仿和表现其形象或动作的欲望与兴趣；

②欣赏不同情绪的律动组合、儿童舞蹈和韵律体操表演，感受表演内容和形式的美，能引起感情的共鸣，流露出相应的反应和表现；

③能整体感受节奏乐表现的情绪和气氛，并作出相应的情绪反应；

④在音乐游戏、角色游戏和模仿游戏等情节游戏中，感受和欣赏所有参与者活泼开朗的性格、淳朴的同学情谊和一同游戏的欢乐。

2.3年级的教学内容

①喜欢观看舞蹈、艺术体操和韵律体操等表演，能了解作品反映的社会生活，领会人体动作表达的情感，能通过模仿其中的片断或各种语言形式表达自己的感受和想象；

②有自己喜欢的表演形式和节目，并按照自己喜爱的方式体验和积累，从中受到熏陶和感染，获得更多的审美享受。

（三）风格和特点

1.1～2年级的教学内容

①在参与的活动中，感受音乐、舞蹈、体操和游戏等表演活动的不同形式和特点，了解自娱性活动与表演性活动的区别；

②观赏不同地区、不同民族的舞蹈及音乐演奏活动，感知其最显著的风格特征，能简单模仿一两个典型节奏和特色动作，尝试指出自己发现的其他特征。

2.3年级的教学内容

①欣赏我国民族舞蹈，能表达自己的感受；能简单模仿或指认汉族和少数民族有代表性的民间舞和民族舞的动作特点，并能多角度地发现其服饰、人员

编组和队形变化等其他不同特点，并乐于与他人交流；

②了解有代表性的外国儿童舞蹈和民间舞蹈，感受其与中国舞蹈不同的风格和特点，并能进行简单的评述；

③欣赏 1～2 个有较完整情节、富有童趣的舞蹈、戏剧节目，增强对表演艺术的兴趣爱好。

三、创造与拓展

(一)探索肢体动作韵律

1.1～2 年级的教学内容

①了解日常生活中的肢体动作与舞蹈动作的异同；

②探索肢体语言的表现性，尝试用自己探索的动作姿势、表情表现喜、怒、哀、乐等各种情绪；

③用肢体动作模仿动物、植物和人物的某一方面的形象特征。

2.3 年级的教学内容

①探索肢体动作优美、协调的规律，能意识到在有规律的基础上可创造出不同的优美肢体动作；

②通过探索和练习，舞蹈或体操基本动作较为规范，并能运用于情景表演中；

③用美化、有动律和情感的姿势动作模仿动物、植物和人物的某一方面的形象特征；

④结合表演，将手语艺术化，适度增加身体的体态、手势动作的幅度和节奏感。

(二)即兴表演

1.1～2 年级的教学内容

①熟悉节奏、节拍后，能自然地跟着节奏有韵律地动作；

②尝试根据设定的情绪即兴编排一些舞蹈动作；

③尝试根据设定的简单情节，在游戏中扮演一个角色；

④尝试用自己喜欢的打击乐器按一定节奏为同伴表演即兴伴奏。

2.3 年级的教学内容

①能自然地跟着节奏有韵律地动作，姿态比较自然、优美，能根据节奏即兴创编一些舞蹈动作或体操动作；

②根据设定的简单情境，即兴创编和表演含有 4～8 个小节的舞蹈动作；

③根据设定的简单情节，能有兴致地与同伴合作表演游戏故事；

④用自己喜欢的打击乐器按合适的节奏为表演即兴伴奏；

⑤能将学过的动作重新组合，表现一种预定的情绪或情景；

⑥独立或合作利用欣赏作品作即兴表演，展示自己的体验和想象；

⑦在综合性的活动中展示自己的特长和想象力；

⑧在教师指导下，即兴创编与歌词表达情绪相同的节奏或舞蹈，并参加表演；

⑨尝试将歌词、短句和短诗用不同的节奏、速度和力度表现出来。

(三)综合学习

1. 1～2 年级的教学内容

①初步具有参加舞蹈、体操、游戏和打击乐器综合性表演的能力；

②学习舞蹈化的手语动作；

③参与化妆及制作简单道具、场景等活动；

④参与班级和课外文娱活动。

2. 3 年级的教学内容

①参与综合性艺术表演活动；

②参与讲故事、朗诵和情景表演活动，能对活动的编排提出建议；

③在理解的基础上，尝试说唱歌词，或以舞蹈形式表现歌词内容；

④在有情节的舞蹈或哑剧表演中扮演角色，并能对自己和他人的表演进行简单的评述。

第四节　聋校艺术课教学的特殊方法

聋校教师不仅要懂得艺术课教学的一般教学原则和方法，同时必须知道聋生学习艺术课时的不同心理特点，重视个别差异，加强特殊教法的研究，以提高教学质量。

一、聋校美工课教学的特殊方法

(一)强调直观教学

聋校美工课教学强调直观教学的作用是由聋生的生理特点与美工课特点决定的。直观教学是美工课的主要教学法，可以说，没有直观教学就不可能上好美工课。聋生主要通过视觉形象来学习美工，认识世界，从直觉感知升华到本质的认识，获得知识。所以在教学中要强调发挥直观教学的作用。

1. 制作和运用直观教具

直观性教具在各科教学中都需运用，但美术教学运用得更为直接广泛。它包括课件、范画、图表、模型、幻灯片和录像等各种影像资料以及其他辅助教具等。美术教学中有许多抽象难懂的知识，对聋生如用语言讲授显得十分困难和复杂，但通过直观性的图像或教具来反映便十分简单、形象与清晰，这就是直观性的优势。例如，将一个石膏球体置于强光下或者阳光下照射，石膏球体上立刻清楚地呈现出五个调子，教师逐一分析，聋生就会很快明白素描五个调子是怎么回事，既形象又直观。直观性教具确实给教学提供了更多的便利。

2. 重视示范教学

这是美术技能教学中最常用也最见效果的教学方法，尤其在低年级美术教学中运用更广泛。聋校美术教学中有许多难以表述的东西，特别是技能和技法方面的教学内容，要求聋生如何做，做到什么程度等有时很难用语言迅速讲清楚，但通过示范便能解决问题。例如，在水粉画教学中，颜色的调和变化不容易讲清楚，但经教师略作示范后聋生就一目了然。如果没有示范，任凭教师如何细讲精讲，聋生也很难迅速有效地了解其中的丰富变化。

3. 运用形象化的手语

授课中适时运用形象化手语，给聋生以直观的感觉，帮助其理解抽象的内容。例如，在讲透视原理提出的"近大远小"概念时，聋生可能还不明白。为此，可用道路两旁的电线杆为对象，通过形象化的手语来解释电线杆的高度本来一样，但是当站在路的一端向远处望去时，便觉得道路两旁的电线杆越变越小，在路的尽头汇合为一点，这就是"近大远小"的透视作用，由此聋生很快明白了透视的原理。

由此可见，运用直观性的教学方式，能增加教学信息、加快教学节奏，有效提高美术教学效率。

(二)发挥美术兴趣小组活动的作用

美术兴趣小组是指聋校课外美术教育活动的一种组织形式，它是课堂美术教学的自然延伸和补充，能以其丰富多彩的形式活跃聋生的文化艺术生活，增长聋生的美术知识，开阔眼界，满足聋生多方面、多层次的审美需求，提升聋生美术才能，为发现、培养美术人才提供条件。

美术兴趣小组活动多种多样，如美术作品欣赏、美术知识讲座、参观各种艺术展览、拜访艺术家、参观名胜艺术古迹和植物园等，增强聋生的美术爱好兴趣，加深对自然美、人文美、社会美和艺术美的了解和认识，促进审美能力的发展与提高。

美术兴趣小组活动还要以培训与发展聋生美术方面的技能技巧为主要活动内容，注重提高聋生的美术技能特长、增强艺术表现能力和创作能力，要鼓励与组织他们积极投入美术学习，大胆参与社会各种美术比赛活动，把所学到的美术知识技能运用到社会实践中去锻炼提高，让他们在相互影响、相互竞争中使自己的美术方面各种才能得到发展。

(三)注意聋生学习美工的心理特点

教师还要注意不同年龄阶段聋生的心理特点。聋生较擅长具体形象记忆，这是进行美工教学的有利因素。但小学阶段聋生的注意力容易分散，无意注意仍起重要作用，保持有意注意时间一般是 10～15 分钟，到了高年级才会逐渐增到 20～25 分钟。所以，低年级教学设计要尽可能地以直观的形象、生动活泼的形式以及浓厚的情绪色彩来吸引学生的注意，引起他们学习的兴趣。

初中及以上阶段的聋生逻辑思维能力日益增长，这有助于他们认识意蕴更深的作品，掌握比低年级儿童更复杂的技法。同时，他们觉得自己不再是小孩子了，不喜欢画儿童画和做简单的手工作品，对成人的艺术作品感兴趣，偏爱表现力强、复杂逼真的作品，喜欢临摹成人的作品，喜欢写生，愿意画自己感兴趣的东西。但是他们还没完全掌握与形成整体观察的方法与习惯，力不从心，作品的形体结构不准确，比例关系失调，明暗色彩关系不正确，形象不逼真、不生动。这使他们感到很沮丧、焦虑，还会逐步丧失学习美工的兴趣，这是青少年艺术学习危机期的表现。因此，老师要抓住时机，根据这个年龄段聋生学习的心理特点，及时教给他们正确的观察方法，使他们通过整体观察方法完成形体结构准确、形象生动逼真的作品，获得成就感，这将大大激发聋生学习美术的兴趣，摆脱危机期，步入发展与提高阶段。

美工教学与自我意识的成长也有密切的关系。低年级聋生自我评价的独立性较弱，评价别人或评价自己的看法往往会依教师和家长的评价而转移。因此，教师的评价必须十分严肃、认真、准确和慎重。任何轻率、不准确的评价，都会影响聋生自我评价的准确性。中年级的聋生会试图作出一些较独立的评价，高年级聋生和初中生的自我意识有了明显发展，教师要注意尊重和正面引导其自我评价，不断激励聋生对美工学习的兴趣。

(四)指导聋生掌握正确的观察方法

正确的观察方法是聋生打开美术大门的一把钥匙，聋生一旦真正掌握了它，就可以打开一扇又一扇的美术大门，受益终生。

聋生多数喜爱画画、手工，美工课是他们喜欢上的一门课。虽然他们视觉功能发达，能够较敏感地观察事物的外表特征，但是普遍存在着观察方法问题——孤立观察局部，只对最使他们感兴趣的局部细节进行观察，对事物的观察、分析和判断往往停留在事物的表面，常带有一定的片面性。孤立观察局部是儿童发展过程中不可避免的认知现象，这并不是坏毛病，但如果不及时纠正这种观察习惯，便会影响观察事物的准确性，尤其是学习美工的聋生，如果不改变孤立观察局部习惯，就很可能无法学好。因此，培养聋生掌握正确的观察方法是美工课的重要任务之一。培养方法主要有如下几种。

1. 整体—局部—整体的观察方法

大多数美术教材书都强调作画要遵循"整体—局部—整体"这一原则。聋生不仅常常以为"整体—局部—整体"这一原则只是指作画方面，而且以为观察是单向性的。其实观察过程也和作画原则一样，"整体—局部—整体"应该是分步轮回地进行，即从整体到局部，从局部到整体，再从整体回到局部，不断轮回观察，这样才能形成整体观念，提高观察的准确性。这一点教师不仅要对聋生讲清楚，还要注意聋生作画时的观察方法是否从整体与局部之间不断轮回进行，作业是否是不断轮回观察，不断轮回画的结果。如果发现他们不自觉地陷入孤立观察局部、孤立刻画局部，要及时指出纠正。

2. 运用点、线、面找基本形的观察方法

任何物体都有转折点，准确地把这些转折点找出来，用线连接起来构成面就是基本形。物体本身有无数的转折点可分为大的转折点与小的转折点，找基本形宜从大的转折点入手。但是，聋生的观察与表现容易陷入细节中，只看小的转折点，忽略大的转折点，这就无法准确地、概括地找出基本形。教师应该利用课件、挂图和演示等手段给聋生演示如何从物体找出大的转折点，比较转折点之间的比例关系(长短、高低等)，用线(粗线与细线、浓线与淡线等)把那些转折点连接成为基本形，进而构成具有空间感、体积感的形体，这样能使聋生在找基本形的过程中学会从整体着眼、从复杂形体中找出基本形的整体观察表现方法。

3. 分解基本形的观察方法

聋生经过"点—线—面找基本形"训练懂得了如何找基本形，但是，有的聋生常常从局部着眼，一个部分一个部分地找出小的基本形。如画石膏像时，他们先找出头部的基本形，再找出颈部的基本形，最后找出上身的基本形。这种找形方法对于绘画是错误的，需要进一步指导其分解基本形的观察方法。

基本形可分为大的基本形、中的基本形和小的基本形。教师要配合课件或挂图示范，告诉聋生要从整体出发，局部服从整体，把握局部与整体的关系。先把绘画的整个对象当作大形（整体）。把大形里边的几个主要部分当作中形（局部），它们只能服从大形，老老实实地待在大形里。再把几个中形里边更小的部分当作小形（更小的形），它们也只能服从所在的中形，不能随便跳出来。这样讲解的形象生动，聋生就可以理解明白。

4. 运用比较的观察方法

比较是整体观察最主要的手段。有位美术教育家说，准确的造型来自正确的观察，正确的观察来自全面地、联系地、不断地比较。教师要指导聋生在日常生活中养成自觉地、有意识地运用比较进行观察的习惯。同时遵循整体观察原则，通过模型、画稿引导聋生养成正确的比较观察顺序习惯。先观察比较事物的整体，然后观察比较局部与细节，再观察比较更细小部分，以更准确地把握整体关系。

比较的过程是积极思维活动，要求聋生能够进行自问自答。当初聋生有可能不知如何进行自问自答，教师应该先设计若干问题，如对象的基本形是什么样？怎么找出基本形？是长还是短？是亮面还是灰面？这两块灰面哪块亮？等等，让聋生根据问题对对象进行比较观察。使他们逐步养成自己提出问题，自己来解答的习惯，这样就能促使他们更为积极地开展思维活动，促使思维能力更好地发展，同时提高观察表现能力。

二、聋校律动课教学的特殊方法

在聋校韵动课教学中经常会用到讲述法、示范法和口令提示法，针对聋生的身心特点，还有以下几种特殊的教学方法可以起到较好的教学效果。

（一）课前阅读识图法

课前阅读识图法，即学生在课前预习即将学习的内容和动作图解，将自己认为比较难以理解或难以完成的动作进行圈点，再简写上对圈点内容的疑问，然后教师进行收集整理，课上针对学生的疑难问题进行针对性的讲解示范。

教师有意识地要求学生采用这种方法，不仅可以督促其养成预习的好习惯，了解新课内容，提前发挥其观察力、想象力，模拟动作，还可以帮助他们提高语言阅读和理解水平，补偿聋生的语言缺陷，体现聋校教学特色。

（二）同伴互助法

同伴互助法是指教师有目的地进行异质编组。在教学过程中，一方面安排听力较好的同学与听力较差的学生结伴并帮助其感知和掌握节奏；另一方面安排韵律运动掌握较好的学生与掌握相对较差的学生结伴，示范和纠正其动作。

通过同伴互助，较好的学生可以锻炼自己的表达能力和组织能力，较差的学生也能逐步跟上学习的进程，享受到韵律运动的快乐。

(三)阶段学习讨论探究法

阶段学习讨论探究法是一种参与式的自主学习方法。聋生常因听觉障碍的影响，不能很好地掌握所学的动作要领。这需要在教学内容的不同阶段，适时组织全班或小组学生们就学习中的问题发表各自意见和看法，相互启发，共同探讨，探寻合理的解决方法，最终达到掌握的效果。例如，学习转体跳跃时，有的学生辨不清方向，跳跃动作或错或不到位。在阶段学习讨论探究时，经学生自主讨论，找到在地面上针对出错的方向贴上导向标记的改进办法，使得原来有问题的同学顺利地完成了规定动作。

这说明采用探究式学习方法，能发挥聋生的主体作用，激发学习的兴趣，培养多角度思考、分析问题的能力，还提供了沟通交往的机会，增强合作互助的意识。

思考题

1. 聋校艺术课的性质是什么？它对于聋生的发展有何独特作用？
2. 聋校艺术课的教学目标主要是什么？
3. 聋校美工课的教学内容包括哪些领域？
4. 聋校律动课的教学内容包括哪些领域？
5. 聋校美工课为什么要重点培养聋生的整体观察方法？
6. 聋校律动课需要注意哪些特殊教学方法？

第十一章　聋校劳动课的教学

　　《聋校义务教育课程设置实验方案》规定：聋校 1～3 年级设生活指导课，4～6 年级设劳动技术课，7～9 年级设职业技术课。各校可根据当地的实际情况和需要，选择不同的劳动技术和职业技术教育的内容，也可以结合校本课程，统筹安排。职业技术课程一般集中安排，旨在通过生活实践、劳动实践和职业技术训练，帮助聋生逐步形成生活自理能力、劳动能力和就业能力。

第一节　聋校劳动课的教学目标

　　聋校劳动课是包含劳动教育和职业教育内容的综合性课程，涉及相关的概念。

　　劳动教育是指劳动、生产、技术和劳动素养方面的教育，也可以与劳动技术教育通用。劳动课是实施劳动教育和生产技术教育的教学形式。

　　职业教育的概念，在教学实践层次上是指培养职业技能的教育，也可与职业技术教育通用。2005 年 11 月 7 日温家宝总理在全国职业教育会议上的讲话中指出："我们说的职业教育是个统称，它既包括技术教育也包括技术培训，既包括职业教育也包括职业培训，既包括中等职业教育也包括高等职业教育。"

一、聋校劳动课的教学目标

　　聋校劳动课的教学目标是：通过自我服务、家务、公益劳动、手工制作和参加简单的生产劳动，对聋生进行劳动知识和技能的训练；培养聋生劳动观点和劳动习惯；教育聋生遵守劳动纪律；训练聋生在劳动生产中与人交往的能力；对聋生进行安全知识和文明生产教育，为将来就业做准备。

　　课程目标包括情感与态度、知识与技能、补偿缺陷与发挥潜能三个方面。

　　在情感与态度方面：使聋生通过劳动实践活动，丰富自己的劳动体验，形成对劳动的初步认识，了解劳动人民，理解劳动意义，形成正确的劳动观点和热爱劳动的思想感情；培养认真负责、遵章守纪、团结互助、爱护公物、爱惜劳动成果的品质；锻炼独立的生活能力，逐步学会生活自理，形成良好的劳动习惯和积极的生活态度；初步了解社会的职业分工，知道职业与技术、与社会和与人的发展的联系，培养初步的职业意识以及与劳动课相联系的经济意识、质量意识、环保意识、安全意识和伦理意识。

在知识与技能教育方面：使聋生掌握生活必备的基础知识与基本技能，学会生活自理。其中包括：认识日常生活和周围环境中的常见材料，学会使用一些基本的工具；了解自我服务、家务、公益劳动、手工制作和简单生产劳动的基本程序和方法，并学习简单工艺品和技术作品的设计与制作；在乡村地区还可教聋生家禽饲养及农作物、果树种植的知识和方法。

在补偿缺陷与发挥潜能方面：生活自理劳动、家务劳动、公益劳动和生产性劳动本身就是以操作性学习为特征的实践性活动，要求学习者各种感觉联动、协调，对任务的实施步骤进行分析和整合，这对于丰富聋生感知觉经验，提高记忆、思维能力有着独特的作用。因此，在劳动过程中要针对聋生的身心特点，指导其观察，激发和保护聋生的好奇心和学习兴趣，关注技术在劳动中所起的重要作用，发挥聋生观察细致、长于动手的特长，尝试进行产品设计和技术创新，培养科学探究的精神和审美意识，懂得在劳动过程中与他人合作、交流。

二、聋校劳动课的意义

设置劳动课是对聋生进行劳动教育的一种重要形式。纵观国内外包括聋教育在内的特殊教育都将培养残疾学生生活适应能力和劳动教育作为教学不可或缺的组成部分。

1859 年太平天国领袖洪仁玕在其治国纲领《资政新篇》中提出："兴跛盲聋哑院，……教以鼓乐书数杂技，不致［至］于废人也。"1919 年 6 月 1 日的《烟台启瘖学校报告书》记载"本校先前不过教聋哑说话、念书和写字就完了，现在更教他们学习工艺，因为只教他们说话念书，怕于他们没有什么帮助，终久［究］不能免去他们的残废，而且西国的学堂里，都有工艺、聋哑学堂，在工艺上，是更要紧的，因为工艺能发展他们的心思，增加他的智识，在后来的生计上，也有很大的影响，所以本校规定在课程以外，又教他们学习工艺。女学生就学花边、台布、融工、缝纫和烹饪一类的，校旁园地宽广，一切种植灌溉等事，都是男学生担任，在木厂、厨房，也有男学生帮助。借此各等工作，也可活泼他们的精神，发展他们的体育，习勤习劳，更是人立身要紧的事情。本校因造就聋哑起见，所以在说话、念书以外，于种种实业上，莫不竭力进行，为要他们能自立自养，且得人生的快乐。"

张謇先生在 1912 年创办的"狼山盲哑学校开幕会上之演说"中讲："盲哑学校者，期以心思手足之有用，弥补目与口之无用，其始待人而教，其归能不待人而自养，……"1928 年北平私立聋哑学校办学宗旨是："专门教育一般聋哑聋生说话读书，使其具有普通学识及生产技能，成为有用之人。"

新中国成立后，劳动课和职业教育一直是聋校教育目标之一。1953 年 7 月 27 日教育部在《关于盲哑学校方针、课程、学制、编制等问题给西安市文教局的复函》中即指出："盲哑小学除实施普通小学智育、体育、德育和美育的基础教育外，在有条件的地方还需要给予盲哑聋生职业技能的训练。"1954 年 5 月 13 日在致上海市教育局的函中再次提出："各地盲哑学校根据当地具体情况，设置若干种生产技能训练课程，为学生将来生产就业作准备是完全可能而且必要的。"1956 年"职业劳动"课程列入聋校教学计划中。1957 年 2 月毛主席提出党的教育方针。同年 4 月教育部发出《办好盲童学校、聋哑学校的几点指示》，明确规定"掌握一定的职业劳动技能"是聋哑学校的基本任务之一，要求聋校"建立并加强职业劳动训练，努力积累经验，逐步建立起我国聋哑学校职业劳动训练的完整体系"。

改革开放以来，特殊教育学校开设劳动课、职业技术课程不仅始终写在政府部门文件中，课时量也远高于义务教育阶段普通学校的同类课程，而且载入了国家的法律法规。1994 年 8 月 23 日国务院颁布的《残疾人教育条例》第 22 条规定："实施义务教育的残疾儿童、少年特殊教育学校应当根据需要，在适当阶段对残疾学生进行劳动技能教育、职业教育和职业指导。"2008 年修订的《残疾人保障法》第 23 条规定："残疾人教育，根据残疾人的身心特性和需要，按照下列要求实施：在进行思想教育、文化教育的同时，加强身心补偿和职业技术教育。……"这里所用的"根据残疾人的身心特性和需要"一句非常恰当。首先，由于身心障碍会影响到残疾学生对于科学文化知识、社会生活知识以及劳动和职业技术的学习，因此，劳动教育和职业教育的实施必须从残疾学生的特点出发。其次，从特殊教育学校毕业后选择就业，以及升入高一级职业教育院校继续深造，是目前我国聋校（特别是中西部聋校）大多数毕业生的愿望。因此，对聋生进行与社会生活相关的生活技能、劳动及职业技术的教育，不仅适合聋生生活和自身发展需要，也适合社会发展的需要。

第二节　聋校劳动课的教学内容

一、生活指导课的教学内容

聋校1～3年级生活指导课教学内容以聋生个体为中心，从为自己服务入手，围绕每天生活、学习须臾不可缺少的衣、食、住、行和上下学活动等主线，教给聋生力所能及的事。

衣的方面，从穿衣、穿鞋、系鞋带和戴红领巾开始，知道怎样着装整齐，怎样叠衣物，到学习缝制简单的生活用品，如钉纽扣、缝沙袋和坐垫等。食的方面，知道怎样食用方便食品，观察做简单的主食和炒菜的程序与方法。住的方面，知道有序地摆放自己的生活、学习用品，会叠被，打扫自己的房间。洗涤方面，学习正确的洗手洗脸方法，学会洗自己的袜子、毛巾、手帕和红领巾等小件物品，以及衣服。行的方面，知道往返学校的路径，使用交通工具的种类、怎样办理月票、购票，路途中需要注意的交通安全和随身物品的安全。学习方面，从收拾书包、整理书桌开始，到学会修理和自制一些简单的学习用具。通过这些教学内容训练聋生具有基本的生活自理能力、文明的生活起居和学习习惯，为今后劳动技能的形成打基础。

二、劳动课的教学内容

聋校4～6年级劳动课的教学内容主要包括家政劳动、公益劳动、技术初步和简单生产性劳动等方面。

(一)家政劳动方面

认识和会使用灶具、炊具、家用电器和其他常用生活用品，了解安全用电、用火的基本常识，会烧开水，能说出常见食品的种类，学做米饭、择菜、洗菜、切菜，做简单的炒菜，能分辨食物的生熟和鉴别变质食品；能有条理地整理和布置房间，认识常见纺织品、鞋帽标识的含义，学习洗涤、晾晒和整理衣物的方法，垃圾分类的方法；会查阅水表、电表和气表。形成初步的消费与理财意识，学会管理和合理使用零花钱，懂得"货比三家"。乡村地区的学生还要学习饲养料理家禽家畜的方法。形成节约用水、用电、用气的习惯。

(二)公益劳动方面

根据具体项目学习相关技术，如全校性的清洁卫生活动，就要讲授扫除先洒水再扫地、擦玻璃先用湿布后用干布、擦地要先里后外等步骤，使聋生知道劳动的科学程序及其方法。

(三)技术初步方面

收集和观察生活中的自然材料，认识各种常用材料的特性及其不同用途，能用不同的标准对材料进行分类；学会正确处理一些日常生活中的废旧材料，知道纸质类、木质类、金属类和塑料类等材料中一些常见易加工材料的性状和用途，会使用一些黏合材料和连接材料进行部件连接。

通过测量、绘图和材料加工等活动，知道常见的简单工具的名称及用途，会根据不同的材料、不同的目的选择工具，会使用一些常用量具。

认识一些简单图样，能看懂图样中的剪切线、折叠线和粘贴面等符号，理解简单的外观图、实物图和操作示意图，会看简单的实物图，根据说明书和操作示意图进行玩具、模型的拼装与制作，了解手工制作的一般过程，能在教师指导下用图样进行简单的作品设计，确定设计与制作的作品主题，发展想象力和创造力，并根据自己的设计选择材料和工具，制作成作品，必要时进行相应的调试，培养严谨、负责的科学态度，体验劳动的可贵和创造的愉悦。

通过观赏、讨论和测试等活动，对作品设计与制作中的合理性、独特性和创造性进行简单评价，形成初步的技术作品鉴赏能力。

(四)简单生产性劳动方面

认识劳动工具、劳动材料的名称、用途，安全生产须知；懂得生产劳动的分工、流程及其相互配合；学习使用劳动工具进行简单制作、修理和检验产品。

由于我国各地自然状况、经济发展和教育条件的不平衡性，劳动课内容的安排呈现出开放性特征。在选择和确定具体内容时，必须考虑来源于现实生活，体现一定的地方性特色和区域性特征；能激发聋生的学习兴趣，它是可感的、易于操作的，与聋生的年龄特征和已有的知识与经验水平相适应；有利于观察、设计、操作、评价和交流等学习过程的展开，有利于聋生的主动学习；与学科知识的联系比较紧密，有利于劳动课与教育内容的整合，有利于聋生多方面的能力迁移和综合实践能力的提高；劳动材料易于采集、购买，成本低廉、安全可靠，便于重复使用和教学活动的持续开展。

三、职业技术课的教学内容

2009 年教育部等部委下发的《关于进一步加快特殊教育事业发展的意见》

中指出："特殊教育学校要在开足开好劳动课、综合实践活动等课程的同时，开设符合聋生特点、适合当地需要的职业课程。"

义务教育阶段聋校的职业技术教育属于初等职业教育的性质。一般是使聋生初步了解职业，能说出职业的简单分类，知道学业与职业的联系，有初步的职业意向兴趣，不一定与聋生的就业直接挂钩。但是有条件的聋校完全可以依据当地的经济、社会和技术情况，选择适合聋生特点和容易就业的领域作为职业课的内容，使职业课成为聋生就业前的岗前培训，并与职业资格证书考核联系起来。

我国聋校的职业教育尚在探索转型时期。目前比较常见的科目有：烹饪、服装制作、美容美发美甲、手工艺（如刺绣、编织、丝网花、陶艺、雕刻和串珠饰品）制作、计算机应用基础、电脑美术、动画制作、摄影、书画装裱、机械维修、电器维修、木工制作、养殖和种植等。有些聋校职业技术课程极富特色，如黑龙江省佳木斯市特殊教育学校的"鱼皮工艺制作"，青海省西宁市聋校的"玛尼石彩绘制作"，甘肃省庆阳县特殊教育学校的"民间纸扎""箱包刺绣"和"修鞋"，内蒙古自治区赤峰市民族特殊教育学校的"汽车钣金"，江苏省聋校的"刺绣"，都是结合本地区与周边地区经济发展特点，培养聋生一技之长，为聋生就业创造条件。

发达国家和地区聋校的职业教育内容也是相当广泛的。美国俄亥俄州州立聋校和肯塔基州州立聋校的职业课有印刷、膳食、汽车、园艺、建筑等。20世纪90年代日本聋校高中部的职业教育选修科目就已很多，尤其农、工科目分科达94种之多，见表11-1。

表11-1 【日本】修正后聋校高中部课程（节录）①

学　科	科　目
家事	一般家事、生活技术、一般生活、家事资讯处理、专题研究、服装、食物、保育、家庭管理、住居、家庭看护与福利、经济消费、服装制作、服装材料、服装管理、手工艺、烹饪、营养、食品、食品卫生、公共卫生、保育原理与技术、儿童保健、儿童心理、儿童福利、其他

---

① 林宝贵. 听觉障碍教育与复健[M]. 台北：五南图书出版股份有限公司，2008：280～281.

续表

学　科	科　目
农业	基础农业、农业资讯处理、综合实习、专题研究、作物、栽培环境、农业管理、蔬菜、果树、花草、畜产、饲料、农业机械、造园计划、造园绿化材料、造园施工与管理、食品加工、生活园艺、其他
工业	基础工业、实习、制图、工业数理、基础资讯技术专题研究、机械工作、机械设计、发动机、技测与控制、电子机械、电子机械应用、汽车工学、汽车装备、基础电器、电机、电力技术、电子技术、电子回路、电子资讯技术、程序设计与技术、硬件技术、软件技术、电脑应用、工业化学、化学工业、化学系统技术、材料制造技术、工业材料、材料加工、陶艺化学、陶艺材料、陶艺技术、陶艺工业、纤维制品、纤维技术、染织设计、染色技术、室内设计计划、室内设计装备、木材工艺、设计史、设计技术、设计材料、基础电子、工业管理技术、工业英语、基础材料技术、其他
商业	流通经济、簿记、资讯处理、计算事务、综合实习、专题研究、商品制造与销售、商业设计、商业经济、经营、商业法规、英语实务、国际经济、工业簿记会计、税务会计、文书处理、程序设计、资讯处理、经营资讯、其他
印刷	印刷概论、照相制版、印刷机械、材料、图案与制图、照相化学与光学、文书处理与管理、基础印刷资讯技术、画像技术、印刷综合实习、专题研究、其他
理发与美容	卫生法规、生理解剖、消毒法、传染病、公共卫生、皮肤科学、理发美容、物理化学、理发美容社会、理发理论与实习、理发美容资讯处理、专题研究、其他
洗衣	洗衣法规、公共卫生、洗衣理论、纤维、洗衣机器、装置、洗衣实习、专题研究、其他
美术	美术概论、美术史、素描、构成、绘画、版画、雕塑、视觉设计、工艺设计、图法与制图、影像、电脑造型、环境造型、其他
牙科技工	牙科技工相关法规、牙科技工概论、牙齿解剖、有床义齿技工学、牙冠修复技工学、矫正技工学、儿童牙科技工学、牙科铸造学、牙科理工学、牙科技工实习、牙科技工资讯处理、专题研究、其他
其他特殊需要学科	与该学科相关之科目

四、聋校中等职业技术教育

2009 年第四次全国特殊教育工作会议上强调：要认真贯彻党中央、国务院关于促进残疾人事业和特殊教育事业发展的精神，……加快发展以职业教育为主的残疾人高中阶段教育。教育部等部委下发的《关于进一步加快特殊教育事业发展的意见》中也指出："特殊教育学校要……根据市场和社会需求，加强残疾人中等职业学校骨干专业课程的建设。"由此可见，大力发展中等职业教育也是聋校的职责和教学目标之一。

九年义务教育阶段后的聋校职业技术教育属于中等职业技术教育，通常以聋人中等职业学校（班）或聋人职业培训学校（班）的形式进行。聋人中等职业教育的学制有两种：职业班通常为一年制，以单一的职业技术课程为主，开展专项培训。职业学校通常为三年或四年制。

其职业技术课程，不再是一门课程，而是一个专业课程体系，包括文化基础课程、专业核心课程、专业拓展课程和其他选修课程四大板块。

文化基础类课程，包括：语文、数学、外语、物理、化学、生物和德育等文化基础必修课。专业核心课程，是专业技术中最基础的、最核心的专业课程。以美术专业为例，如素描、色彩和速写等。专业拓展课程，是与专业技术相关的拓展性、辅助性的专业课程。以美术专业为例，如美术理论、美术鉴赏和工艺设计等。选修课程，根据培养目标与专业学习需要所开设的文化课与专业课。以美术专业为例，如文史类文化课程、国画、书法和广告设计等。

因各地办学情况不同或专业需求不同，专业课程与文化基础课程的比例有或 4∶6，或 5∶5，或 6∶4。以升学为导向的专业，文化基础课程所占比例往往会大一些；以就业为导向的专业，专业课程所占比例会多一些。有些三年或四年制的学校，在各个年级的专业与文化课程比例设计上是逐年变化的。如一年级专业与文化课程比例是 3∶7；二年级专业与文化课程比例是 4∶6；三年级专业与文化课程比例是 5∶5；四年级专业与文化课程比例是 7∶3。这是由学校根据职业教育规划的需要而制定的，即使是同一专业，各地、各校往往会有不同的课程设计。

聋校中等职业教育以专业技术学习为中心，强调专业技术能力的培养。课程规划的专业性、系统性更强。聋人在学习的过程中，不仅是学到职业技术的核心课程的职业技术理论和知识技能，还能学习与之相关的拓展性的专业课程。可以说，聋人初等职业技术教育阶段是以职业技术课程为"点"，随课程教学的不断深入而"连点成线"，培养聋人的一技之长；而聋人中等职业技术教育阶段的专业技术核心课程与拓展课程则构成一个"面"，随着各课程教学的不断深入而"连面成片"，培养聋人的综合的职业技术专长与能力，有效丰富了聋人的就业途径，提升聋人的就业能力。同时，随着聋人高等职业高等院校的成立，聋人继续深造的愿望成为现实。中等职业教育也自然而然地成为聋人接受高等教育必不可少的准备阶段。

在聋人中等职业教育中，文化基础课程的教材往往参考、选用国家或地方编订的职业教育文化课教材。而专业课程的教材，则需要专业教师结合学校专业教学培养目标从各级各类的专业用书中筛选或编订适合于本校聋生使用的教材。

在职业教育中，文化基础课程是为培养聋生的综合素质和职业技能服务的。因此，文化基础课程的教学在考虑本学科的教学目标与基本任务之外，还需注意联系专业教学的需要，为提高聋人的专业素质服务。

与九年义务教育阶段不同的是，在聋人中等职业教育中，专业理论的学习、专业素质的培养和专业操作能力的提高是同等重要的。专业教学重在理论与实践的结合。因此，在专业教学中不仅要加强聋人专业技术的培养，同时要加强专业理论的学习。专业教师在专业理论与专业实践都要实施有计划、有目的地教学，全面提高聋人的专业素养。

第三节　聋校劳动课的组织与评价

劳动课程的特点使其与其他课程在教学组织与评价方面有所差异。

一、劳动课的组织

(一)劳动课组织的基本条件

聋校劳动课选择哪些项目作为教学内容，是各聋校必须认真分析、谨慎决策的一项首要工作。为此要努力做到"四个准确"，即准确分析所在地区的自然环境条件、社会经济发展情况，准确把握本地区职业技术人才需求特点，准确分析本校聋生的家庭条件与愿景，准确定位学校的办学思路与目标。在此基础上选择符合当地情况、符合学校办学特色以及符合聋生发展需要的项目。

做好教师的调配与培训。聋校劳动技术和职业技术课多属于校本课程，师资力量要靠学校进行调配或培养。比较适合聋校特点的是培养"双师型"教师，一是从现有的教师中选择适合的教师进行专业技术的培养，取得专业技术证书，成为既有教师资格，又有专业技术证书的"双师型"教师；二是从校外的相关行业中引进具备专业技术证书的人才，再培养其获得教师职业资格，成为"双师型"教师。

做好课程建设。劳动技术和职业技术课都是独立课程，因此，要制定专门的课程标准、安排教学内容、选择或编写教材。同时，每一门劳动技术和职业技术课程对教学场地、教学设备、教学用具和教学资源都有专门的要求，因此，在进行课程建设过程中必须考虑硬件设施，做好相关的物质准备工作。如计算机类职业技术课，要根据课程需要配备空间大小适合的计算机机房、配置数量足够的计算机、课堂教学设备和网络服务设备等。

(二)劳动课组织实施的原则

注重基础的原则。劳动技术是义务教育阶段聋生劳动课能力培养的基础，也是聋生终身发展的基础。因此，在实施过程中，必须注重聋生劳动技术方面基础能力和基本态度的培养，应以体现义务教育的普及性、基础性，注意正确对待个别差异，发挥聋生的长处，服从服务于全体聋生的全面发展、主动发展、生动活泼的发展为根本出发点。

劳动课的实施在方式和内容上应充分考虑到聋生的生理、心理发展水平和年龄阶段特征，落实安全措施，做好劳动保护，注重各年龄段在教育内容上的衔接和在教育方式上的协调。

体现综合的原则。体现综合，一是注意劳动课各个实施途径的沟通与结合。劳动课的课堂学习要与课外活动、常规指导、社会实践和家庭教育等途径相沟通、相结合，以实现其教育目标。如学校生活中的值日活动、环境布置可与劳动教育结合起来；家政部分的学习应当与家庭教育紧密结合。二是注意劳动课与综合实践活动课程等活动的统筹协调，如公益劳动可与社区服务结合起来，职业了解可与社会实践相结合，技术初步的学习可与研究性学习相结合等。三是注意劳动课内家政、技术初步和职业了解几方面内容的渗透和融合。如家政学习与技术学习的统整，在职业了解过程中注意职业活动中的技术特征，在家政、技术初步和职业了解的学习过程中注重聋生的劳动体验等。四是注意劳动课各个具体项目之间的联系与衔接。

(三)劳动课的活动设计

劳动课以实际操作为主要特点，聋生参与劳动活动，亲身经历劳动过程是劳动课实施的主要形式。因此，设计劳动活动是劳动课教学的首个环节。

劳动课的活动类型主要有手工制作、模型装配、作品评价和产品推介；信息收集、实地考察、参观访问、讨论与辩论和见习与模拟；技术设计、技术试验、技术幻想和技术作品鉴赏等。活动设计时要从教学目标出发选择活动类型。

活动设计注意激发聋生学习劳动技术的兴趣。在保证劳动课的基本知识、基本技能和基本态度的教育目标实现的基础上，提供更多自主探索的机会。同时，要把积极的劳动态度和正确的劳动价值观的形成渗透到整个活动中去。还应注意正确处理教师指导和聋生学习之间的关系，正确处理聋生的基础理论学习与实际操作的关系，正确处理操作过程中的规范意识和创新意识的关系。

根据内容，劳动课活动可以采用集中课时或分散课时进行，以及课内与课外相结合的方式来安排。活动地点的选择视具体情况而定。一般来说，应有一个相对稳定的活动场所或专用教室。

(四)活动实施中的教师指导

实施过程中，教师的根本任务是为聋生的技术学习和技术探究提供有效的指导和优质的服务。教师在进行聋生的学习指导时应注意以下几点。

第一，面向全体聋生，尊重聋生的个性、自主性和创造性，努力使所有聋生通过劳动课的学习都能有所进步。

第二，精心设计好教师的示范、讲述，突出技术学习中的重点和难点的指导。注意劳动课教学资源的整合、利用和开发，发挥现代教育技术和手段的应用，以提高指导效果。

第三，充分利用聋生群体的作用，引导聋生学会技术活动中的分工与合作，恰当地利用竞争引导聋生相互交流、观摩与学习。尽可能多地给聋生提供自主活动的舞台。

第四，必须控制好聋生的劳动强度，做好劳动保护。应要求聋生严格遵守劳动纪律和安全规程，注意劳动卫生，劳逸结合，确保聋生学习的安全性。

二、劳动课的评价

(一)劳动课的评价原则

劳动课学习的评价以发展性评价、激励性评价为基本原则。凡参与劳动课的学习与实践活动，完成或基本完成所规定的学习任务，都应当予以肯定。对那些劳动课学习表现突出、成绩优异或有所发明与创造的应给予特别鼓励。

劳动课学习的考核等级一般分为优秀、合格和不合格三种。考核的结果应当记入聋生素质报告单，作为综合评价的依据之一。

(二)劳动课的评价内容

劳动课评价内容主要有：劳动态度与劳动习惯、知识的学习及其应用、设计与操作技能、实践与创造能力以及学习的成果质量等。在全面评价的同时，尤其要注意聋生的态度与习惯、聋生的技术意识形成等方面的评价。

(三)劳动课的评价方式

劳动课的评价方式有自我评价、相互评价、小组评价和班级评价等，要吸收家长以及其他人员参与评价工作。

劳动课学习的评价应当注意结果性评价与过程性评价相结合，既要关注聋生技术学习与技术操作的结果，也要关注他们在学习过程中的发展和变化；既要关注聋生在知识和技能方面的习得与创新，又要关注聋生学习活动中所表现出来的态度和情感的进步与发展。

评价应当删繁就简，方法灵活多样。可以采用产品展示、作品评定、撰写心得体会、相互交流、专题活动、日常观察和学期考核等多种形式。

思考题

1. 劳动教育、劳动技术教育、职业教育和职业技术教育的概念是什么？

2. 聋校劳动课的教学目标有哪些，分别是什么？

3. 聋校确定劳动课教学内容的依据应该有哪些？

4. 聋校中等职业技术教育与九年义务教育阶段的职业技术教育有什么不同？

第十二章 聋校外语课的教学

《聋校义务教育课程设置实验方案》将外语课作为选修课程，有条件的聋校在 7～9 年级每周开设 2 节。这标志着外语课重新回到了聋校，为聋生适应国际化、现代化和信息化的生活需要创造了条件。由于开设英语课较为普遍，且聋生高考现仅有英语一个语种，因此，本章以英语为例阐述聋校外语课程的教学。有师资条件的聋校也可开设其他语种的外语课。

第一节 聋校英语课的教学目标

一、英语教学的基本目标

教育部制定的《普通小学英语课程标准》阐述的总体目标是：培养学生的综合语言运用能力。综合语言运用能力的形成建立在学生语言技能、语言知识、情感态度、学习策略和文化意识等素养整体发展的基础上。语言知识和语言技能是综合语言运用能力的基础，文化意识是得体运用语言的保证，情感态度是影响聋生学习和发展的重要因素，学习策略是提高学习效率、发展自主学习能力的保证。

这五个方面共同促进综合语言运用能力的形成，如图 12-1 所示。

参照普通学校《英语课程标准》，结合聋生的特点和实际，聋校英语课的教学要达到两种基本目标：一是对聋生进行基本的外语知识的传授；二是为参加残疾人高等教育外语科目单考的聋生做准备。前者是义务教育阶段的任务，是面向全体聋生的；后者是义务教育后相当于高中阶段的任务，是面向高考聋生的。

基础教育阶段英语课程的任务是：激发和培养聋生学习英语的兴趣，使聋生树立自信心，养成良好的学习习惯和形成有效的学习策略，发展自主学习的能力和合作精神；使聋生掌握一定的英语基础知识和听、说、读、写技能，形成一定的综合语言运用能力；培养聋生的观察、记忆、思维、想象能力和创新精神；帮助聋生了解世界和中西方文化的差异，拓展视野，培养爱国主义精

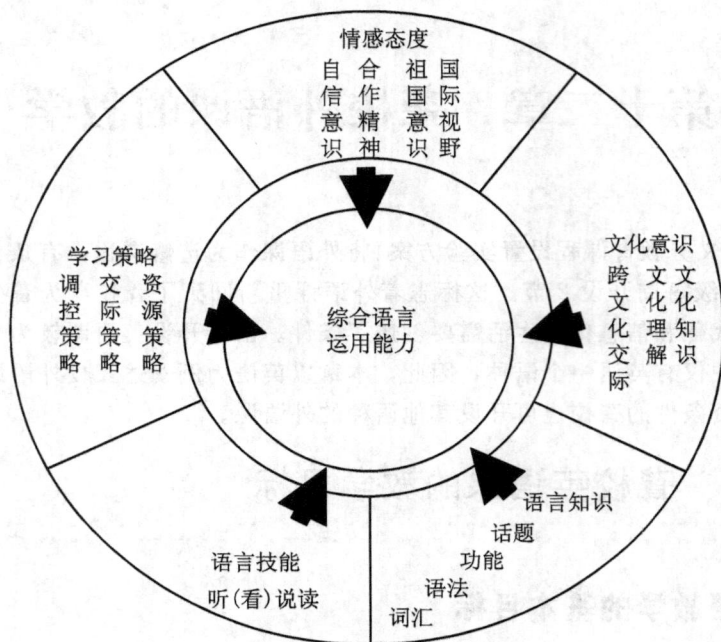

图 12-1　外语课程目标结构

神，形成健康的人生观，为他们的终身学习和发展打下良好的基础。

二、英语教学的分级目标

根据培养聋生的综合语言运用能力的核心目标，基础教育阶段英语课程围绕聋生语言技能、语言知识、情感态度、学习策略和文化意识五个方面划分出一级至七级的行为表现目标。

表 12-1　综合语言运用能力的等级及其目标

级别	综合语言运用能力目标总体描述
一级	对英语有好奇心，喜欢看英语内容。能根据老师的简单指令做游戏、做动作、做事情（如涂颜色、连线）。能做简单的角色扮演。能在图片的帮助下读懂简单的小故事。能交流简单的个人信息，表达简单的情感和感觉。能书写字母和单词。对英语学习中接触的外国文化习俗感兴趣。

续表

级别	综合语言运用能力目标总体描述
二级	对英语学习有持续的兴趣和爱好。能用简单的英语互致问候、交换有关个人、家庭和朋友的简单信息。能在图片的帮助下读懂简单的故事。能根据图片或提示写简单的句子。在学习中乐于参与、积极合作、主动请教。乐于了解异国文化、习俗。
三级	对英语学习表现出积极性和初步的自信心。能读懂有关熟悉话题的语段。能与教师或同学就熟悉的话题(如学校、家庭生活)交换信息。能读懂小故事及其他简单书面材料。能参照范例或借助图片写出简单的句子。能参与简单的角色扮演活动。能尝试使用适当的学习方法,克服学习中遇到的困难。能意识到语言交际中存在的文化差异。
四级	明确自己的学习需要和目标,对英语学习表现出较强的自信心。能在所设日常交际情景中看懂对话和小故事。能就熟悉的生活话题交流信息和简单的意见。能读懂短篇故事。能写便条和简单的书信。能尝试使用不同的教育资源,从各种书面材料中提取信息,扩展知识,解决简单的问题并描述结果。能在学习中互相帮助,克服困难。能合理计划和安排学习任务,积极探索适合自己的学习方法。在学习和日常交际中能注意到中外文化的差异。
五级	有较明确的英语学习动机和积极主动的学习态度。能读懂有关熟悉话题的陈述并参与讨论。能就日常生活的各种话题与他人交换信息并陈述自己的意见。能读懂供普校7～9年级聋生阅读的简单读物和报刊、杂志、克服生词障碍,理解大意。能根据阅读目的运用适当的阅读策略。能根据提示起草和修改小作文。能与他人合作,解决问题并报告结果,共同完成学习任务。能对自己的学习进行评价,总结学习方法。能利用多种教育资源进行学习。进一步增强对文化差异的理解和认识。
六级	进一步增强英语学习动机,有较强的自主学习意识。能理解书面材料中表达的观点并发表自己的见解。能有效地使用书面语言描述个人经历。能在教师的帮助下计划、组织和实施各种英语学习活动。能主动扩展和利用学习资源,从多渠道获取信息。能根据自我评价结果调整学习目标和策略。能体会交际语言的文化内涵和背景。
七级	有明确和持续的学习动机及自主学习意识。能就较广泛的话题交流信息,提出问题并陈述自己的意见和建议。能读懂供普校高中一年级聋生阅读的英文原著改写本及英语报刊。具有初步的实用写作能力,如通知、邀请信等。能就书面材料的内容发表评价性见解。能写出连贯且结构完整的短文。能在教师的指导下,主动参与计划、组织和实施各种语言实践活动。能主动利用多种教育资源进行学习。具有较强的自我调控能力,初步形成适合自己的学习策略。理解交际中的文化差异,初步形成跨文化交际意识。

　　3年级开设英语课程的普通学校,3、4年级应完成一级目标,5、6年级完成二级目标;7～9年级分别完成三、四、五级目标;高中阶段完成六、七、八

级目标。第九级为外国语学校和外语特色学校高中毕业课程目标的指导级，该级别也可以作为部分学校少数英语特长聋生的努力方向。

聋校英语课程在 7～9 年级开设，起点晚，因此重点参照普通学校 3～6 年级学段英语课程的能力目标。对于要参加全国聋人高考的聋生，则需增加课时，提高要求，达到 2008 年由高等特殊教育院校制定的《英语考试说明》所要求的"考生一般应达到《标准》中规定的最低水平，即高中 6 级"。

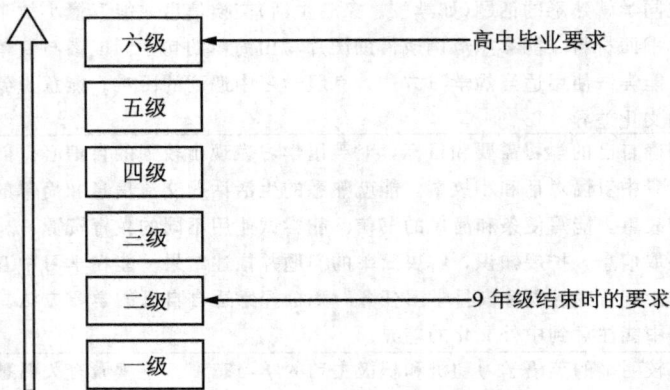

```
↑
┌─────────┐
│  六级   │ ←──────── 高中毕业要求
├─────────┤
│  五级   │
├─────────┤
│  四级   │
├─────────┤
│  三级   │
├─────────┤
│  二级   │ ←──────── 9 年级结束时的要求
├─────────┤
│  一级   │
└─────────┘
```

图 12-2　聋校英语课程 1～6 级分级目标

第二节　聋校英语课的教材和教学内容

一、聋校英语课程的教材

普通中小学的英语教材实行"一纲多本"，聋校可选用与本地普校一样的英语教材。在第一学段，常用的教材是：《小学英语新起点》（人民教育出版社）、《小学牛津英语》（江苏出版社）和《英语新标准》（外语研究出版社）等。小学阶段没有教学进度的统一要求。在第二学段的第一阶段，多采用《新目标英语》（人民教育出版社）、《牛津英语》（上海教育出版社）和《学英语》（河北教育出版社）。在第二学段的第二阶段，使用《新目标英语》七年级上、下册和八年级上、下册（使用其他教材的应达到同级别水平）。在第三学段，主要采用《新目标英语》九年级全一册，以及全日制普通高级中学教科书（必修）《英语》第一册（上）和第二册（下）（使用其他教材的应达到同级别水平）。

二、聋校英语教学的内容

英语教学的内容包括语言技能、语言知识、情感态度、学习策略和文化意识五个方面。

(一)语言技能

聋生语言技能包括听(看)、说、读、写四个方面的技能以及四种技能综合运用的能力。它们既是学习的内容,又是学习的手段。语言技能以聋生在某个级别"能做什么"为主要内容,这不仅有利于调动聋生的学习积极性,促进聋生语言运用能力的提高,也有利于科学、合理地评价聋生的学习结果。

听(看)是指通过残余听觉或看话的方式感受语言;说是指如同健听学生一样用口语表达。听(看)和说训练主要适用于尚有一定听力和口语基础的听力残疾学生,使他们借助助听器和自身的潜能去感受、模仿发音,形成一定的言语技能。例如,学习掌握音标体系,学会拼读简单词语。即使听力损失较严重的学生进行看口和口语训练也有意义,可帮助他们形成按音节记忆单词的习惯。读和写是指书面阅读和书写。相对听(看)和说能力,读和写能力对聋生更重要,是聋生外语学习能力培养的重点。

(二)语言知识

英语语言基础知识包括语音、词汇、语法、功能和话题五个方面的内容。知识是语言能力的有机组成部分,是发展语言技能的重要基础。聋生也应该掌握基础的语音知识,比如,在 a 和 an 不定冠词的选择上,相应的元音发音知识就是需要掌握的。

(三)情感态度

指兴趣、动机、自信、意志和合作精神等影响聋生学习过程和学习效果的相关因素,以及在学习过程中逐渐形成的祖国意识和国际视野。保持积极的学习态度是英语学习成功的关键。教师应在教学中不断激发并强化学习兴趣,并引导他们逐渐将兴趣转化为稳定的学习动机,以使他们树立自信心,锻炼克服困难的意志,认识自己学习的优势与不足,乐于和他人合作,养成和谐和健康向上的品格。通过英语课程,增强祖国意识,拓展国际视野。

(四)学习策略

指聋生为了有效地学习和发展而采取的各种行动和步骤。英语学习的策略包括认知策略、调控策略、交际策略和资源策略等。教师应在教学中帮助聋生形成适合自己的学习策略。

(五)文化内涵

英语教学中文化是指使用英语的国家历史地理、风土人情、传统习俗、生活方式、文学艺术、行为规范和价值观等。教师应根据聋生的年龄特点和认知能力,逐步扩展文化知识的内容和范围。在起始阶段应使聋生对英语国家文化及中外文化的异同有粗略的了解,教学中涉及的英语国家文化知识,应与聋生身边的日常生活密切相关并能激发聋生学习英语的兴趣。在英语学习的较高阶段,要通过扩大聋生接触异国文化的范围,帮助聋生拓展视野,使他们提高对中外文化异同的敏感性和鉴别能力,进而提高文化交际能力。

三、英语教学内容的分级要求

普通学校英语课程按照三个学段(4~6年级、7~9年级、高一年级~高三年级)在语言技能、语言知识、情感态度、学习策略和文化意识方面分别提出了七个层级的具体内容要求。各层级不完全等同于各个年级的教学内容,而是提供了一个循序渐进、稳步上升的内容指导要求。聋校的外语教学内容可参照普校的分级要求,并结合聋生学习的实际做调整。

(一)第一学段的教学内容

1. 语言技能

级　别	技　能	内　容　描　述
一级	看	1. 能看老师口,模仿跟读音标; 2. 能看老师的口,模仿跟读单词。
	玩演	1. 能用英语做简单的小游戏; 2. 能做简单的角色表演。
	读写	1. 能根据拼读的规律,直拼或看音标读出简单的单词; 2. 能看图识字; 3. 能在指认物体的前提下认读所学词语。 4. 能正确书写字母和单词。
二级	看	1. 能看老师的口跟读复杂的单词。
	读	1. 能根据拼读的规律,直拼或看音标读出较难的单词; 2. 能借助图片读懂简单的小对话。
	写	1. 能模仿范例写句子; 2. 能写出简单的问候语; 3. 能基本正确地使用大小写字母和标点符号。
	玩演	1. 能按要求用简单的英语做游戏。

2. 语言知识

级 别	知 识	内 容 描 述
二级	语音	1. 知道字母名称的读音； 2. 知道国际音标的读音（可选择）； 3. 了解简单的拼读规律（可选择）。
	词汇	1. 学习有关本级话题范围的 200～300 个单词和 20 个左右的习惯用语； 2. 了解单词是由字母构成的。
	语法	1. 知道名词有单复数形式； 2. 知道主要人称代词的区别； 3. 了解动词在不同情况下会有形式上的变化； 4. 了解表示时间、地点和位置的介词； 5. 了解英语简单句的基本形式和表意功能。
	功能	了解问候、告别、感谢、致歉、介绍和请求等交际功能的基本表达形式。
	话题	能理解和表达有关下列话题的简单信息：数字、颜色、时间、天气、食品、服装、玩具、动植物、身体、个人情况、家庭、学校、朋友、文体活动和节日等。

3. 情感态度

级别	内 容 描 述
二级	1. 有兴趣说英语、做游戏； 2. 乐于模仿，敢于开口，积极参与，主动请教。

4. 学习策略

级 别	策略类别	内 容 描 述
二级	基本学习策略	1. 积极与他人合作，共同完成学习任务； 2. 主动向老师或同学请教； 3. 制订简单的英语学习计划； 4. 对所学习内容能主动练习和实践； 5. 在词语与相应事物之间建立联想； 6. 在学习中集中注意力； 7. 尝试阅读英语课外读物； 8. 积极运用所学英语进行表达和交流； 9. 注意观察生活或媒体中使用的简单英语； 10. 能初步使用简单的聋生英汉词典。

5. 文化意识

级　别	内　容　描　述
二级	1. 知道英语中最简单的称谓语、问候语和告别语； 2. 对一般的赞扬、请求做出适当的反应； 3. 知道国家最重要的文娱和体育活动； 4. 知道英语国家中最常见的饮料和食品的名称； 5. 知道主要英语国家的首都和国旗； 6. 了解世界上主要国家的重要标志物，如自由女神像； 7. 了解英语国家中重要的节假日； 8. 学习一定量的美国手语，如美国指语（可选择）。

（二）第二学段的教学内容

1. 语言技能

级　别	技　能	内　容　描　述
三级	读	1. 能大胆朗读单词； 2. 能理解简短的书面指令，并根据要求进行学习活动； 3. 能读懂简单的故事和短文并抓住大意； 4. 能初步使用简单的工具书； 5. 除教材外，课外阅读量应达到2万字以上（含做课外练习）。
	写	1. 能正确使用常用的标点符号； 2. 能使用简单的图标和海报等形式传达信息； 3. 能参照范例写出或回复简单的问候卡和邀请卡； 4. 能用短语或句子描述系列图片，编写简单的故事。
四级	读	1. 能读懂说明文等应用文体的材料； 2. 能从简单的文章中找出有关信息，理解大意； 3. 能根据上下文猜测生词的意思； 4. 能理解并解释图标提供的信息； 5. 能理解简易读物中时间发生的顺序和人物行为； 6. 能读懂简单的个人信件； 7. 能使用英汉词典等工具书帮助阅读理解； 8. 除教材以外，课外阅读量应达到5万字以上（含做课外练习）。
	写	1. 能正确使用标点符号； 2. 能用词组或简单句为自己创作的图片写说明； 3. 能写出简短的文段，如简单的指令、规则； 4. 能在教师的帮助下或以小组讨论的方式起草和修改作文。

续表

级　别	技　能	内　容　描　述
五级	读	1. 能根据上下文和构词法推断、理解生词的含义； 2. 能理解段落中各句子之间的逻辑关系； 3. 能找出文章中的主题，理解故事的情节，预测故事情节的发展和可能的结局； 4. 能读懂常见体裁的阅读材料； 5. 能根据不同的阅读目的运用简单的阅读策略获取信息； 6. 能利用字典等工具书进行学习； 7. 除教材以外，课外阅读量应累计达到 10 万字以上(含做课外练习)。
	写	1. 能根据写作的要求准备素材； 2. 能独立起草短文、短信等，并在教师的指导下进行修改； 3. 能使用常见的连接词表示顺序和逻辑关系； 4. 能简单描述人物或事件； 5. 能根据所给图示和表格写出简单的段落或操作说明。

2. 语言知识

级　别	知　识	内　容　描　述
五级	语音	1. 了解语音对聋人学习英语的意义； 2. 根据读音拼写单词。
	词汇	1. 了解英语词汇包括单词、短语、习惯用语和固定搭配的形式； 2. 理解和领悟词语的基本含义以及在特定语境中的意义； 3. 运用词汇描述事物、行为和特征，说明概念等； 4. 学会使用 900～1000 个单词和 100～200 个习惯用语或固定搭配。
	语法	1. 了解常用语言形式的基本结构和常用表意功能； 2. 在实际运用中体会和领悟语言形式的表意功能； 3. 理解和掌握描述人和物的表达方式； 4. 理解和掌握描述具体事件和具体行为的发生、发展过程的表达方式； 5. 初步掌握描述时间、地点和方位的表达方式； 6. 理解、掌握比较人、物体及事物的表达方式。

续表

级　别	知　识	内　容　描　述
五级	功能	1. 在日常生活中恰当理解和表达问候、告别、感谢和介绍等交际功能； 2. 在日常人际交往中有效地进行表达。
	话题	1. 熟悉与聋生个人、家庭和学校生活密切相关的话题； 2. 熟悉有关日常生活、兴趣爱好、风俗习惯和科学文化等方面的话题。

3. 情感态度

级　别	内　容　描　述
五级	1. 有明确的学习英语目的，能认识到学习英语的目的在于交流。 2. 有学习英语的愿望和兴趣，乐于参加各种英语实践活动； 3. 有学好英语的信心，敢于用英语进行表达； 4. 能在小组活动中积极与他人合作，互相帮助，共同完成学习任务； 5. 能体会英语学习中的乐趣，乐于接触英语读物； 6. 能在英语交流中注意并理解他人的情感； 7. 遇到问题时，能主动向老师或同学请教、取得帮助； 8. 在生活中接触英语时，乐于探究其含义并尝试模仿； 9. 对祖国文化有更深刻的了解； 10. 乐于接触并了解异国文化。

4. 学习策略

级　别	策略类别	内　容　描　述
五级	认知策略	1. 根据需要进行预习； 2. 在学习中集中注意力； 3. 在学习中积极思考； 4. 在学习中善于记要点； 5. 在学习中善于利用图画等非语言信息理解主题； 6. 借助联想学习和记忆词语； 7. 对所学习内容能主动复习并加以整理和归纳； 8. 注意发现语言的规律并能运用规律举一反三； 9. 在使用英语中，能意识到错误并进行适当的纠正； 10. 必要时，有效地借用母语知识理解英语； 11. 尝试阅读英语故事及其他英语课外读物。

续表

级 别	策略类别	内 容 描 述
五级	调控策略	1. 明确自己学习英语的目标； 2. 明确自己的学习需要； 3. 制订简单的英语学习计划； 4. 把握学习的主要内容； 5. 注意了解和反思自己学习英语中的进步和不足； 6. 积极探索适合自己的英语学习方法； 7. 经常与教师和同学交流学习体会； 8. 积极参与课内外英语学习活动。
	交际策略	1. 在课内外学习活动中能够尝试用英语与他人交流； 2. 善于抓住英语交际机会； 3. 在交际中，把注意力集中在意思的表达上； 4. 在交际中，必要时借助手势、表情等进行交流； 5. 交际中遇到困难时，有效地寻求帮助； 6. 在交际中注意到中外交际习俗的差异。
	资源策略	1. 注意通过图书资料丰富自己的学习； 2. 使用简单的工具书查找信息； 3. 注意生活中和媒体上所使用的英语； 4. 能初步利用图书馆或网络上的学习资源。

5. 文化意识

级 别	内 容 描 述
五级	1. 了解英语交际中常用的体态语，如手势、表情等； 2. 恰当使用英语中不同的称谓语、问候语和告别语； 3. 了解、区别英语中不同性别常用的名字和亲昵的称呼； 4. 了解英语国家中家庭成员之间的称呼习俗； 5. 了解英语国家正式和非正式场合服饰和穿戴习俗； 6. 了解英语国家的饮食习俗； 7. 对别人的赞扬、请求等做出适当的反应； 8. 用恰当的方式表达赞扬、请求等意义； 9. 初步了解英语国家的地理位置、气候特点和历史等； 10. 了解常见动植物在英语国家中的文化含义； 11. 了解自然现象在英语中可能具有的文化含义； 12. 了解英语国家中传统的文娱和体育活动； 13. 了解英语国家中重要的节假日及主要庆祝方式； 14. 加深对中国文化的理解。

(三)第三学段的教学内容

1. 语言技能

级 别	技 能	内 容 描 述
六级	看	1. 能抓住所看语段中的关键词，理解句子之间的逻辑关系； 2. 能从对话材料中提取信息和观点； 3. 能根据日常指令完成任务。
	读	1. 能从一般文字材料中获取主要信息和观点； 2. 能利用上下文和句子结构猜测词义； 3. 能根据上下文线索推理、预测故事情节的发展； 4. 能根据阅读目的确定不同的阅读策略； 5. 能通过不同信息渠道查找所需信息； 6. 除教材以外，课外阅读量应达到 15 万字以上（含课外练习）。
	写	1. 能用恰当的格式写便条和简单的信函； 2. 能描述简单的人物或事件，并表达自己的见解； 3. 能用恰当的语言书写不同的问候卡； 4. 给朋友、笔友写信，交流信息和情感。
	用	1. 能传递信息并就熟悉的话题表达看法； 2. 能通过重复、举例和解释等方式澄清意思； 3. 能有条理地描述个人体验和表达个人的见解和想象； 4. 能用恰当方式在特定场合中表达态度和意愿。
七级	看	1. 能识别语段中的重要信息并进行简单的推断； 2. 能根据话语中的线索把相关事实和信息联系起来。
	读	1. 能从文章中获取主要信息并能摘录要点； 2. 能理解文章主旨、作者意图； 3. 能提取、筛选和重新组织简单文章中的信息； 4. 能利用上下文的线索帮助理解； 5. 除教材以外，课外阅读量应达到 20 万字以上（含课外练习）。
	写	1. 能用文字及图表提供信息并进行简单描述； 2. 能写出常见体裁的短文，如报告或信函； 3. 能描述人物或事件，并表达自己的见解； 4. 能填写有关个人情况的表格，如申报表、求职表。
	用	1. 能用英语进行语言实践活动，如访谈； 2. 能针对问题提出解决问题的建议和办法； 3. 能对询问和要求做出恰当的反映。

2. 语言知识

级　别	知识	内　容　描　述
七级	语音	根据语音辨别和书写不太熟悉的单词。（可选择）
	词汇	1. 运用词汇理解和表达不同的功能、意图和态度等； 2. 运用词汇描述比较复杂的事物、行为和特征，说明概念等； 3. 学会使用 2000 个单词和 300～400 个习惯用语或固定搭配。
	语法	1. 进一步掌握描述时间、地点和方位的表达方式； 2. 进一步理解、掌握比较人、物体及事物的表达方式； 3. 使用适当的语言形式进行描述和表达观点、态度和情感等； 4. 学习、掌握基本语篇知识并根据特定目的有效地组织信息。
	功能	1. 在更广的语境中恰当理解和表达问候、告别、感情和介绍等交际功能； 2. 灵活运用已经学过的常用功能项目，进一步学习并掌握新的语言功能项目； 3. 在实际生活中较熟练地实现信息沟通的目的。
	话题	1. 熟悉个人、家庭和社会交往等方面的话题； 2. 进一步熟悉有关日常生活、兴趣爱好、风俗习惯和科学文化等方面的话题； 3. 熟悉我国一般社会生活的话题：职业、节日、风俗和社交礼仪等； 4. 了解有关英语国家日常生活习惯的话题。

3. 情感态度

级　别	内　容　描　述
七级	1. 保持学习英语的愿望和兴趣，主动参与有助于提高英语能力的活动； 2. 有正确的英语学习动机，明确学习英语的目的是为了沟通与表达； 3. 在英语学习中有较强的自信心，敢于用英语表达； 4. 能够克服英语学习中所遇到的困难，愿意主动向他人求教； 5. 在英语交流中能理解并尊重他人的情感； 6. 在学习中有较强的合作精神，愿意与他人分享各种学习资源； 7. 能了解并尊重异国文化，体现国际合作精神。

4. 学习策略

级　别	策略类别	内　容　描　述
七级	认知策略	1. 借助联想建立相关知识之间的联系； 2. 利用推理、归纳等逻辑手段分析和解决问题； 3. 善于总结所接触语言材料中的语言规律并加以应用； 4. 在学习中，善于抓住重点，做好笔记，并能对所学内容进行整理和归纳； 5. 在阅读中，借助情景和上下文猜测词义或推测段落大意； 6. 在学习中借助图表等非语言信息进行理解或表达。
	调控策略	1. 根据需要制订英语学习的计划； 2. 主动拓宽英语学习的渠道； 3. 善于创造和把握学习英语的机会； 4. 学习中遇到困难时知道如何获得帮助； 5. 与教师和同学交流学习英语的体会和经验； 6. 评价自己学习的效果，总结有效的学习方法，遵循记忆规律，提高记忆效果。
	交际策略	1. 在交际中，善于借助手势、表情等非语言手段提高交际效果； 2. 能够利用各种机会用英语进行真实交际； 3. 在交际中注意并遵守英语交际的基本礼仪。
	资源策略	通过图书馆、计算机网络和电视等资源获得更广泛的英语信息，扩展所学知识。

5. 文化意识

级　别	内　容　描　述
七级	1. 了解英语交际中常见成语和俗语及其文化内涵； 2. 理解英语交际中常用的典故或传说； 3. 了解英语国家主要的文学家、艺术家、科学家的经历、成就和贡献； 4. 初步了解重要英语国家的政治、经济等方面的情况； 5. 了解英语国家中主要大众传播媒体的情况； 6. 了解主要英语国家与中国的生活方式的异同； 7. 了解英语国家人们在行为举止、待人接物等方面与中国人的异同； 8. 了解英语国家主要宗教传统； 9. 通过学习英语了解世界文化，培养世界意识； 10. 通过中外文化对比，加深对中国文化的理解。

显然，对初学阶段的聋生实施普校第一学段的内容即可，而对于要考大学的聋生则需要继续扩大学习的范围，加深学习的难度。从目前选修课的地位来看，聋校英语教学内容有更大的弹性，可不完全拘泥于普校的分段要求。

四、残疾人高等教育入学英语单考单招考试说明

随着残疾人接受高等教育的人数增加，改变以往各专门培养残疾人聋生的院校考核内容和评估标准不统一的问题。2008 年在中国残疾人联合会教育就业部的支持下，中国高等教育学会特殊教育研究分会在北京组织召开了残疾人高等教育单考单招研讨会，负责制定语文、数学和英语三门单考单招公共科目的考试说明。同年 10 月，考试说明正式公布实施。根据考试说明，英语考试主要考查听力残疾考生应该学习和掌握的英语语言基础知识，包括词汇、语法、阅读、写作和翻译五个方面的内容。基本考核要求如下。

(一)词汇

①报考艺术类专业的考生要基本了解和掌握 1200～1500 个单词及相关词组；报考理工类专业的考生要基本了解和掌握 1500～2000 个单词及相关词组。

②考生要了解和掌握单词拼写、词语释义、构词法及词汇运用。

(二)语法

①考生要了解常用语言形式的基本结构和常用表意功能。

②考生要理解和掌握描述人和物的表达方式。

③考生要理解和掌握描述具体事件和具体行为的发生、发展过程的表达方式。

④考生要掌握描述时间、地点和方位的表达方式。

⑤考生要理解、掌握比较人、物体及事物的表达方式。

(三)阅读

①考生要基本读懂与聋生个人、家庭和学校生活密切相关的材料或文章。

②考生要熟悉有关日常生活、兴趣爱好、风俗习惯和科学文化等方面的话题。

(四)写作

要求考生根据提示进行书面表达。考生应能做到以下两点。

①书面表达问候、告别、感谢和介绍等。

②使用一定的句型、词汇，清楚、连贯地表达自己的意思。

（五）翻译

①考生要能够将熟悉的英语短文或英语单句翻译成汉语，英语短文不超过150个词。

②考生要能够将简单的汉语单句翻译成英语。

第三节　聋校英语课的教学方法

英语是一门语言性的学科，听力的缺失会在语言学习上给聋生造成困难，所以在英语课的教学过程中，要根据聋生的心理特点探索适合他们的方法。

一、各种课型的教学方法

在普通学校，英语课型通常包括听说课、语法课、阅读课和写作课等，相应的教材设计也大部分是以听力对话呈现词汇句型，然后进行循环口语操练。针对这样的教材，聋校老师首先需要整合改编教材，把听力的材料处理成阅读材料，把听说课的教材内容整合为词汇句型课或者阅读写作课。所以聋校的英语课按照内容来分，可以分为词汇教学、句型教学、阅读教学和写作教学。

（一）词汇教学

1. 拼读教学

拼读是聋生学习外语的难点。英语拼读教学利用字母在单词中的发音规律所形成的读音规则，进行英语入门教学。聋生小学四年级已经学习了汉语拼音，对拼读英语有一定的帮助。尽管聋生发音时缺少听觉的帮助和监督，语音不准，但他们愿意模仿，有学习外语的热情。英语入门阶段采用以拼读为主的词汇学习方法是切合聋生的心理特点的。拼读教学通常包括以下几个方面内容。

（1）语音的学习

首先需要进行48个国际音标的发音训练。让聋生先掌握音标发音，为单词学习做准备。也可以采用音标—音素—字母三位一体的教学法，把音标、音素和26个字母融为一体，集中教学。字母、音素和音标三位一体教学法中，最重要的是讲字母在单词中的读音，即音素。淡化名称音，强化音素，引出音标，重点研究它们三者之间的内在联系和依存关系，尽量简化教学过程。以下以几个辅音为例。

表 12-2　辅音教学

字母(名称音)	b p m f
音素(在单词中的发音)	b p m f
音标(读音的写法)	[b] [p] [m] [f]
拼读练习	[bi] [pi] [mi] [fi]

需要注意的是，26 个字母有发音单一的，也有一个字母在不同单词中有多个发音的，还有字母组合发音的情况。在低年级的音标教学中，根据聋生的情况决定三位一体法学习音标的深度，要由浅入深，由易到难，无须把所有的发音都学完，只需要掌握一些基础的音标知识就可以。

音标的发音训练策略：第一，很好借助聋生的汉语拼音基础，音标中大部分的音都可以和汉语拼音相对应，在教学过程中，先以这些音标入手，聋生接受度会比较高；第二，注意与汉语拼音相区别，一些英文中独有的发音老师要反复引导聋生练习，让聋生逐步接受；第三，每节课的音标教学要元音、辅音搭配学习，这样可以进行每节课的拼读训练。

(2)单词拼读训练

为了让聋生按发音来记忆单词，可以设计很多活动来进行。最简单的是看音标拼读单词、看音标猜单词拼写，更难一些的是直拼单词。单词拼读训练中最重要的一项技能是音节的划分。不管是音标中还是单词中，要训练聋生划分出音节，为后面的记忆单词打下基础。在聋生进行过基本的音标学习和有汉语拼音的基础情况下，聋生看音标拼读音训练起来难度不大，在学习到一定阶段（尤其是进入初中七年级以后），可让聋生对同一个字或字母组合在不同单词中的读音进行归类。

拼读教学需要注意的问题。第一，是从易到难，从简到繁。要与聋生的汉语拼音基本技能相结合。第二，在正音方面不要急于求成，听障儿童的英语语音教学最大的目的是帮助他们记忆单词，所以一些英语中较为难发的音，不需要聋生非常准确，只要他们能正确分音节记忆单词即可。第三，要结合游戏，激发兴趣。反复的拼读练习或者发音规则的记忆会显得比较枯燥，所以老师在教学过程中可以结合一些小游戏，比如，看音标猜测单词拼写等，既能激发聋生好奇心，又能让他们发现发音规则。第四，培养聋生自主学习的能力。学习拼读策略，目的就是要聋生能够掌握学习单词，记忆单词的方法，所以要鼓励聋生多自己运用，而不只是在课堂中运用。

2. 词汇教学

词汇学习的目标至少应有识记、理解、运用和交际几个方面，运用和交际是词汇教学的最终目标。词汇的识记与理解、运用与交际活动是紧密联系的，教学活动常常是整体设计，同步实施。由于聋生缺乏听力，所以老师对词汇教学处理需要更加精细化，避免简单化。

在识记和理解方面，运用①拼读法：利用读音规则记忆单词；②构词法：利用构词法扩大词汇量并推断新词意思；③分类和联想法：加深对词义的理解，让新的词汇不断融入旧的网络，巩固和扩大聋生的词汇量；④词汇链和词块的策略：把生词和它相应的词汇链结合起来进行教学，可以提高表达的准确性和地道性，能帮助聋生最大效度地把语言输入转化为语言输出，提高聋生综合运用能力。

在运用和交际方面，运用①语境策略：在一定的语境中学习词语，才能准确地把握词义，掌握其用法。所以在识记词语的基础上，老师要设计不同层次不同形式的运用环节，使聋生逐步加深对词语的理解，最终掌握其用法。如造句，让聋生模仿例句，自主造句，这是一种简单而有效的活动；作文，要求聋生根据本节课或者本单元的关键词语和关键句型进行本单元相关话题的写作，落实在笔头上，让聋生用所学词汇表达思想，在语言实践中真正掌握词语。②开展阅读活动：单词的记忆需要循环往复，需要集中记忆和分散记忆的结合，要在语境中逐步巩固、加深和扩展。但是教材的词汇量和语篇有限，所以教师还要引导聋生课后阅读相关话题的材料，鼓励聋生通过大量阅读来巩固新单词。

(二)句型教学

句型教学一般可分为呈现理解、操练巩固和交际应用三个阶段，这三个阶段既有区别，又彼此联系，并不断发展。教学方法包括如下几种。

1. 情景呈现法

句型教学一开始就应利用各种媒介(实物、图片、多媒体、动作、表情和语言等)巧妙地设置情景让聋生感受新句型应用的场合和意义。如学习"When do you usually get up?"这个单元，可以先展示同学们在学校的作息时间表，让同学们回忆自己平常每天的日常作息时间，从而让他们切身体会到用一般现在时表达日常生活习惯的用法。

2. 结构迁移和规律总结

在学习新句型的过程中，让聋生进行知识结构的迁移是学习句型最快，并且记忆最深的方法。比如，在学习完 like 表达"喜好"的单元后，再学习表达日常生活习惯，就可以提示同学这与 like 的句型结构是一致的，这样聋生就能更快地接受并且运用新句型。然后运用各种形式进行循环的操练。英语句型教学很大程度上是语法教学，所以在大量的语言经验积累的基础上要引导聋生自主总结表述其规律，然后老师进行补充和纠正。

3. 交际操练运用法

运用所学句型开展具有信息沟通的活动是一种在模拟的或真实的情景中进行的语言操练。教师应尽量运用聋生熟练掌握的句型，提出真实性的问题或开展运用所学句型的游戏活动，如同桌的对话、调查采访他人、画图介绍和连词成句等，以培养聋生用英语做事的能力。

4. 句型教学的要求

句型教学要与词语教学和阅读教学结合起来，既可以帮助聋生更深入地理解单词，运用单词，同时大量新词语也为句子教学提供了练习的基础。除了在低年级起始阶段只有词语和简单句的学习之外，其他阶段句子教学都是要结合阅读教学进行的。阅读教学有助于全面深入地理解句子的含义。

句子教学的最终目的是能够在实际生活中运用句子进行交际。因此，句子教学要结合生活实际，让同学多运用句子来表达自己的意思，老师还要精心设计相应的综合实践活动，让同学们实际运用这些句型。

(三)阅读教学

培养聋生的阅读能力相对于听说能力更实际、更重要。教师应充分利用阅读材料知识面广的特点，培养聋生在阅读过程中获取和理解信息的能力，提高聋生的阅读速度。

1. 阅读教学的基本活动

阅读前 Pre-reading	阅读中 While-reading	阅读后 Post-reading
(1)明确目的 (2)熟悉话题 (3)预测内容 (4) 激 发 兴 趣 和愿望 (5)布置任务	(1)略读(skimming) (2)找读(scanning) (3)根据所读内容画图、标图、连线、填表、排序和补全信息 (4)为课文选择或添加标题 (5)根据所读内容制作图表 (6)边读边操作 (7)判断信息真伪	(1)转述所读内容 (2)根据所读内容进行角色扮演 (3)讨论 (4)改写 (5)续尾 (6)写摘要

2. 阅读教学需要注意的问题

第一，教师备课要熟悉与阅读内容有关的社会、历史、人文和自然背景，特别是国外的历史地理和风俗习惯，勾画有碍聋生理解课文的生词，以备重点讲解。

第二，阅读教学应当围绕中心主旨进行，要处理好"西瓜与芝麻"之间的关系。所阅读的材料的中心思想就是"西瓜"，要重点抓；具体字词句是"芝麻"，不必一一搞得太清楚，与中心无关的不必细说，与中心有关的哪怕聋生不太生疏也要提醒。

第三，引导聋生根据文章标题、插图和有关问题进行讨论并预测文章内容；让聋生获取有关 what、where、why、who、how 等基本事实，以及 start、process、end 总体过程脉络。也可根据已有的事实，对文章的结局、未来的前景和隐含的事实进行发掘，提出一两个能概括全文中心思想的指导性问题。以统一思想，使聋生逐步形成阅读的策略。

第四，注意渗透词语猜测的方法。阅读材料中会不可避免地出现学习者不认识的单词和不懂意思的词组，不仅影响阅读速度，还会严重影响对材料的深层理解。对此，要培养猜词能力，它比动手查字典的"勤"更有意义。凡是聋生可能猜出的生词一定要在阅读时去猜。猜词能力的训练可以通过以下方法。

(1)通过分析词汇结构猜测词义

英语中的许多词汇是由前缀(prefix)、词根(root)和后缀(suffix)构成的。例如，disappear 中的，"dis-"是前缀，表示否定，"-appear-"意思是"出现"，因此可以推测出 disappear 是"没有出现"即"消失"的意思。教师应当指导聋生通过掌握英语常用词缀认识词的构造，准确地分析单词，科学系统地记忆单词，快速扩大词汇量。

(2)利用上下文中的解释猜测词义

在阅读材料中，某些生词的词义会被后面的短语或句子定义或解释。如 Animals that kill other game for food are called predators. The predators include the wolf, fox, and bear. 如果 predators 不认识，可从 Animals 后面的定语从句"杀死其他猎物作为食物"以及 include 后面的宾语从句"狼、狐狸和熊"可以推测 predators 为食肉动物。此外，文中的破折号、冒号以及括号都是解释说明的明显标志，阅读时要加以注意。如 He began to show great interest in botany—the study of plants. 此句中，破折号表示解释或说明。botany 的意思就是植物学。

(3)利用相关信息推测词义

如 She is highly respected for her outstanding research on cataract and other diseases of the eye. 从 other diseases of the eye 可以推测出 cataract 为一种眼疾。

（4）利用信号词判断词义

举例是我们猜测词义的极好的方式，例子前面有许多信号词：for example, for instance, like, such as 等。对照是通过上下文中此词与彼词之间的相互关系，由一词判断理解另一词的推断方法。对照常用的信号词有 but, however, while, unlike, as... as, on the other hand, on the contrary, in contrast 等。

在聋生对课文理解的基础上，检查聋生对生词的猜测情况，既然是猜，能沾边达意就行，不需对其用法做过多的分析。做大纲所要求掌握语言知识的练习。围绕课文开展各种形式的语言运用活动，如复述课文、问题讨论、采访调查以及仿写与课文相关的话题等。

阅读教学所选语言材料应与聋生的语言水平相当；题材、体裁丰富，具有思想性、趣味知识性和时代性；内容安排由易到难，循序渐进；每篇文章长度大约在 100～350 个单词。

（四）写作教学

写作是英语教学的一项重要内容，也是高考英语必考题型之一。进行交际要比掌握词汇量和语法知识更为重要。因此，书面表达所体现的比较复杂的综合语言交际能力以及逻辑能力，只能通过英语写作来检测。这一环节也是聋生比较薄弱的地方。

根据聋生的实际情况，外语写作的基本要求是：能够表述事实信息、观点，培养规范的写作习惯和结构完整、内容清楚连贯、符合逻辑、主题突出、正确使用标点符号和字母大小写的写作技能。写作的题材可以多样化，如日记、短文、小故事、通知、海报、贺卡、明信片、信件、说明、留言、填写表格和电子邮件等，长度一般控制在 60～120 个单词。

1. 写作课的一般教学活动

写作前 Pre-writing	写作中 While-writing	写作后 Post-writing
兴趣培养	写草稿	自我修改
激发灵感	设计文章结构	互相修改
明确目的	填空	个人或者小组当面批改
讨论主题	看图作文	检查语言、语法、句型、用词
收集材料	图文转换	
语言准备	仿写	
阅读范文	连句成文	
写提纲		

2. 需要注意的问题

(1)注重五种基本句型的训练

几乎所有的英语句型都是五种句型的扩大、延伸或变化，因此训练聋生"写"就要抓住五种基本句型的训练，让他们把这五种基本句型记牢，不断运用。这五种基本句型如下：

①S＋V；

②S＋V＋O；

③S＋V＋O＋O；

④S＋V＋P；

⑤S＋V＋O＋C。

(2)注重写作训练的规范化

培养聋生养成好的写作习惯，书写和文体格式要规范。严格要求聋生正确、端正、熟练地书写字母、单词和句子，注意大小写和标点符号，养成良好的书写习惯。同时对各种文体特点、格式要讲清楚，使聋生熟悉规范的书面表达形式，用正确的标准评析和规范自己的书面表达。

(3)注重教师的指导作用

教师批改是写作教学的有机组成部分，批改过程中，教师的指导作用就在于肯定聋生的成绩，指出错误，给聋生以恰当的评价。教师应当指导聋生弄清主题，抓住要点，组词造句，安排好顺序，多用熟悉的单词和句型，多用五种基本句型表达。让聋生共同研究，互相评论写好的草稿，最后成文，这就有助于减轻聋生写作的心理负担，也有利于聋生写作水平的提高。

二、聋校外语教学的特殊问题

(一)汉语手指语在教学中的应用

聋生擅长通过手语来感知事物，手语生动、形象、直观，相对有声语言更容易理解和应用。在英语学习中，是用美国手语(或英国手语、国际手语)的指式，还是用汉语手指字母指式讲解和拼打英文字母，在国家层面还没有明文规定。但是鉴于中国聋生已经熟悉汉语手指字母，并且主要是本国师生和聋生之间的语言交流，采用国外手语动作在教学和交流中实际是很不便利的，所以还是采用汉语手指字母指式有利。当然，可以介绍 26 个字母的国外的手语动作让聋生了解，以便于在与外宾交流时使用。

(二)重视拼读训练

外语使用的是拼音文字，拼读成为基本而重要的必备能力。尽管听力障碍给聋生形成拼读能力带来不利影响，但还是可以利用残余听力和看话能力发展他们对英语字母、词语的辨认和拼读能力，运用"音标—音素—字母"三位一体教学法，让聋生感知音标，拼读单词，简单的日常交际句型尽可能让聋生模仿表达，锻炼他们的表达能力。当然，对不同水平的聋生要求应该是不一样的。重视拼读训练，并非是要求每个聋生都发音准确、说话流畅。

（三）教学方法要适应聋生的心理特点

声音刺激对引起聋生注意的效果减弱，所以放录音的教学手段就不适合聋生，教学内容的呈现要以视觉方式为主。因此，教师应学会利用聋生的视觉，了解影响视觉注意的一些因素，比如，教师自己说话的速度、位置和光线等，并采用生动活泼的课件吸引聋生的注意。

另外，聋生对直观形象的东西记得比较快，保持得也比较好，对语言材料的保持和再认相对困难，只有经过比普通聋生更频繁的复习才有效果。复习显得尤为重要，但聋生尤其是初学聋生对重复的内容很容易感到乏味，产生厌烦心理。因此，老师要注意利用有趣的游戏进行复习，比如，大小写字母配对、词图配对，还有聋生一边穿过由同学搭成的拱桥，一边快速读出老师出示的字母或单词，若是错误就会被拱桥夹住等，以调动聋生的积极性，转移他们对多重复习的枯燥感，提高学习效率。

思考题

1. 聋校英语课的总体目标是什么？
2. 聋校英语课的教学内容分为哪五个方面？
3. 针对聋生感知特点，外语教学的重点应放在哪儿？
4. 聋校英语课教学的特殊问题有什么？

第十三章　聋校综合实践活动的教学

综合实践活动是新课程改革的产物，也是课程的一个组成部分。聋校综合实践活动在 4～9 年级每周安排两课时。2001 年教育部颁布的《基础教育课程改革纲要（试行）》指出："强调学生通过实践，增强探究和创新意识，学习科学研究的方法，发展综合运用知识的能力。增进学校与社会的密切联系，培养学生的社会责任感。在课程的实施过程中，加强信息技术教育，培养学生利用信息技术的意识和能力。了解必要的通用技术和职业分工，形成初步技术能力。"

第一节　聋校综合实践活动的教学目标

一、综合实践活动的总目标

教育部制定的《九年义务教育课程综合实践活动指导纲要》中提出："综合实践活动的总目标是通过密切学生与生活的联系、学校与社会的联系，帮助学生获得亲身参与实践的积极体验和丰富经验；提高学生对自然、社会和自我之内在联系的整体认识，发展学生的创新精神、实践能力、社会责任感以及良好的个性品质。"并强调："与其他类型的课程一样，综合实践活动的课程目标也涉及知识与技能、过程与方法、情感态度价值观等维度。但与其他类型课程的目标相比较，综合实践活动课程更强调过程与方法、情感态度与价值观等维度的目标，引导学生在活动过程中实现课程的发展价值。"

从上述普通学校综合实践活动教学总目标的阐述，可以看出，此活动课程开展的主要方式、内容重点与其他学科课程的异同。这些对把握聋校综合实践活动的性质及其教学目标有着重要的指导意义。

二、聋校综合实践活动的教学目标

《聋校义务教育课程设置实验方案》指出：综合实践活动课程要"使聋生通过亲身实践，提高收集与处理信息的能力、综合运用知识解决问题的能力以及交流与合作的能力，增强社会责任感，并逐步形成创新精神与实践能力"。

聋校综合实践活动课程在具体教学目标上突出了能力方面的要求，这一方面体现了推进以创新精神与实践能力为核心的素质教育的精神；另一方面结合聋生的实际，体现了补偿缺陷的特殊教育特点。因为听觉障碍客观上会不同程度地给聋生在收集与处理信息、综合运用知识解决问题以及与人交流与合作等方面带来影响和困难，所以，聋校综合实践活动课程的教学目标不仅要包括此课程的基本目标，而且要包括特殊教育自身的特殊目标。

第二节 聋校综合实践活动的内容

《聋校义务教育课程设置实验方案》中对综合实践课的内容做了明确的规定："综合实践活动课程的内容主要包括信息技术教育、研究性学习、社区服务与社会实践等。"

一、信息技术教育

在聋校，信息技术课程以培养聋生"收集和处理信息的能力"为核心，通过学习活动，使聋生在体验活动中学会使用计算机进行一般的信息收集、分析与处理；了解计算机硬件的基本工作原理，熟悉操作系统的工作原理；学会并掌握常用软件的使用并运用文字、绘画和表格等多种方式进行文本与数据的创建、思想的交流与表达；能进行网络信息的搜索、浏览和下载，会使用电子邮件；对高年级聋生而言，能设计并进行网页制作，了解多媒体的基本知识，能使用各种媒体资料，并能设计、组织和展示作品。

目前全国各地聋校的信息技术教育课，通常以独立开课的形式进行，或专门课，或选修课，或兴趣课等。除少数经济不发达地区的聋校外，更多的聋校都从小学阶段开始开设信息技术教育课直至九年义务教育结束，起始时间不尽相同，每周通常安排 2～3 节。《中小学信息技术课程指导纲要（试行）》提出：小学阶段信息技术课程，一般不少于 68 学时；初中阶段信息技术课程，一般不少于 68 学时；高中阶段信息技术课程，一般为 70～140 学时。上机课时不应少于总学时的 70%。

（一）教学内容

参照教育部 2000 年制定的《中小学信息技术课程指导纲要（试行）》及 2003 年《普通高中信息技术课程标准（实验）》，聋校信息技术课教学内容大致设计为四个模块：基础模块、拓展模块 1、拓展模块 2 和拓展模块 3。

基础模块包括：信息识别与获取、信息储存与管理、信息加工与表达、信息发布与交流。拓展模块 1 为主题活动，是限定性学习，小学阶段是综合性活动，如硬件使用拓展、信息技术与课程整合拓展。拓展模块 2 为程序设计，适用于初中，算法与问题解决，程序结构与设计。拓展模块 3 为机器人技术，包括构件与功能、算法与程序、设计与制作。

基本的教学内容涉及以下几方面。

1. 形成运用计算机处理信息的基本能力

①能识别计算机的外观和常用输入设备（如鼠标、键盘）、输出设备（如监视器、打印机）及其他常用外接设备（如音箱、耳机和话筒等）；认识不同部件的基本功能。

②通过打字任务或简单的游戏，熟悉计算机的基本操作。熟悉操作常用输入、输出设备。

③能在实际操作的基础上，总结利用计算机输入、存储、加工和输出信息的基本流程；借助自己获取、加工信息的经验，体验计算机在处理信息方面的优势，知道计算机是现代信息技术的核心。

2. 利用信息技术工具收集和处理信息，以支持学习、探究和解决日常生活问题

①学会利用常用设备（如数码相机、扫描仪和录像机等，获取信息，或利用常见信息技术设备对传统介质的信息进行必要的数字化转换。

②学会利用计算机输入和存储资料；学会利用计算机的资源管理功能对文件资料进行合理的分类整理、建立以及重命名文件（夹）和保存文件等，能迅速查找和提取自己计算机内存储的信息；通过比较和实际体验，感受对信息进行数字化编码、存储和管理的优势，认识到数字化是信息技术的核心概念之一。

③能运用远程通讯工具和在线资源（如 E-mail、因特网等）浏览、查找、下载和保存远程信息，以满足自主学习、合作探究及其他问题解决的需要。

④能根据任务需要评价信息的相关性、准确性、适切性和可能存在的偏差，甄别和选用有价值的信息。

3. 学会使用常用信息处理工具和软件，展开写作、绘画等活动，制作电脑作品

①学会使用一种计算机画图软件，设计绘制图形。例如，根据表达意图确定图画的主题和大体构思；能设置背景颜色和图画的颜色；能使用常用的电脑绘画工具画出点、线、面；能通过剪切、复制和粘贴等电脑特用的功能对点、线、面进行组合、编辑，构成符合表达意图的完整图画；能给图画上色，能对

图画的整体或某个部分进行修改，或设置必要的效果。

②学会使用一种文字处理软件处理文字信息和写作，在学会常用文字处理功能的基础上，学会通过文字编辑、版面设置、剪贴画、艺术字、绘制图形、插入图片和制作文字表格等方式，增加文档的表现力。

③熟悉信息处理软件的界面和常用工具，比较不同软件界面的异同，总结具有广泛适用性的操作方式，积累技术应用经验。

4. 学会使用多媒体制作软件，运用文字、图片和声音等多种方式，灵活地表达想法、创意和研究结果

①能根据内容的特点和表达的需要，思考并确定表达意图和作品风格，进而根据表达意图，比较图画、文字、表格和声音等不同信息表达形式的优缺点，选择（组合）合适的表达方式，对作品的制作过程进行初步的思考和规划。

②学会运用合适的信息处理工具或软件（如文字处理软件、画图或图形处理软件和计算机录音软件等）导入、插入图画、文字和表格，并进行必要的编辑或修改，设置图像和文字的效果，制作或插入表格等。

③学会使用一种简单的多媒体制作软件，集成文字、图画等信息，制作简单的多媒体演示文稿。能根据作品特点和受众的需要，学会选择合适的方式演示或发布电脑作品，表达主题和创意。

④能根据作品特点和受众的需要，学会选择合适的方式演示或发布电脑作品，表达主题和创意。

⑤能对自己和他人的电脑作品进行评议，并在评议基础上对电脑作品进行必要的优化以增强表现力。比较利用电脑制作作品与传统作品的制作过程的异同。

5. 学会运用常用远程通讯工具进行合作学习，开展健康的社会交往

①学会使用电子邮件与他人共享信息、获取支持、表达观点或开展合作。

②学习使用在线讨论工具或已有的学习网站，讨论课程相关问题或开展持续深入的主题研讨。

③学习使用网页制作软件规划、设计、制作和发布简单的网站，通过网站共享信息、发表看法、发布成果以及交流思想，支持合作探究或其他有意义的社会活动。

④能观察和讨论网站交往中产生的法律、法规和道德问题，在使用网络与人交往时，能遵守相关的法律、法规和网络礼仪；能结合实例，讨论网络应用对个人信息资料与身心安全的潜在威胁，形成网络交往中必要的自我保护意识，知道不恰当的网络应用和网络交往可能产生的后果。

(二)信息技术课程的教学方法

信息技术课程具有基础性、发展性、应用性、实践性、创造性、趣味性、综合性和人文性特点，在教学中除采用讲授法、讨论法外，还要注意运用以下一些方法。

1. 教练法

作为实践性工作与工具性特点明显的课程，信息技术能力的培养与运动技能的培养有类似的地方，因此，教练法对于信息技术课程中的技能培养与过程方法的训练是一种常用而有效的教学方法。

教练法实施的基本过程为：提出任务和注意点—动手实践，教练指导—归纳交流。

首先，教师要根据课程的目标，提出这节课的学生学习任务和实践活动的工作课题，使学生明确做什么，并且还要指出学生实践中的注意事项，特别是学习方法与思维方法方面的要点。使学生明了课题任务与学习任务的关系，布置课题时要指出所要操练的信息技术技能与熟悉的信息活动的过程与方法，这样能够使学生了解学习的意义，调动学生的学习积极性。例如，在布置学生完成美化一个电子板报的课题时，同时学习艺术字的使用与排版的技能。然后，学生开始实践活动，通过完成工作课题，进行各种操练与练习。教师在这个过程中要针对学生的情况与问题进行指导与教练，帮助学生掌握知识与技能，并且注意帮助学生养成正确的学习态度。要根据学生的个体差异进行针对性指导。最后，组织必要的交流，并且归纳总结，再一次强化教学活动的成果，促使学生把学会的东西化成为自己的学校素养。

2. 任务驱动教学法

任务驱动教学法主张教师将教学内容巧妙地隐含在通过使用信息技术完成的工作任务中，以完成任务作为教学活动的中心，使学生在完成任务过程中达到掌握所学知识与技能的目的。在任务的驱动下，学生通过对工作任务和学习资源进行的分析、讨论，提出问题，并研究解决问题的方法、途径，从而熟悉信息技术应用的过程与方法，获得获取、加工、表达和交流信息的能力，以及开展协作分析问题与解决问题的能力，并最终提升学生的信息素养。而且，在完成一个一个任务的过程中，学生会不断获得满足感，从而转变成学习的内在动机，进一步激发他们的兴趣和求知欲望，最终形成一个认知、感情活动的良性循环。

任务驱动教学法实施过程一般包括六个阶段。①分析任务。记录学生最初对任务仔细分析的结果，并且根据对任务的理解程度设想解决问题的策略。这个阶段，学生常常会建立许多解决任务的猜想。②分解任务。学生把任务分解，并且列出解决任务的提纲。③创造性地解决问题。在这个阶段，学生要解决问题必须综合各种对完成任务有用的资源（知识），并确保它们既有利于解决问题又互不排斥，最后利用所获得的资源（知识）完成任务。④纠正错误及进一步优化。学生检查完成任务的过程或使用的知识是否有错误，作品是否可以更加优化等。总结并回顾解决问题的过程，分析获取的资源的可靠性，理解新知识的正确性等。⑤评价反馈。学生们汇报自己完成任务的过程并呈现作品，包括解决问题的策略、获取资源、对新知识的理解以及知识的应用等，使学生认识到任务背后隐藏的关系和机制。⑥对完成任务过程的反思。要考虑这个问题与以前所遇到的问题的共同点与不同点，概括和理解知识的应用情境。

3. Web Quest 教学法

Web Quest 是一种探究型教学操作程序，主要是在网络环境和教师引导下，以任务驱动和研究为导向的自主探究学习活动。在 Web Quest 中，学生活动的内容往往都是围绕某个主题进行的，与学生互相作用的所有或部分信息均来自互联网上的资源，因此，可以叫它为"网络专题调查"或"网络主题探究"。

根据完成时间的长短，Web Quest 可以分为短周期和长周期两种。短周期 Web Quest 一般 1～3 课时完成，其教学目标是获取与整合知识，学习者需要处理大量新信息。而长周期的 Web Quest 一般耗时 1 个星期至 1 个月，其教学目标是拓展与提炼知识，学习者需要深入分析"知识体"，学会迁移，并能用一定的形式呈现对知识的理解。

Web Quest 的教学设计步骤包括：①教师对所授知识的网络资源进行充分的了解，并对网址进行筛选、整理和分类，从第一步开始就应对接下来的每个步骤的可行和可操作性进行全面的考虑；②确定一个与所授知识有关的，且具备丰富的网络资源的主题；③根据主题制定任务；④就所指定的任务，设计执行和操作的步骤；⑤设计评价任务完成程度的标准。

4. 项目学习法

项目学习法（Project-based learning，PBL），也称"基于项目的学习""基于专题的学习"和"课题是学习"等。这种活动一般分小组进行。

在信息技术教学中实施项目学习法通常分为：设计项目创造情境、选择主题分组分工、分解问题制订计划、探究制作收集整理信息、讨论策略制作作品、汇报演示交流成果和自评互评总结反思七个基本步骤。

不论采用什么方法，都需要寓教于乐，注意设计、选择带有趣味性的或竞赛性的活动将对聋生来说可能比较枯燥的、困难的学习任务转化成其乐于参与的活动，并在游戏性的活动中不知不觉地学到知识，提高操作能力。同时，也要根据少年儿童的特点，及时运用奖励的办法鼓励聋生，巩固成绩。例如，当聋生克服困难掌握了某个知识点之后，奖励玩一次电脑游戏。

二、研究性学习

这是一项自主性很强的课程，对聋生能力要求比较高。课程内容的选择，需要随聋生年龄的增长从教师协助或提供选题到聋生独立选择确定选题。选题内容需结合学生、学校和地区的特点与实际进行选择。选题内容可来源于学校生活，可产生于家庭或社会生活实际，可来源于自然现象的研究，也可发自于对社会问题和生活问题的探讨。在这个过程中教师要根据聋生的实际情况，给予适当的指导和帮助。

对于聋校而言，研究性学习内容通常有两类来源：一是结合学科教学内容选题，如结合初中语文教学中讲"狼"一文，设计研究性学习活动，让学生自主收集关于"狼"的各方面资料并提炼出自己对"狼"的认识；二是从日常的社会生活中选题，如结合中国传统节日多的特点，让学生收集有关春节习俗的资料并分析传统节日的特点。研究性学习活动的安排通常也有三种形式：一是以独立开课的形式进行，或专门课，或选修课，或活动课，每周1～2节；二是以集中活动的形式进行；三是结合学科教学并穿插于学科课堂教学开展研究性学习。

三、社区服务与社会实践

这是一门开放性很强的课程。在教师指导下，学生走出教室，参与社区和社会实践活动，并在活动中获取直接经验，发展实践能力，增强社会责任感。

在聋校，这类课程的内容，同样需要根据学生、学校和地区的实际情况进行选择、计划和安排。常见的内容有：助残日的社会服务活动、社区联谊活动等。通常是集中安排时间开展学习活动。

此外，《综合实践活动指导纲要》还指出："除上述指定领域以外，综合实践活动还包括大量非指定领域，如班团队活动、校传统活动（科技节、体育节和艺术节）和学生的心理健康活动等，这些活动在开展过程中可与综合实践活动的指定领域相结合，也可以单独开设，与课程目标的指向是一致的。指定领域与非指定领域互为补充，共同构成内容丰富、形式多样的综合实践活动。"

四、非指定性领域活动

(一)班团队会主题活动

通常由班主任或团队干部负责组织,利用班会时间、团队活动时间开展主题教育与学习活动。其内容多由团队组织或班级教师与学生共同进行选择、设计,涉及面广,包括自然、社会等诸多方面。

(二)心理健康教育活动

通常由学校学生教育与管理部门和心理教师结合学生的实际进行选题、组织活动。如心理知识讲座、生命教育活动以及心理与青春期专题教育等。开课形式有独立开课与集中活动两种形式。有些聋校重视心理健康教育,配备有专门的心理辅导教师,设有专门的心理专题课及专门的心理咨询时间;有些聋校师资条件不具备,多以集体活动形式开展此项活动。

(三)学校传统活动

有许多聋校都有自己独特的传统活动,如科技月、艺术节、体育节和电脑科技月等。通常利用课外集中时间开展各类活动,丰富学生的学习内容。

五、综合实践活动的特点

综合实践活动课程是指在教师的指导下,由学生自主进行的综合性学习活动,它是基于学生经验、密切联系学生的生活和社会实际、体现对知识综合应用的学习活动。

综合实践活动是现代教育中的个性内容、体验内容和反思内容,与传统教育片面追求教育个体的发展、共性和知识有所不同,综合实践活动提供了一个相对独立的学习生态化空间,学生是这个空间的主导者,学生具有整个活动绝对的支配权和主导权,能够以自我和团队为中心,推动活动的进行。在这个过程中,学生更谋求独立完成整个活动,而不是聆听教诲和听取指导。教师在综合实践活动这个生态化空间里,只是一个绝对的引导者、指导者和旁观者。

深入分析,综合实践活动课具有如下一些特点。

(一)综合性

综合实践活动是一门走向综合的课程。从教学内容上看,强调以社会为本,将独立学科知识整合为综合知识;将学习内容从书本教材引向社会生活;使学生在社会实践活动中发现和体验各方面知识。从培养目标上看,则强调知识与能力等综合素质的培养,培养能力不仅限于学习能力,还包括交际、合作、动手、实践和探究等综合能力的培养。从时间空间上看，强调课内课外相结合，倡导独立开课与集中活动相结合，打破了时空限制。

(二)实践性

综合实践活动是一门鼓励实践的课程。其课程实施要求学生参与到各项活动中去，强调学生的动手实践、亲身体验，在实践中获得知识、获得能力。从课程教学上看，不再是教师讲、学生听，不再是拘泥于具体学科和教材，而让学生在活动中亲力亲为，在亲身实践中去获得知识与能力。

(三)自主性

综合实践活动是一门关注学生的课程。其课程设计以学生为本，尊重学生的兴趣与爱好，尊重学生的水平与能力，以学生的兴趣为出发点，面向学生的生活实际，注重学生的学习方式与学习过程。课程实施的过程是让学生在发现问题、查阅资料、调查研究、分析问题和得出结论等一系列自主活动过程中去思考、体验和收获，使学生真正成为学习的主人。

(四)生成性

综合实践活动是一门转变学习方式的课程。观察选题、问题分析到研究实践等活动过程，既是学生预设目标不断达成的过程，也是新体验与新设想自然生成的过程。预设的达成与新的生成都是学生在活动过程中产生的新体验、新经验和新收获，这种体验是学生在活动中自己体会并提炼出来的，与单纯的教师讲授、灌输相比，教学活动更有成效。

(五)活动性

综合实践活动是一门改进教学模式的课程。以往的教学通常是教室中的教师讲、学生听的模式，从书本到书本，从知识到知识。而综合实践活动课则打破知识与能力的界限，打破教室空间的限制，不仅让学生的头脑动起来，更让学生的身体动起来，让学生通过社会活动、通过动手操作、通过多感官参与活动，去丰富感受、学习知识、增长能力。

(六)开放性

综合实践活动是一门走向社会的课程。在内容上，从书本走向生活；在空间上，从教室走向社会；在时间上，从课内走向课外。不仅如此，其学习方式、学习过程和评价方法等都具有开放性的特点。

(七)经验性

综合实践活动是一门关注经验的课程。关注经验，首先体现在从学生的已有经验为基础开发课程内容。其次体现在学习的内容，学生在综合实践活动课中所学习的，不只是定理、定义和规则等有关知识，不只是拘泥于书本知识的学习经验，还有许多学习过程中积累的操作与行动的经验、分析与研究的经验以及交际与合作的经验等。这些经验是学科课课堂中相对收获较少的。

第三节　聋校综合实践活动的实施

综合实践活动课是由国家、地方和学校三级管理的一门全新的课程。尽管没有统一的课程标准、教材和教学指导书，普通学校仍可以依据国家的课程《指导纲要》和地方教育行政部门的实施方案，设计本校的综合实践活动课程规划。然而对于聋校而言，综合实践活动课程规划与方案只能由学校以国家《聋校义务教育课程设置实验方案》为依据，结合本校实际制定。

国家已经对综合实践活动课程的目标、内容、形式和时间等作了原则性规定，在学校层面主要是落实课程资源、培训教师、组织实施和评估。

一、开发活动课程资源

课程资源是一个含义丰富的概念，涵盖各个方面。学校所在地区的自然环境、人文历史、社会生活和物质生产是资源；学校的各科教师、学生家长也是资源；除此之外，还有许许多多的资源。因此，开发课程资源需要打开眼界，先看学校自己具有的资源，再看校外可以利用的资源；先找本地的资源，再寻远处资源。只要资源丰富，课程就能丰富多彩，给聋生提供广阔的学习和实践的平台。切忌因循守旧，活动内容老一套。

生活环境首先是课程资源的开发切入点。研究性学习、社区服务与社会实践等实践活动必须结合当地与学校的实际进行，只有这样才能有丰富的课程资源可以利用，并体现出地域特色。位居大城市的聋校，可以城市生活和发展的现实作为研究性学习的项目，如城市的交通建设和住房建设、工业生产等，还有一些展览馆也是学习的资源。位居县城的聋校距离乡村更近，就可以农副业生产作为研究性学习的项目。

社会公益实践活动更具开放性，有些地区聋校组织学生开展走访敬老院、保护环境、爱心互助和文艺下乡等；有些地区聋校组织学生进行采访、交流、访问和参观；有些地区聋校与周边普通学校建立手拉手友好校的关系，组织聋校、普通校学生进行交流联谊活动，有些地区聋校，组织学生开展军训、心理健康活动和科技体验活动、专题报告等实践活动；有些地区聋校，组织学生开展农业种植、养殖、手工设计制作和企业实践等技术学习活动。这些开放性的活动，能有效促进聋生开阔视野，增长见识。

二、培训任课教师

综合实践活动是一门全新课程，教师的培训必须走在前面。学校要通过培训，指导任课教师认真学习《综合实践活动课程指导纲要》《聋校九年义务教育课程设置实验方案》，深入理解综合实践课程的性质特点、设计理念和内容要求，理解这门新课程在教学形式、师生关系和教学评价等方面的变革，从而促进教师按照国家课程设置的目的和意图实施教学。

综合实践活动新在综合，贵在实践。它要求教师不断更新知识结构，学习补充新知识，成为具有符合知识结构的人，同时要有较强的动手实践能力。所以，教师培训的方式和内容也要与时俱进，创造条件让教师有机会外出进修、参观，接触新信息。

三、制定和实施活动方案

综合实践活动课的组织由任课教师首先依照学校制定的"综合实践活动总体方案"，在学期初拟订"学期课程教学计划"，然后根据计划组织开展日常教学工作。每一次活动课的组织流程基本如下。

(一)确立活动主题

活动主题的类型通常有以下方面。

1. 知识收集与整理型

收集整理相关知识并提炼自己的认识与观点；如"劳动访谈"，聋生通过与家长、学校教职工进行访谈交流，收集并记录身边人们的劳动情况，从而理解劳动的意义与价值。这些活动不仅有利于开拓学生的视野，还有利于培养学生收集、分析和处理信息的能力。

2. 实验与探究型

如有的聋校利用选修课进行"扔鸡蛋"的实验，教师指导学生分组进行思考设计——如何才能使鸡蛋从二层楼高的地方自由下落时而不被摔破？各小组学生采用了不同的方法进行保护，通过现场实验，各小组学生都从中获得了不同的经验与结论。这类课程有利于培养聋生动脑、动手能力。

3. 职业技术学习型

有些聋校结合本地、本校特点，组织学生开展畜牧养殖，组织学生利用课外时间学习饲养家畜、家禽，掌握一门生活技能。

4. 其他

此外还有参观访问型、社会活动体验型、心理健康辅导型和小课题研究型等多种类型的活动主题，都是聋校常见的活动主题类型。

(二)制订活动方案

对于每一个主题活动项目或课程，老师都要按学期计划与设想编写主题活动方案。方案通常包括：活动目标、组织安排、活动形式(包括教师指导方法、学生学法指导)、过程设计、材料准备、总结交流和综合评价等内容。

例如，在"过程设计"环节，可按"观察生活—提出问题(自主选题)—调查分析(收集处理资料)—实践活动(社会活动、实验研究、专题研探和设计制作等)—总结反思—成果交流—学习评价"的实施流程考虑，对学生的活动进行全面的组织与指导。

(三)组织实施

由于聋生有其自身的特点，聋校综合实践活动的组织实施要注意以下几点。

第一，合理处理师生关系。聋校的学生活动需要教师进行更多的介入与指导。教师放手让学生自主学习的程度需要根据主题内容的特点、难度和学生的能力和水平来决定。

第二，做好学生的组织与管理工作。因为综合实践课程具有开放性、活动性的特点，教学的组织与管理比在教室进行教学要困难很多，所以教师必须做好课前计划及过程组织等工作。

第三，做好活动场地、设施设备的准备与管理，特别注意活动与操作过程的安全性。

第四，注重活动过程的细节管理。关注学生的活动过程，做好学生学习方法的指导。

(四)总结与评价

综合实践活动课的评价理念强调：整体观、多元化和过程观。整体观，追求过程与结果的统合，追求师与生评价观点的统合；多元化，追求评价主体、评价标准和评价方式的多元化；过程观，不拘泥于对学生活动结果(作品、产品)的好与坏、成与败做出评价，而是强调对学生学习过程中的态度、表现进行评价，鼓励学生参与活动、亲身体验。

综合实践活动的评价方式，以观察为基础，在观察、记录学生参与活动的态度和表现的基础上进行评价。过程性评价不以分数论成败，而以参与活动、积极体验做评价基础，能有效地激励学生参与学习活动，激发学生的信心。

四、注意与其他课程协调进行

综合实践活动课程的开展还需要注意与其他课程之间的协调关系，避免不必要的重复或各搞一套的弊端。例如，沟通与交往课和美工课中也有信息技术方面的一些内容，如果有些内容聋生已经学过，信息技术课就可以不讲。再如，思想品德课程、科学课程等都要结合相关知识点安排社会实践和观察活动，这些活动也可以与综合实践活动课程的课时结合起来安排，既提高了课时的使用效益，也使得学科教育的知识学习、能力培养与实践活动更加紧密的结合。

思考题

1. 聋校综合实践活动课的教学目标是什么？
2. 聋校综合实践活动课程主要包括哪些学习内容？
3. 聋校信息技术课程的内容结构是怎样的？
4. 聋校综合实践活动课应该如何实施？

第十四章 聋校的教学组织形式

第一节 教学组织形式概述

一、教学组织形式的概念

在教学活动中，教师、学生、内容和环境构成了相互交织、相互作用的关系。教学组织形式，就是根据一定的教学思想、教学目的、教学内容和教学主客观条件组织安排教学活动的方式。

教师和学生是构成教学组织形式的"人"的要素，也是最基本要素。教师和学生是教学活动的主体，师生之间的互动以及具体的互动形式决定了教学组织形式的实践样态。教学活动的开展总是需要时间和空间条件，不同时间单位与空间单位的组合形成了各种教学组织形式的物质环境，也使教学组织形式体现出了不同的活动面貌。因此，教学时间单位和教学空间单位也是教学组织形式的基本要素。教学方法、手段和工具等其他教学要素也对教学组织形式的形成产生影响。

二、教学组织形式的分类

根据不同的标准，有学者对教学组织形式进行了细致的分类。对各种教学组织形式进行科学的分类，它有助于较为具体地把握不同教学组织形式的结构，认识和发挥它们的教学功能。

表 14-1　教学组织形式的分类

分类标准	类　型	具体组织形式
组织结构	直线型结构：单个教师和不同数目的学生组合而成	教师—个别学生（个别教学）
		教师—全班学生（包班制）
		教师—多班学生（合班上课、复式教学）
		教师隐含—学生自主型（如开放教学、自动性教学）
		教师—部分学生（分组教学）

续表

分类标准	类 型	具体组织形式
组织结构	直线层级型结构：教师或学生通过一中间层级对学生进行教学活动	教师—个别学生—全班学生（如导生制）
		学生—教师—学生（比如，设计教学法，学生先提出问题，教师帮助指导，最后由学生完成）
		教师—辅助教师—学生（如导师制）
	矩阵型结构：两个以上的教师和不同数目的学生组合而成	班级授课制（多名教师各负责不同的科目对一个班级或多个班级的学生进行教学）
		小队协同制（由多名教师及教辅人员协同负责一小队的教学）等
空间结构		秧田形、马蹄形、方形、圆形、弧形、模块形
教学场所	课堂教学	
	课外教学	现场教学
		课外作业
学生特质		同质分组，异质分组
师资配备		一师独包制（包班制）
		班级授课制
		小队协同制

来源：http://www.hainnu.edu.cn/jpkc/kcjxl/Article_Show.asp? ArticleID=2249

三、教学组织形式的演变

　　每一种教学组织形式都有其产生的历史背景。在古代社会，个别教学是最基本的教学组织形式。16 世纪资本主义生产方式的兴起，大工业生产需要大量的技术工人和管理者，个别教学已不能满足人才的需要，班级授课制应运而生，并一直延续至今，成为现代教学的主要组织形式。但由于它存在着固有的缺点，因此，对它进行改革的各种尝试长期以来一直没有停止过。19 世纪末到 20 世纪初，现代生产和科技的发展对人才的培养规格与质量提出了新的要求，于是，道尔顿制和文纳特卡制等一些适应学生个体差异的新教学组织形式诞生了。20 世纪 50 年代以来，又涌现出了一批当代教学组织形式：分组教学制、开放课堂等。所以，纵观普通教育的教学组织形式演变，大致历经了个别教学—班级授课—多种形式教学的过程。

　　从有文字记载的聋教育史看,聋教育教学组织形式同普通教育一样,也经过了个别教学—班级授课—多种形式教学的过程。

　　18 世纪法国传教士莱佩(Abbé Charles Michel de L'Epée,1712—1789)在巴黎创办了世界上第一所聋人学校,班级授课的集体教学形式成为聋教育的基本形式。

(一)个别教学

　　个别教学是教师一对一或一对几对学生进行个别教学的组织形式。它的基本特征是:教师教学的知识难易、内容方向、教学方式和教学进程因人而异,因内容不同而异,可以很好地照顾每个学生的能力水平和兴趣爱好。但是这种教学组织形式规模小、成本高、教学效率低。

　　在国际聋教育史上,最早也是以个别教学为发端的。16 世纪西班牙人庞塞(Ponce de Leon,Pedro,1520—1584)、卡瑞恩(Manuel Ramirez de Carrion,1579—1652)和波内特(Bonet,Juan Pablo,1560—1620)通过个别教学的方式成功教育了贵族中的聋人,并在教学实践中尝试了书面语、手指语和手势语等不同教学手段。

　　庞塞的聋教育就是从在修道院中对 Velasco 贵族家庭中的两个聋人兄弟(Francisco 和 Pedro de Velasco)的教育开始的。庞塞成功地使这个家族的长子——Francisco 学会了读和写,并最终拥有了继承权。Pedro de Velasco 获得的成绩更能体现庞塞教育的成功,他学习了历史,掌握了西班牙语和拉丁语,并获得批准做了一名神父。卡瑞恩和波内特先后成为警官胡安·维拉斯哥的聋孩子路易斯的家庭教师。1615—1619 年,卡瑞恩一直作为路易斯的家庭教师,为路易斯打下了阅读和书写的基础。波内特沿用了庞塞和卡瑞恩的方法,将西班牙语字母的名称进行简化,摒弃了原有的冗长的名称,而仅根据该字母的发音为其命名,以便于聋人学习阅读。他还详细介绍了发音器官的构造,并系统阐述了口语教学的原则。但无论是发音教学,还是具体的和抽象的单词教学,都依赖手语作为教学媒介。

　　20 世纪 60 年代,美国在倡导"回归主流"教育思想的过程中提出为每一位特殊儿童制订"个别化教育计划"(Individualized Educational Plan,IEP),并以立法形式予以确立,适用于一切有特殊儿童的教育机构和教学组织形式,不论是班级授课、小组教学或个别教学形式。其核心是根据每个学生受教育的现状,确定该生可达到的短期阶段性目标和年度目标,并为该生提供专门的服务。个别化教育虽然不等同于个别教育,但共同点是强调因材施教。采用制订个别化教育计划的方式注重差异教学已成为国际特教界的共识。

(二)资源教室教学

资源教室(resource room)又译"辅导教室",是在特殊学校或普通学校设立的一种专门教室。由具有任职资格的辅导教师在课表规定时间或课后指定的时间内配合被辅导学生所在班的任课教师,对理解、掌握某方面学习内容有困难的特殊学生进行个别指导,使其逐步克服困难,跟上一般的教学进度。所以,资源教室教学也可以认为是实施个别教学的一种方式。

(三)班级授课

班级授课是把年龄大致相当、知识水平相近的一群学生编成一个人数固定、成员固定的班级,教师以班级为单位进行教学,教学方式主要为课堂讲授;教学内容统筹规划,按年度学期分成许多部分,各个部分相对独立又相互联系;教学时间固定,每一课都限定在统一且固定的时间单位内进行,课与课之间有一定的休息时间。班级授课制提高了教学的效率,有利于经济地、大规模地培养学生;但也因为过于强调集中、同步和标准,不利于照顾学生个别差异。

班级授课作为一种基本的教学组织形式,自聋校出现之后也一直沿用至今。但是,各国各地区聋校在实施班级授课制的过程中也出现了一些变体形式。如新中国成立初期,聋校少而聋生多,我国教育部即提出在聋校设适龄班和超龄班,将年龄相近的学生分别编班。20世纪80年代又提出聋校实行分类教学,将重听学生与聋生分别编班。再如成立于1829年的美国俄亥俄州州立聋校也实行着多种类型的分类教学,低年级部有口语结合手语班(类似我国的语训班),"双语"(Bilingual)和"双文化"(Biculture)班;中学部和高中部为各种需要的聋生设立了四种类型的教学班。即①学业班(academic class)。中学部的学业班,即一般教学班,学生学习基础文化课。高中部的学业班则是为准备继续升大学深造的学生开设的。②职业班(vocational class)。这种班设在高中部,对象是准备就业的学生。学生每天有4节上文化课,4节上职业课。③职业劳动计划调整班(occupational work adjustment program class, OWA)。这是在中学部为有多重残疾学生开设的。④目标班(target class)。设在高中部的这种教学班是中学部OWA班的延续。二者的教学对象、教学方法和缺陷矫正手段相同,所不同的是目标班学生参加劳动的内容有所变化。

为适应上述分类教学的需要,俄亥俄州州立聋校教学组织形式自然要多种多样。有固定教学班形式,固定的师生,固定的教室;活动教学班形式,该校高中部(除目标班学生外)没有固定的教室,上每一门文化课时学生按学业水平编成若干个听课组,不同年级但学业水平相近的学生编在一起,任课教师不换教室，但每天要讲几种不同难度的课程内容，学生每上一门课就要换一次教室；固定教学班与工厂相结合的形式，职业劳动计划调整班和目标班的学生在固定教室上文化课，同时每天在指定时间到学校办的工厂（或餐厅）进行劳动。

(四)聋校与普通学校衔接的班级授课

聋校与普通学校衔接的班级授课，是根据聋生的学习能力，有的课程在聋校的班级中上，有的课程到普通学校上。在我国已有一些聋校与普通学校建立了这种合作式的班级授课形式，满足聋校中在普通学校随班就读的聋生的发展需要。在发达国家和地区，这种聋校与普通学校衔接的班级授课形式被称为"部分时间特殊班＋部分时间普通班"教学安置形式。它可以被认为是班级授课制的又一种变式。

(五)分组教学

分组教学是班级课堂教学中的一种形式。按照学生的能力或学习成绩把他们分为水平不同的组进行教学，目的是将班级授课制与个别教学的优点兼收并蓄。分组教学增强了教学的层次性、针对性和实用性，便于根据学生的学习能力或水平差异组织教学，因材施教，有利于适应不同层次学生的学习准备和学习要求。其弊端在于：不同水平学生间的相互交流难以达成，能力强的学生和能力差的学生之间缺少预期的对话及效果。

在特殊教育中，分组教学可有三种形式：①同质编组，即按学生的残疾程度和学习能力将水平相近的学生编为一组。教师在教学中可以安排不同的教学计划和要求，以利于不同水平小组的学生都得到各自的收获，实现集体教学与区别对待相结合。②异质编组，即按不同残疾程度和学习能力把学生编为一组，教师在讲授相同的教学内容时，可使能力强的学生帮助能力弱的学生。③依教学的需要，在一定时间内（如一节课或一个学期）按某一原则（如学生性别、体力和爱好等）把学生分成小组进行教学。

(六)协同教学

协同教学是由两个或两个以上的教师一起计划和实施的教学。美国 Salend（2005）描述了五种不同的协同教学方式：①一人教学/一人协助(one teaching/one helping)，即一名教师对全班进行教学，另一名教师在教室内巡走，观察学生的表现并提供帮助。这种方式发挥了教师专业技能的作用。②平行教学(parallel teaching)，在降低师生比的时候，由两名教师同时分别给两组人数相当的学生讲授相同的内容。③分站式教学(station teaching)，当讲授的内容比较难，且不要求按顺序呈现的时候，两名教师可以同时向两组人数相等的学生呈现不同的内容，然后再交换学生重讲一遍。④主授教学（alternative teaching），当需要对特定的学生进行个别化教学的时候，一名教师面向一组或单个的学生进行教学，同时，另一名教师负责班中其他学生的教学。⑤团队教学（team teaching），两名教师共同制订计划和授课。①

在我国聋校，因受教师编制的限制协同教学还不多见，但在发达国家和地区的聋校这种教学组织形式是经常采用的，并以一人教学／一人协助协同方式为多见。主讲教师面对全班学生，辅导教师的职责是在底下指导学习有困难的聋生完成主讲教师布置的学习任务。与一般教师协同组合不同的是，聋校会有由健听教师与聋人教师构成的协同小组，聋人教师有时是主讲教师，有时是辅导教师。

（七）课外教学

学科课程和活动课程是我国聋校课程的主要类别。课外教学适合于实施活动课程。按照 2007 年 2 月教育部颁布的《聋校义务教育课程设置实验方案》，聋校除晨会、班团队活动、文体活动和心理健康教育等活动外，还有"综合实践活动"，是国家规定的必修课。综合实践活动的课时，可以与学校安排课程的课时结合使用，也可以单独使用；既可以分散安排，也可以集中安排。显然，晨会、班团队活动、文体活动、心理健康教育活动和综合实践活动中有些内容会采取课外教学的方式进行。

（八）复式教学

复式教学是把两个或两个以上年级的学生编在一个班里，由一位教师在同一节课里分别对不同年级的学生，用不同程度的教学材料，采取直接教学和自动作业交替的办法进行教学。目前，在我国经济、文化和教育相对落后的偏远地区的聋生特殊班中，因生员少或师资不足、教学设备匮乏的原因，还能见到这种教学组织形式。这种教学组织形式对于教师的要求会很高。

第二节 聋校教学组织形式选择的依据

一、教学组织形式选择的客观依据

教学组织形式的选择首先受诸多客观因素的制约，由于它们的存在，学校或教师必须实事求是、因地制宜地对教学组织形式作比较和抉择，否则难以顺

---

① William L. Heward. 特殊需要儿童教育导论[M]. 肖非，等译. 北京：中国轻工业出版社，2007：58.

利地开展教学活动，或者影响教学效果。

(一)师生人数依据

教学组织形式是教学过程中教师和学生的搭配在一定程度上定型化了的持续模式。若学校的学生人数较少，师资比较充裕，教学组织便可以小型化，更多地采用个别教学的形式。反之，生数众多，师资又比较缺乏，就得更多地采用集体教学的形式。

新中国成立以来，我国教育实行的是集权化的管理体制，因此，聋校教师的编制额、学生班额的多少，一直由教育部或地方教育行政部门掌管或规定。关于聋校教师的编制额，因为地区差异太大，从管理上由地方政府部门决定。1957年4月教育部曾建议"盲童学校和聋哑学校配备教师的比例应比普通小学稍为高一些"。2009年5月7日国务院办公厅批转的教育部、发展改革委员会、民政部、财政部、人力资源和社会保障部、卫生部、中央编办和中国残联《关于进一步加快特殊教育事业发展的意见》中提出："省级有关部门要根据特殊教育学校学生少、班额小、寄宿生多和教师需求量大的特点，合理确定特殊教育学校教职工编制并保障落实。"

关于学生班额，1953年7月27日教育部给西安市文教局的复函中首次提出"哑校可每班12人至18人(进行发音教学的班级，人数不宜太多)"。1957年4月教育部关于《办好盲童学校、聋哑学校的几点指示》中再次明确"聋哑学校口语教学班的学生名额以12人为宜；手势教学班以15人为宜。这两种学校超龄生的编班人数也可和适龄班相同"。从此，12人左右成为我国聋校班额的基本依据。"文化大革命"结束后，在1984年教育部《全日制八年制聋哑学校(征求意见稿)》教学计划、1993年教育部《全日制聋校课程计划(试行)》中都重申了班额12人或12~14人的规定。所以，包括聋校在内的特殊教育学校是一种小班额，比较便于进行班级授课、分组教学。

(二)教学空间依据

班级规模的大小、教学活动的安排与学校教学用建筑面积息息相关。学校的教学用建筑面积越充裕，那么在生源接近的学校中，人均可占有的单位教学物质空间越大，实现小班化、多样化教学的可能性也就越大。反之，难免会出现教学组织形式千篇一律的状况。

例如，我国聋校因为班额限制在16人以下，因此，普通教室面积国家规定在54平方米，按最高班额14人计，人均约4平方米。这样的面积只能满足一般教学活动的需要。美国聋校的教室面积约比我们的教室大一半，学生数又要比我们少，因此，教室里除了摆放课桌椅外，还可以布置一些活动角。这样教师可以根据教学需要随时转换教学组织形式，包括班级授课、小组活动、个别教学和活动教学等。

(三)教学内容依据

内容决定形式,形式为内容服务。教学内容的不同性质和教学目的对于教学组织形式有着不同的要求。有的课程偏重于认知发展的课程,有的偏重于技能操练;有的偏重于理论性认知,有的则重在事实性认知。研究认为,一些学习水平容易拉开差距的课程,如数学课、理科课,宜采用同质编班的教学组织进行,以利于使学生的学业进度基本一致,因为学生之间差异小,宜于集体教学;而文科类课程,如语文、品德与社会和历史等课程,在异质编班的教学组织中(如我国聋校现行的班级制)进行,可利于学生不同观点的交流,提高社会适应能力。而像偏重于技能操练性的课程,如体育、艺术课,宜采用集体授课与分组学习相结合的教学方式。

二、教学组织形式选择的主观依据

教学组织形式是由人掌握的。学校采用什么样的教学组织形式,主要的并非客观因素使然,而是受一定的主观因素影响。主观因素的影响表现在对多种可以采用的(客观条件大致允许的)教学组织形式进行抉择,也表现在按照一定的目的对原有的教学组织形式进行整合、改造和创新。

(一)人本主义的教育思想

选择什么样的教学组织形式,最主要的是要以学生为本,从学生发展出发来考虑。《国家中长期教育改革和发展规划纲要》(2010—2020年)指出:"要以学生为主体,以教师为主导,充分发挥学生的主动性,把促进学生健康成长作为学校一切工作的出发点和落脚点。关心每个学生,促进每个学生主动地、生动活泼地发展,尊重教育规律和学生身心发展规律,为每个学生提供适合的教育。""特殊教育是促进残疾人全面发展、帮助残疾人更好地融入社会的基本途径。……提高残疾学生的综合素质。注重潜能开发和缺陷补偿,培养残疾学生积极面对人生、全面融入社会的意识和自尊、自信、自立、自强的精神。加强残疾学生职业技能和就业能力培养。"

作为美国现代聋校教育的缩影之一,前面提到的美国俄亥俄州州立聋校实行的多种分类教学的组织形式具有借鉴意义。该校从不同教学语言使用、学生语言发展的角度,学生的学习水平和未来出路取向的角度,构成了各种类型的教学班级。其编班的最核心的因素是尊重学生的差异和毕业后多样化的出路选择。像职业班的教学种类有汽车驾驶、计算机、办公文件打印、车辆维修、糕点制作、餐饮服务、泥石工和印刷等。除汽车驾驶和计算机属于必修外,其他则由学生根据自己的爱好来选修。为有多重残疾聋生开设的职业劳动计划调整班讲授非常简单的文化知识和生活常识，并安排学生每天参加 4 课时的职业性劳动，如清扫餐厅、将博物馆说明书装入口袋等，学校按出勤时数支付一定报酬。同时对学生进行行为矫正、药物治疗和职业治疗。那种学生没有固定教室，上每一门文化课采用不同年级但学业水平相近的学生可以编在一起的活动教学班形式，即使是班级授课教师仍然根据给每一位聋生制订的个别教育计划分别布置难易程度不同的课堂练习和家庭作业的方式，最能体现因材施教的人本教学思想。

(二)教师的经验和教育视野

特殊儿童的异质性相对更为突出，随时调整教学组织方式和教学方法是特殊教育教师必须具备的能力和素质。运用某种教学组织形式以后，看到其优越性而继续坚持，感觉不合适而调整应该是聋校各科教学和活动教学常有的事。也有可能在采用一种新的教学组织形式之初，对其优点看得多一点，缺陷考虑不足，后来觉察到其弊端，回想起曾采用或出现过的其他教学组织形式之长处，于是从中提取一定的成分，加以改造利用。

因此，选择和调整教学组织需要教师善于学习、自我总结和借鉴他人的经验，教育视野比较开阔，总有一种不满足感，追求卓越的信念。反之，总满足于现有教学组织形式，不思改进，往往就容易习惯按老经验办，抱残守缺。

第三节 聋校教室座位的排列

座位排列形式和学生座位安置可以说是教学组织形式的一种物化载体。对师生之间、生生之间信息交流的效果，以及对学生的学习态度、教学活动参与度和学习效果都会产生影响。聋校课堂的座位排列形式和学生座位安置有着与普通教育相同相似的地方，同时也有自身的特殊性要求。

一、"秧田式"(行列式)座位排列

最传统、最常见的就是"秧田式"的座位排列方式。这种座位排列方式，讲台、黑板在前，标明教师在课堂中的常在位置；学生座位排列成直行，类似于"秧田"，行行列列都面向教师。这种座位排列能在有限的课堂空间内容纳较多学生，适用于班级人数多的情况。这种座位排列，教师成为学生注意力聚焦的中心，教师与学生之间的单向沟通比较便利，有助于教师观察和掌控课堂，减少学生之间的相互干扰。其弊端是，教学过程中不利于教师关注学生个体的具体学习情况，坐在后排的学生容易被忽视。在聋校它不利于学生之间的信息交流，后面的学生看不到前面学生的表达，前面的学生也必须转过身才能看到后面学生的表达。因此，这种座位排列不完全适合聋生的认知特点。尽管如此，在聋校专用教室中仍不能完全取消它。

二、圆弧形座位排列

根据聋校教学的特点，以面向黑板的圆弧形座位排列为首选形式，使教师和学生每个人都能彼此看到口形和手势。师生之间、生生之间的互动与对话交流更为简便易行。为此，我国建设部、教育部 2003 年 12 月 18 日发布的《特殊教育学校建设设计规范》中专门规定"聋学校单人课桌平面应为梯形，其尺寸宜为上宽 0.50～0.55m，下宽 0.60m，深度 0.42m"。梯形课桌可以连接排列，也可分开排列中间留空便于进出。

圆弧形座位排列的不足之处是：教师对学生的控制相对减弱，由于学生之间的信息交流空间较大、对话机会增多，所以在学习的专心程度上会受到一定的影响。

三、马蹄形座位排列

在不都是梯形课桌的情况下，一般长方形的课桌也可以排列成"U"字形，教师处于"U"形缺口的对面，起到与圆弧形座位排列的相似效果。紧邻教师而坐的两侧学生，处在教师视线的余光范围内，或容易被重视或容易被忽视，而且由于空间位置距离教师太近，心理上可能会有紧张感；坐在"U"形底部的学生正好处在教师的对面，教师容易多关注。但是，由于聋生每班人数少，这些问题不突出。

四、模块式座位排列

模块式座位排列的样子就多了，可以桌子对拼在一起；学生面对面相坐，也可以桌子摆成几个半圆形，供分组活动或个别学习。这种座位排列使每个学生几乎都有自己的活动空间，座位与座位之间存在着便于走动的过道，学生行动起来很方便又不至于互相干扰。

思考题

1. 教学组织形式分类的角度有哪些？
2. 聋校教学组织形式主要有哪些？
3. 选择教学组织形式的依据主要是什么？
4. 聋校课桌排列有什么特殊要求？

第十五章 聋校的教学管理

教学是学校的中心工作，涉及教师、学生及其教学的各个环节。有了这项中心工作，教学管理便成为学校管理中的一个极为重要的部分。

第一节 聋校教学管理的基本概念与内容

一、教学管理的基本概念

对教学管理的含义，胡永新编著的《现代中小学教学管理》界定为："是对教学系统、教学过程进行特殊的管理活动，是学校领导者和教学管理人员依据教育方针、教学计划和课程标准的要求，为完成教学目标任务，提高教学质量与水平，运用现代管理的理论、原则和方法，通过组织、实施、指挥、指导、协调、控制和反馈等一系列管理手段，科学地整合学校教学系统中的人力、财力、物力、时间和信息等各种因素，以推动学校教学工作正常、有序、高效运转的各项活动的总和。"[①]庄传超主编的《学校管理基础》描述为："教学管理是指学校管理者根据教育方针、教学大纲等的要求，运用现代科学管理理论、方法和原则，通过计划、组织、检查和总结等管理环节，对教学的各个方面、各个要素和各个环节进行合理组合，合理调配学校内部的各种教学资源，推动学校教学工作正常地、高效地运转，以求实现教学目标的活动。"[②]

参照上述学者的定义，聋校的教学管理可以这样界定：聋校的教学管理是依据国家的教育方针和有关法律法规，依据《特殊教育学校暂行规程》《聋校义务教育课程设置实验方案》的规定和要求，结合本地区特殊教育发展的实际水平拟定学校的教学标准、设定教学目标，运用科学适当的管理方法，对教学工作的各个环节、各个方面和各个要素实施有效、合理的组织、指导、监督、调控、检查、总结和反馈等管理，以推动全校教学工作能够步调一致地、高效高

---

① 胡永新. 现代中小学教学管理[M]. 长春：东北师范大学出版社，2009：1～2.
② 庄传超. 学校管理基础[M]. 武汉：华中科技大学出版社，2004：155.

质地实现教学目标。

应该说，聋校的教学管理不仅是学校教学工作优质高效、顺利开展的基本途径与基本保障，从某种程度上也掌控着学校教学工作的目标与方向。

二、聋校教学管理的基本内容

聋校教学管理包括教学过程管理、教师管理、课程管理、制度管理、资源管理和随班就读工作管理等多个层面。其中，课程管理是新一轮课程改革赋予学校教学管理的新任务、新内容。

(一)教学过程管理

教学过程管理包括教学目标的设置、教学计划的制订、教学工作的实施和教学工作的评价等。

1. 教学目标的设置

教学目标的设置是聋校教学管理的一项基本内容。教学目标引导着聋校教学工作方向，每一所聋校都有自己的宏观的、整体的教学目标，也有各学科、各级段的教学目标。而这个目标是需要依据国家的教育方针、结合本地本校实际情况确定的，同时又应与本校的课程调协、教材选用相配套。

在教学目标设置的过程中，教学管理干部需要认真分析国家教育方针及相关规程，认真分析本地的经济文化发展情况、人才市场需求情况，还要结合学校整体办学思想与发展规划来设置学校的教学目标。任课教师也必须遵循学校的办学思想与发展目标来制定级段与学科的教学目标。

多层次、多角度的分析研究是教学目标设置的前提。而科学、合理的教学目标则是实现聋校高质、高效发展的基础。

2. 教学计划的制订

教学计划通常有两个层面：一是聋校管理者制订的学校教学计划，二是教师制订的学科教学计划。学校教学计划分为长期和短期两种类型。

长期的教学计划是学校未来几年教学发展的思路、目标、愿景和措施的整体设计，是学校整体发展规划的一个组成部分。短期的教学计划通常是以学年、学期为周期的具体的工作计划，是学校工作计划之下的部门工作计划。学年(学期)教学计划通常包括工作目标、指导思想、具体工作及措施和日程安排等方面的内容。

教师的学科教学计划是以学期为周期进行计划，包括学科教学目标、教学内容、教材分析、学生情况分析、具体措施、聋生听力语言补偿措施和教学进度安排等。

3. 教学工作的实施

教学工作的实施是教学管理的主要内容。教学工作的实施分为两个层面：一是教师层面的学科教学工作的实施，二是学校层面的全校教学工作的实施。

教师层面的学科教学工作的实施主要包括备课、上课、作业、课外辅导、测试考核和总结等教学工作，由教师独立完成。学校层面教学工作的实施主要是通过部署、指导、督促、检查和评价等管理手段对教师的教学工作进行监控，包括对各年级、各学科教学计划制订和落实过程进行检查与监督，对教师教案进行抽查、检查，组织听课评课，对学生作业及批改情况进行抽查，组织进行期中和期末考试，学期总结等。

4. 教学工作的评估

教学工作评估是一项系统工程，现代学校教育发展越来越重视教学评估。教学评估是学校教学不可缺少的环节，也是教学管理活动的重要内容。

(二)教师管理

1. 聋校教师的专业培训管理

现代教育理念认为，一个教师不仅仅是知识的传授者，更应是学生全面发展的促进者。教师必须在实践中学习，不断对自己的教育教学进行研究、反思，对自己的知识与经验进行重组，才能不断适应新的变革。开展教师专业培训，促进教师专业发展，成为教育发展的需要、教师个人发展的需要。聋校可以组织多层次、多形式的教师培训，如专家讲座、专家实践指导、校内同伴研讨交流、校际同行观摩学习、团队主题研修、个人自学和教学比赛等，这些都是适合于聋校教师的培训方式。

2. 聋校教师的教科研工作管理

教科研管理包括教学研究与教育科研两个方面。

聋校的教学研究通常以学科教研组或以年级组为单位组织开展。各教研组、年级组通过有计划、有组织的日常交流、听课评课和专题讨论等方式开展业务学习。在这个过程中，学校教学管理者通过指导与服务等方式进行管理。

教育科研工作则以课题研究为载体，通过组织、指导老师开展各级各类课题研究，不断提高教师的研究能力与教学水平。有些聋校设有专门的教科研室进行教育科研管理，有些聋校则由教学管理部门兼职负责。

3. 教师业务档案管理

教师业务档案包括教师各年度的任职情况、日常教学过程与成果资料以及教研科研成果资料等，是教师从事聋校教学工作的过程与成果的记录资料。通常由教学管理部门负责创建、整理和保管。

(三)制度管理

聋校教学的制度管理包括：教学制度的建设和教学制度的落实。

教学制度的建设，是学校为保障教学工作的有序进行，在遵循聋校教学规律与教学工作要求的基础上建章立制的过程。有效的管理应从制度建设开始。许多聋校都有一套教学管理制度，如《聋校课堂教学常规》等。

教学制度的落实，是各项教学管理制度真正得到执行的管理过程。这个过程需要教学管理人员运用一系列管理手段进行督促、检查和评估，以确保各项制度得到真正的执行。这是制度管理的重要环节，否则制度只能停留于书本的文字，而无助于教学工作的规范运行。各聋校的管理手段各有不同，但通常的听课检查、日常巡查以及教案与作业抽查等都是各校常用的检查评估手段，以强化教学制度的落实。

(四)教学资源管理

教学资源包括教学工作的人、财、物等各方面的资源。高效的教学资源管理应做到人尽其才、物尽其用。

教学资源管理首先是人力资源的管理。管理者要对教师的特点进行科学的诊断与分析，科学、合理地调配人力资源，在教学岗位安排、工作任务分配等方面做到用人所长，才能最大限度地发挥校内人力资源的作用。

其次是对教学设施与设备的管理，如各类实验室管理、听力语言康复专业设备的管理、各类多媒体设备和各类专业教学设备等，一方面要做到加强维护，保证安全使用；另一方面要避免浪费，充分利用，最大限度地发挥其服务教学的效能。

教学资料的管理，也是教学资源管理的重要部分。如图书资料、光盘资料和教学档案等都是服务于教学的重要资源，做好各类资料的整理、保管、归档和使用，有助于教学工作的顺利开展。

(五)随班就读工作管理

随班就读是指特殊儿童在普通教育机构中和普通儿童一起接受教育的一种形式。1994年原国家教委颁布的《关于开展残疾儿童少年随班就读工作的试行办法》第29条规定："省、市(地)及有条件的县级教育行政部门要充分发挥教研、科研部门的作用，配备专职或兼职特教教研、科研人员，组成由教育行政管理人员、教研人员、科研人员、特殊教育学校和普通学校教师参加的研究队伍，积极开展残疾儿童少年随班就读的教育教学研究工作，不断提高教育教学质量。应当充分发挥特殊教育学校在教学研究、师资培训和提供资料、咨询及残疾儿童少年测查等方面的作用，做好残疾儿童少年随班就读的教育教学指导工作。"

作为聋校，有义务有责任做好支持本区域内的随班就读工作的内部管理工作。聋校应安排专职人员从事以下随班就读的指导工作：对各随班就读聋生的听力语言康复技术、对随班就读学校的教师与课堂教学、对随班就读学校资源教室建设提供有目标、有计划、有组织的专业知识与技术上的支持。

第二节 聋校教师工作流程及其管理

一、开学阶段教师工作流程及其管理

开学阶段通常是指每学期的开学第一周之内。在此阶段，教师应完成如下工作。

(一)提交两周教案备查

两周教案是指教师按照本人的教学岗位及课时安排进行备课所撰写的第一周、第二周教案。两周的备课任务应该在开学之前的假期中完成。开学阶段须提交教学管理部门进行检查。

(二)编写学期教学计划

教师应按学校工作校历及学校教学工作计划，制订本岗位的学期教学计划，并按时上交教学处备案。

教学计划内容包括如下方面。

①使用教材说明及总体分析，如教材版本、教材特点和教材重难点等。

②对学生情况的基本分析，如学生的听力损失与语言发展情况、学生的思维与心理特点、学生的学业情况与学习能力情况等。

③本学期的教学目的、任务和进度。

④改进教学工作，提高教学质量的措施。如提高学生学习能力与学业水平的方法，促进学生听力语言发展的措施等。

⑤外出教学计划，由于聋生获取信息的途径较少，知识背景不足，知识面过窄，有时课堂教学不能让学生更准确、更全面地理解知识、提高能力，因此外出教学是一个提高教学质量的途径和办法。而外出教学计划须列入学期教学计划中，以便备案并提前做好准备。外出教学计划包括：时间、地点、教学目的、教学内容、组织方式和参与人员等。

　　教师在制订教学计划时，要研究并明确课程标准与教学目标，深入分析教材，认真分析学生情况。做到分析情况具体，目的任务明确，重点难点突出，措施切实可行。

二、教学阶段教师工作流程及其管理

（一）备课

　　在日常的教学工作中，教师必须准备两周的备课量。这项工作的检验标准是：是否提前完成了两周的书面教案。根据学校的教育信息化发展水平，教案可是电子版，也可是手写版。

　　教案主要内容是：备课要备教材、备学生、备目标、备过程、备教法、备学法、备教具、备教学语言以及备现代化教学手段的运用等。

　　备教材，包括反复研究教材，收集相关教学资料，并结合学生情况分析教材与教学资料。

　　备学生，包括学生的知识与能力水平、智力与思维水平、学业水平与学习能力以及个性特点与学习习惯等。

　　备目标，是指教学目标的设定。教学目标要适应于教学内容，要符合学生实际，教学目标的设定包括：知识培养目标、能力培养目标、态度情感价值观的培养目标以及学生缺陷补偿目标。还要根据教学目标，确定教学重点与教学难点。

　　备过程，是指对课堂教学全过程的设计。课堂教学有多种课型，如新授课、复习课、讲评课和练习课等。一节新授课，通常包括：复习旧知、新课引入、新课教授、巩固练习、检测反馈和总结回顾等环节。其他课型，则需根据不同级段、不同学科有多种不同的过程设计，在此不一一赘述。

　　备教法，是指教师在分析教材、分析学生的基础上选择适当的教学方法的过程。

　　备学法，是指教师根据教学内容、学生特点及教师本人学习经验，设计并指导学生用来学习新知识的方法。教师在备课时应注意对学生学习方法的设计。

　　备教具，是指教师应设计、准备或制作直观的、可操作的教学用具，用以促进聋生掌握新知识。如生物课的实物模型、数学的几何体教具等都是有助于学生学习的教具。

　　备教学语言，在聋校课堂上，教学语言作为交流工具是一项非常重要的教师基本功。使用哪种语言形式？手语、口语、体态语、书面语？是通过直接交流，板书展示，还是通过多媒体展示？这都直接影响着聋生对学习内容的感知。

备现代化教学手段的运用，现代化教学手段的运用关键在于是否科学，即是否有助于解决聋生学习障碍问题，是否有助于解决教学重点与难点问题，是否有助于提高教学效率与效果等。

(二)上课

教师要认真上好每一节课，首先应该满足以下基本要求。

①教师要在预备铃响后两分钟到达授课教室，做好课前准备，包括：教室环境准备、教学设备与教具的准备及检查和督促学生做好上课准备等。

②教师要按时上课，并按照课前备课的预设计划，实施课堂教学。在教学中，既教书又育人，对学生既要严格管理，又要循循善诱，培养学生良好的学习习惯，规范课堂常规。同时，教师要灵活处理课堂上临时出现的情况；对于教学中临时生成的、不同于教师预设的教学结果，要灵活处理并加以运用，促进学生的学习。

③要以学生为本，不断根据学生的特点调整和改进教学方法，反对注入式和满堂灌，倡导学生自主学习。

④教师语言要准确规范，教态要和蔼亲切，板书工整清楚，行为举止文明。

⑤教师要合理安排授课时间，按计划授课，不得拖堂。

⑥课后认真做好课后小结。

(三)作业与辅导

①应根据教学目标、教材要求和学生的实际情况科学合理地布置作业。

②对学生的作业要有明确的要求，难易适度，必要时给予适当的辅导。

③教师要及时认真地批改作业，对有问题的作业要进行面批，要适时地在班里对作业情况进行讲评。

④对学生要严格要求，对不完成作业和拖拉作业的现象要进行指导和教育，督促学生按时、按要求完成作业。

(四)阶段测试

①复习考试是检查教学效果的重要手段，可根据课改精神不断改进考试形式与方法，全面评价学生，强调过程性评价与终结性评价相结合。

②要抓好平时的复习巩固与检查，可通过课堂提问、课前测验对学生的学习效果进行检测并做好记载。

③抓好阶段性的复习与检测。通过单元复习与测验，进行阶段复习巩固与

检测。

(五)听课评课

①听课是重要的教学研究活动。通过互相听课达到互相学习、互相研究、自我完善、自我调整、共同提高的目的。

②各个聋校通常会规定每位任课教师每学期听课必须达到一定数量。

③听课过程中要认真做好听课记录，并及时与被听课人交换意见。有些聋校还会在听课评课过程中提出更多要求，以促进教师之间的学习与交流。如有些聋校要求教师听课后要撰写"听课小议"，有些聋校要求被听课人在被听课后撰写"课后反思"。

(六)学习与进修

学习进修与继续教育是教师必不可少的学习任务。学校要安排教师参加上级主管部门举办的教材教法进修学习和教师继续教育学习，并完成相应学分；参加特殊教育学会组织的培训学习活动，以及学校自己组织的教研与校本培训。

提倡教师平时根据自己的学科、教学情况阅读一些有关书籍和文章，了解教学的前沿信息，了解课程改革的进程，不断用新的教学理念指导自己的教学实践活动。

三、期末阶段教师工作流程及其管理

(一)期末考试

根据课程改革的新要求，义务教育小学阶段不进行期中考试，期中阶段只进行一次考评，学期末统一进行期末考试。而中学阶段要求每学期进行期中考试和期末考试。

考试环节的管理有如下 5 点。

①命题，要结合学科教学目标与学生实际情况，注意试卷的难易度与区分度、考试时间与题量安排，以及题型的多样化。

②监考，考试时教师要按时间规定到达考场，监督学生按考试纪律和要求完成考试。

③阅卷，阅卷可由任课教师独立进行，也可由学科组教师共同进行。

④成绩评定，可以将平时成绩、期中考试成绩和期末考试成绩按一定比例（如 20％、30％、50％）统计学年成绩。加强过程性评价。

⑤试卷分析，依据试卷全面分析学生的掌握情况并进行教学总结反思，包

括：学生学业水平分析、教学质量情况分析、命题情况分析、反思教学工作情况以及提出改进措施。

（二）期末、学年总结

每学期或学年结束时，每位教师应对全学期或全学年教学工作进行全面的反思与总结，撰写教学总结、工作总结、教学案例分析和论文等，从教学实践反思提升到理论的理性思考，总结提炼一个学期或学年的教学实践与研究成果。具体形式由学校或教师自己选择。

第三节　聋校教学管理的一些工作

一、课程表的编排

课程表是学校实施教学活动的调度表，是教学秩序正常、稳定的基本保证，也是教学运行管理的重要手段。编排课程表确定各班上课的课程、时间、地点和顺序，需要体现课程安排的科学性、均衡性和严肃性。课程表包括班级课程表和任课教师个人课程表。

（一）课程表的编排依据

根据课程大纲和学校教学计划，合理确定各班课程、任课教师及周课时数后，由学校教务处依照计划统一编排新学期课程表。

（二）课程表的编排原则

以学生为本，强化教学质量意识，优化教学资源配置，稳定正常教学秩序。

（三）课程表的编排程序

①教务处在开学前将全校各班课程表及教师个人课程表编排并下发。

②开学后一周试行课程表，采纳任课教师合理建议，完善课程编排。

③确定课程编排后，应保持相对稳定。若无特殊情况，一般不对课程表进行调整。

（四）课程表的编排要求

第一，根据各门课程的性质和特征安排课程的授课时间和顺序，不同性质的课程交叉安排。

根据学科特点，将记忆学科与逻辑思维学科交错分布。通常，文科类的大多属记忆性质的学科，其内容需要学生阅读、朗读和背诵等，而理科类的多属逻辑思维学科，其内容需要学生理解、操作和训练等，如果课程表将文科或理科类学科过于集中安排在一起，学生单一模式学习时间过长，学生大脑容易疲劳，感到乏味，影响学生的学习效率，降低课堂教学的有效性，所以在编排课程表时，将文理科交错分布，有利于学生调节思维，更换思路，大脑皮层能长时间处于兴奋状态，学生能够积极思考，减少课堂无效性，提高课堂效率。

同一学科的课时安排要分散，适当拉开时间距离，比较均匀地排列。一般一天之内同一班级同一门课程上课时间不得超过 3 节课(专业课除外)。如《聋校义务教育课程设置实验方案》规定初中数学课每周上课时数为 5 课时，最好是每天安排 1 节数学课，而有些科目课时数较少，如思想品德、历史、生物和地理等学科每周两课时，在编排课程表过程中要注意既不能间隔时间太短，也不能间隔时间太长。专业课根据内容和年级段编排要有所区别，如高中美术课，通常至少需要 3 节连排；而小学计算机课因学生注意力易分散的特点，最好不要两节连排。

自习课和体育课一般不安排在上午 1、2 节。

第二，充分考虑场地、教具、教学仪器和其他设备的影响因素。

有的课程需使用理化生实验室、语训室和操场等场地，这些场地容纳上课班级数量有限，安排相关课程时必须将各班错开，不能超过最高班额限制。

各班同一学期上课的教学场所尽可能相对集中，以减少学生在不同教室间的流动，如各班美术课所用画室、计算机课所用机房等尽量固定。

根据学科教学特点和班级人数，部分课程如同年级体育、计算机理论基础等可考虑两个班合班上课。

第三，要综合考虑任课教师的身心特点。

每个人精力有限，排课时应将课时错开，给老师留下中间休息的时间。同一教师连续上课一般不宜超过 4 节(专业课除外)。

合理分摊上课效果较差的课堂。在日常课堂教学实际中，任何课程表的编排都不可能做到人人都完全满意。有些课的效果因时间关系而显得较差，如上午最后一节课，学生惦记吃饭或回家，心理难以安定下来，注意力不能高度集中；春夏季节下午第一节课因生理原因，大部分学生恹恹欲睡，影响这些时段的课堂效率，大多数文化课教师不愿意上这个时段的课。编排课程表时必须综合考虑教师及学科情况分配这样的课，尽量减少因上课效果差的课堂分摊不均而影响教师上课的负面影响。

第四，尽量兼顾学校活动、教师进修及互相听课等需要。

编排课表时要把班主任的班会、各科教师的集中进修等时间预留出来。同备课组教师的相互听课、指导青年教师时的师徒互相听课等，编排课表时也要尽可能照顾。

第五，未经主管领导批准，任何班级或个人不得以活动、会议等其他理由擅自停课或随意变动课表。教师因故（公务、病假和事假等）不能按课表上课需申请调课或代课，由教务处审核通过后合理安排。

二、教师专业培训

所谓教师专业培训，是指根据专任教师岗位教育教学和科研工作需要而进行的各类进修、研讨、专题讲座、单科培训和校内外交流等，以及教师为增加、扩充专业理论知识而进行的学历学位培训等，是为专任教师更好地履行岗位职责而进行的继续教育。

1999 年 9 月，我国教育部颁布的《中小学教师继续教育规定》指出："参加继续教育是中小学教师的权利和义务""中小学教师继续教育原则上每五年为一个培训周期"。这表明我国教师专业培训已经走上制度化道路。

（一）教师专业培训的对象与层次

教师的专业培训按层次可分为入职培训、基本功培训和提升培训三种。

入职培训通常安排在新教师入校工作第一周进行。培训内容包括聋校的基本情况与特点、聋校课堂教学的基本情况、聋校老师教学工作的基本流程、聋校课堂教学常规、聋生生理与心理基本特点和手语培训学习等。

教学基本功培训。老师是一个专业性很强的职业，必须具备一定的专业基本功。聋校教师更是如此。聋校教师的基本功培训应该包括：深刻认识聋校教学本质的能力、了解和分析聋生的身心特点能力、收集和分析教材与教学资源的能力、合理设定目标与制订计划的能力、通过各种语言形式（口语、手语、书面语和体态语）与聋生深入交流的能力、课堂教学的设计与组织能力以及科学使用各种教学媒介的能力（板书设计与书写、课件制作与使用和教具的选用与使用等）等。聋校教师基本功的培训主要在入职工作的前 3 年。

能力提升培训。这是青年教师逐步走向成熟后所进行的专业化培训，提升培训覆盖面广，涉及教学工作的各个方面、各个细节。通过培训，不断引导青年教师深入研究，把握聋校教学规律，逐步走向成熟并形成个人的教学风格。

（二）教师专业培训的形式与方法

根据培训组织者不同，教师专业培训可分为集中培训、校本培训和自主研修三种。

1. 外注式集中培训

指由教育行政部门所辖的业务部门或委托师范院校等机构组织的培训，如区县各级业务部门定期组织的新教师培训、学科进修和骨干培训班等，聋校教师还应参加各地特教中心组织的聋校课程与理论等专业培训。

集中培训在整合地区优秀教科研资源方面具有明显优势，具有政策性、科学性和指导性，如各地教师进修学校每学期定期组织教研员进行学科教材教法的培训。不足之处是，此类培训虽然能充分体现国家或地区教育行政部门以及学校对教师的角色规范、要求和期望，能保证课时，却无法涵盖培训对象的内在需求，有一定局限性。

学校一方面要积极将教师的内在需求及时反馈给教育行政部门；另一方面要做好集中培训的组织工作，对培训方式、人员地点、时间安排和培训效果等全面检测评估，加强培训的影响力和约束力。

2. 互动式校本培训

互动式校本培训是指由学校策划和组织实施的面向全体教师的继续教育活动，是介于集中培训与自主研修之间的一种培训方式，如开展灵活多样的教研活动、请专家进校专题讲座、制定公开课听评课制度、建立师带徒工作机制和组织校际交流与观摩等。

与集中培训相比，校本培训的成本要低一些，地点要灵活一些，培训方式及主题等可根据本校实际及教师自身专业发展需求而定，因此带有内生性、补偿性、针对性和提高性，也增强了教师参与的积极性。聋校教师参加当地教育行政部门对所有教师组织的集中培训，能解决通识教育和理论教育的问题，但因教学对象的差异性，缺乏针对性和可操作性，老师们能"齐步走"，却往往"吃不饱"。因此，在聋校开展校本培训不仅是社会趋势、时代要求，也是聋校教学特殊性的内在需求。校本培训把学校看成一个名副其实的学习型组织，学校开展校本培训，要更新观念，突破传统的教师培训观念，结合校情探索更灵活、更具实效的培训方式，以促进教师全员和当前发展为培训目标，以重点解决教师存在的问题为培训内容，并把培训质量的评估纳入到本校考核体系中。

3. 内需式自主研修

内需式自主研修是指教师在学校规定的学习任务以外，根据自身的情况和需要自主增加的学习内容，如自学理论著作、业余参加学历学位培训等。

自主研修往往是教师在教育教学实践中遇到问题后自发开展的研修，其优点是完全基于个人内在需求而产生，充分体现教师的研究意识，有利于自主研究能力的发展和提高。不足之处是，此种研修效果完全取决于教师个人的素质与能力，具有不确定性。为此，学校应积极营造研修氛围，激发教师树立终身学习意识；还要提出自修要求和规划，引导教师努力钻研，多引导、多鼓励，这样可以更有效地调动教师自主研修的积极性，促进学校教师专业发展良性循环。

总之，学校应立足本校实际，探索教师专业发展的基本规律，形成教师专业培训的有效体系，推动本校教师专业化发展进程，打造过硬的高素质的教师队伍，这既是教师工作和发展的需要，也是学校生存和发展的需要。

三、地方课程与校本课程

2001 年教育部颁布的《国家基础教育课程改革纲要》明确规定：我国的基础教育课程实行国家、地方和学校三级管理体系。《国务院关于基础教育改革与发展的决定》对三级课程管理体制的表述更加具体。

国家制定中小学课程发展总体规划，确定国家课程门类和课时，制定国家课程标准，宏观指导中小学课程实施。在保证实施国家课程的基础上，鼓励地方开发适应本地区的地方课程，学校可开发或选用适合本校特点的课程。探索课程持续发展的机制，组织专家、学者和经验丰富的中小学教师参与基础教育课程改革。

(一)地方课程

地方课程又称地方本位课程，是指地方各级教育主管部门根据国家课程政策，以国家课程标准为基础，在一定的教育思想和课程观念的指导下，根据地方经济、政治和文化的发展水平及其对人才的特殊要求，充分利用地方课程资源而设计、开发和实施的课程。因此，地方课程是不同地方对国家课程的补充，反映地方对学生素质发展的基本要求，而且课程设计也必须与本地学生的现实生活发生多方面的、多层次的联系。

作为三级课程中的中间一级课程，地方课程具有承上启下的作用。一方面，地方课程是对国家课程目标在特定条件下的具体化，是对国家课程的补充；另一方面，地方课程是研制学校课程或校本课程的重要依据，校本课程不能完全脱离地方课程资源和社区发展实际来体现学校特色，它需要将地方课程具体化。如北京海淀区开发的"海淀地理"、上海崇明县开发的"科技与农业"，以及浙江省开发的"人·自然·社会"等课程，都带有鲜明的地域色彩。

(二)校本课程

校本课程是由学校的教师根据国家制定的教育目的，在分析本校外环境和内环境的基础上，为本校、本年级或本班级特定的学生群体编制、实施和评价的课程。

聋校尤其要重视校本课程的开发，好学校必须拥有好课程。聋生因生理缺陷，全盘照搬普通学校的课程有些是不合适的。例如，在实际学习中，一些聋生的学业成就平均要比同龄健听学生低；聋生数学学科的学习成绩一般好于语文学科，但如遇到文字表述类应用题仍有一定困难。

1993 年原国家教委颁发的《全日制聋校课程计划（试行）》就曾提出聋校思想品德、语文、自然常识和理科等学科"要在本学科总课时中留出适量的课时由各地安排乡土教材教学"。2007 年教育部发布《聋校义务教育课程设置实验方案》（以下简称《实验方案》），进一步指出聋校"应创造条件，积极开设选修课程，开发校本课程，以适应社会和学生发展的需要"。因此，聋校的课程管理首先要认真执行《实验方案》，开齐开足国家规定课程，同时结合本校的培养目标与实际情况积极开发校本课程，全方位构建学校的课程体系。这是新课改的课程管理政策赋予学校的全新的权力与责任，也是一项重大的任务。

开发聋校校本课程，要与国家课程、地方课程相互整合与补充，以加强课程结构的综合性与多样性。聋校校本课程开发可以大体分为两种形式，一种是根据《实验方案》规定纳入正式课表，对学生进行有针对性的缺陷补偿教育的课程，如"沟通与交往"；一种是结合选修课、活动课等开发的校本课程，这类课程内容多样，组织形式灵活，如"诵读"、"思维训练"、"生命教育"、"趣味成语"和"怎样画卡通画"等。校本课程越多，学生选择性越大。对于全面实施素质教育，拓展聋生的知识领域，培养创新精神和实践能力会起到良好的作用。

第四节　聋校的教学评估

教学评估也叫教学评价，是以教学为对象，按照一定的标准，运用科学的方法和相应的手段，研究各类教学目标与相应的教学现象之间的关系，并给予一定的价值判断的一个教学环节。教学活动是复杂的，教学评估所涉及的内容也非常广泛，进行教学评估的目的是为了促进教学目标的达成，促进教学活动更好的开展。科学的教学评估应围绕教学对象，以评估的价值取向作为出发点，选择适合的评估方式、方法和工具，形成合理的教学评估体系。

教学评估有广义与狭义之分。广义的教学评估是指对影响教学活动的所有因素的评估。依评估对象分为三大类：对教学结果的评估、对教师教的行为评估、对学生学的行为评估。教学活动范畴几乎都是教学评估的对象。

狭义的教学评估则是根据一定的教学目标和标准，对教师的教进行系统检测，并评定其价值及优缺点，以求改进的过程。它既是教学过程的重要组成部分，也是所有有效教学与成功教学的基础。

一、教学评估的原则

教学评估必须要在一定的科学原则指导下，从实际出发，针对不同的对象、不同的内容，选用恰当的评估形式与方法，只有这样，才能取得评估的预期效果。

(一)科学性与有效性原则

教学评估必须具有信度与效度，必须建立在科学的基础上，要有充分的科学依据、科学的态度与科学的方法。制定评估体系时要周密而全面，执行评估标准时要讲究方法，综合运用多种手段，尤其要尽量减少或避免主观因素的干扰，对所有评估对象一视同仁，不可随意更改。

(二)指导性与积极性原则

教学评估的最终目的是为了提高教学质量，是为了帮助被评估者改进教学，而不是为了评估而评估。因此，评估结果要及时反馈给被评估者，既要充分肯定其长处，又要实事求是地指出其不足，帮助其改进自己的教学质量。

(三)全面性与鉴别性原则

教学是一项复杂的系统活动，教学评估也相应地要综合考虑教学全局，切忌仅用单一评估指标而非全面的综合评估体系来判断被评估者。只强调一点而忽视面，或只侧重一个方面而忽视其他方面，这样的教学评估很难说是公正的。客观公正的教学评估应该是一个体系，能够最大限度地把评估对象区别开来。

二、教学评估的作用

(一)导向作用

科学的教学评估是检验教学情况的重要手段，是学校教学管理部门了解教师情况、学生情况和学校教学情况的重要途径，开展教学评估，可以帮助学校和教师发现教学过程中存在的问题，及时采取相应的对策与措施，控制与调节偏离教学目标的行为，使其向既定目标稳步前进。

(二)反馈作用

完备的教学评估可以获取并积累大量的教学资料，不但为评估者提供有效信息，对于被评估者来说，这些资料的及时有效反馈，还可以使其明确教学目标的达成度，有利于改进自己的教学工作。对于学生来说，也能使他们及时反思自己的学习方法、态度等，从而主动调节自己的行为。

(三)考查作用

系统的教学评估，可以帮助评估者比较全面地了解被评估者的实际教学水平，避免评估中的主观因素，对于教学活动中相应的评先、晋级等提供了有力的参考依据；对于学生而言，也可以考查他们真实的学习能力、发展水平等，为因材施教提供资料。

(四)激励作用

根据马斯洛的需要层次理论，每个人都需要得到他人的肯定与尊重，实现客观公平的教学评估可以有效调动教师的工作积极性，对于平时认真教学并有成效的教师可以起到激励作用；也能提高学生的学习积极性和主动性。对于平时不认真工作的教师，则会产生刺激和促进作用。

三、教学评估的形式与方法

(一)专项评估与综合评估

专项评估是指对教学活动的某一个项目内容作评估。如课堂教学评估、教师教学基本功评估、教科研论文评估、学生口算能力测评以及学生对教师教学工作的满意度评估等。评估内容单一，可从一个角度入手设定评估指标进行精细测评。

综合评估是指对教学活动较为全面系统的评估。如教师教学工作质量评估、学生学业水平评估等。评估内容复杂，需要从不同角度、不同层面设定多层级的评估指标进行系统测评。

(二)自我评估与他人评估

自我评估是指被评估者自己根据一定评估指标体系对自己的工作、学习发展状况进行自我鉴定。自我评估可以是隐性的，也可以是显性的。

他人评估是指由被评估者之外的其他相关人员对评估对象实施的评估。对于教师来说，他人评估的主体可以是学校管理者、专家、同行、学生及其家长等；对于学生评估来说，他人评估的主体主要是教师、同学和家长等。

(三)过程性评估与终结性评估

过程性评估，也叫发展性评估，是对教学过程的动态的形成性评估，以帮助被评估者改进工作为目的，往往侧重于某一方面的单项考查及反馈；它贯穿于整个教学过程中，并为终结性评估提供参考依据，如每学期进行的学生评议，对任课教师课堂教学质量的评价等。

终结性评估通常指对学生学业或对教师晋级前的阶段性评估，是对被评估者该阶段各方面情况的全面考核，通常定期举行。如学生的期中期末考试、综合素质评价、教师的学年考核和职称评定等。

过程性评估与终结性评估有时是相对而言的，如对某一节课教学质量的评价，课后反馈就是一个即时性的终结性评估，但对于评估该任课教师整体课堂教学质量来说，一节课的评估只是提供部分参考依据，它是过程性评估的一部分。

在实际评估过程中，各种评估方式往往会交叉使用。

四、课堂教学质量的评估

一般而言，某一地区的聋人学校数量不多，校际之间很难像普通学校一样使用统一试卷进行期中、期末等阶段性考查。而且，除了少数聋校外，大多数聋校每年级仅有两个左右的教学平行班，这就对评估数据的科学性产生了一定影响。

有的聋校采用同年级教学平行班分别由不同教师任教以横向比较的方法，有的聋校则采用将同年级本年度考查数据与该年级段历年考查结果纵向比较的方法进行评估。前者无疑加大了任课教师工作量，后者则可能因评估对象的差异性而导致数据参照效度降低。因此，聋校教学评估通常过程性评估与终结性评估并用，尤其重视日常教学过程中教学质量的监测与评估。

课堂教学作为学校教学的基本形式，是保证教学质量的关键环节。课堂教学质量评价是按一定的标准对课堂教学活动各要素、各要素发展变化和效果的价值判断的过程性评估方式，也是学校日常管理工作的重要内容。

(一)聋校教师课堂教学质量评价的主要内容

1. 课堂教学目标

课堂教学必须有明确的教学目标，它是课堂教学活动的出发点和归宿。教学目标分为知识与能力、过程与方法、情感态度与价值观三个方面。在聋校，还必须要把对学生的缺陷补偿纳入到教学目标中来。

2. 课堂教学内容

评价要点是：教学目标的明确度；讲授内容的科学性、系统性；重点与难点的处理等。

3. 课堂教学艺术

课堂教学的艺术主要体现在完成教学目标时教师所采取的教学方法、对课堂教学结构的设计、教师本身的基本功和素养的展现以及课堂气氛等。课堂教学艺术评价主要包括以下几点。

①教师的教法。

②教师对课堂教学结构的设计。

③教师的素养和教学基本功。

④课堂气氛，如师生关系是否融洽、学生思维是否活跃等。

4. 课堂教学效果

主要依据分层施教的目标要求，判定学生获得基础知识、基本技能的实际水平，即教师课堂教学各项预定目标的完成情况。

(二)教师课堂教学评价的方法

教师课堂评价需要将自我评价与他人评价相结合进行，两种方法都有其独特的作用，也都存在着一定的局限性。相对而言，他人评价更具有公信力。他人评价可以结合学生和家长的问卷调查或座谈等方式进行，这样的调查问卷一般不宜太复杂，多采用简单测试题或微型问卷调查的方法来进行。更常见的课堂评价方式是采取课堂听课的方法进行，主要做以下几项工作。

1. 事先约定

在听课前评价者一般会事先与被评价者进行约定，当然，有时评价者也会不事先通知而听课，以取得更真实的数据，这样的课一般叫做推门课。

2. 课堂观察

课堂观察是课堂听课中的核心内容，要做好全过程观察和有重点观察。

3. 课堂记录

课堂记录的方式，可以利用事前选择和研制的观察表做记录，也可以用描述性记录法把课堂上的言语和非言语事件都真实地记录下来。

4. 课后反馈

为更好地发挥评价的作用，对课堂教学的评价一般都应向任课教师反馈，常采用课后讨论的形式，即评课。在讨论中使用的主要方法是面谈，也有使用听课评议表进行反馈的。评价面谈有以下几个步骤。

第一步，明确评价面谈的目的，消除被评价者的顾虑。

第二步，让被评价者阐述本节课的总体安排、设想及其实现程度，并对照评价标准针对本节课做一次自我分析和评价。

第三步，评价者根据听课记录指出本节课中表现出的优势和不足，依据评价标准进行初步的分析，提出改进的建议。

第四步，在被评价者对评价者所作的评价和建议提出意见后，就双方存在分歧的问题展开平等的讨论。

第五步，双方达成共识后，评价者对以后的课堂教学提出要求和期望。

课堂教学比赛类的听评课一般使用量化评价表进行打分，以比较出优胜者来。

表 15-1 《北京市盲校聋校(中学)课堂教学评价表》

日期： 科目： 课题： 授课人： 评课人：

评价项目	评价要点	评 价 内 容	权重(分)	评价
教师主导性(40分)	教学目标的设定	1. 教学目标明确具体，可操作，易落实； 2. 包括知识、能力、情感、态度和价值观等方面； 3. 与学生的心理特征和认知水平相适应； 4. 体现分层教学。	6	
	学习环境的创设	1. 有利于学生自身身心健康发展； 2. 有利于教学目标的实现。	4	
	学习资源的利用	1. 教学手段的选择与利用从教学的实效性出发，有利于教学重难点的突破；使用熟练； 2. 学习内容的选择和处理科学； 3. 学习活动所需要的相关材料充足，能激发学生学习兴趣，符合学生认知规律。	6	
	学习活动的指导	1. 根据学习方式创设恰当的问题情境； 2. 及时采用积极、多样的评价方式； 3. 对学生的学习活动进行有针对性的指导； 4. 为每个学生提供平等参与的机会。	14	
	教师的素养	1. 突出重点，分解难点到位； 2. 调控课堂能力强； 3. 手语表达准确、美观，(聋校)普通话标准，教学语言丰富(盲校)。	10	
学生主体性(40分)	学生参与教学活动的态度	1. 明确学习目标，关注问题情景，有主动学习的热情； 2. 主动参与、经历、体验和探索知识的建构过程，自己解决问题的过程鲜明。	15	
	学生参与教学活动的广度	学生积极参与学习活动的人数较多，方式(学生个体、群体、师生和人机等)适当，时间充分。	15	
	学生参与教学活动的深度	1. 能提出有意义的问题或能发表独到见解； 2. 能按要求正确解决问题，正确操作； 3. 能够倾听发言，协作讨论。	10	

续表

评价 项目	评价要点	评价内容	权重 (分)	评价
教学效果 (10分)	学生参与教学活动的效果	1. 基本实现教学目标; 2. 多数学生能完成学习任务,每个学生都有不同程度的收获; 3. 学生能体验到学习或成功的乐趣,有进一步学习的愿望。	10	
教学特色(10)	教学设计新颖独具特色	1. 教学设计独特有创意; 2. 学科性强。	10	
总　分			100	

　　科学合理的教学评估可以促进教学双方的提高,促进教学管理的改进,促进教科研的开展。但如果教学评估在实际操作过程中滥用或误用,或者被评估者由于不能正确认识评估的作用而在主观上产生抵触情绪,都将会影响评估作用的正常发挥。因此,学校管理者要不断研究科学、合理的评估形式与方法。

思考题

　　1. 什么是教学管理?

　　2. 聋校教学管理包括哪些内容?

　　3. 如何制订教学计划?

　　4. 聋校随班就读指导工作的主要内容有哪些?

　　5. 教师备课时应考虑哪些方面?

　　6. 期末考试工作流程是怎样的?

　　7. 编排课程表需要注意什么问题?

　　8. 如何理解聋校教师校本培训的作用?

　　9. 如何进行教学评估?

　　10. 怎样进行课堂教学评价?

第十六章 聋校的教材、教学设施与仪器设备

第一节 聋校的教材

一、教材的概念

教材的定义有广义和狭义之分。广义的教材指课堂上和课堂外教师和学生使用的所有教学材料。比如,课本、练习册、活动册、故事书、补充练习、辅导资料、自学手册、录音带、录像带、计算机光盘、复印材料、报纸杂志、广播电视节目、幻灯片、照片、卡片和教学实物等。教师自己编写或设计的材料也可称之为教学材料。另外,计算机网络上使用的学习材料也是教学材料。总之,广义的教材不一定是装订成册或正式出版的书本,凡是有利于学习者增长知识或发展技能的材料都可称之为教材。

狭义的教材就是教科书。教科书是一个课程的核心教学材料。从目前来看,教科书除了学生用书以外,几乎无一例外地配有教师用书,很多还配有练习册、活动册以及配套读物、挂图、卡片和音像带等。

二、聋校教材的类型与选择

聋校的教材可以根据不同的角度进行分类。

按照教材使用的范围,分为教师和学生共用的教材和教师专用教材。聋校思想品德类课程、历史与社会课程、科学课程、语文课程、沟通与交往课程、数学课程和外语课程的教材是教师和学生共用的教材。体育与健康课程、艺术课程和劳动类课程的教材是教师专用教材,只有教师有,学生没有。除国家统编的聋校教师和学生共用的教材和教师专用教材之外,还有一些专业用书国家有关部门明文规定要在聋校配合教学使用,如 1991 年民政部、原国家教育委员会、国家语言文字工作委员会和中国残疾人联合会共同下发的《关于在全国

推广应用《中国手语》的通知》（〔1991〕残联宣字第 138 号）提出"在公共场合、学校教育教学方面必须使用《中国手语》，高校特教专业应将《中国手语》列为教学内容"的要求。

按照教材使用的类型，分为聋校教材和普通学校教材。我国自 20 世纪 50 年代起就单独编写聋校一些课程的教材，在国家统一教学计划、统一管理课程的体制下，聋校也一直使用这些单独编写的教材。随着课程管理体制的改革，以及义务教育阶段后聋生出路的多样化，相当一些聋校选择使用普通学校的教材，或者兼用聋校和普通学校教材，聋校教材"一元化"的格局被打破了。

按照教材管理的权限，分为国家统编教材、地方教材和校本教材。在统编教材内包括聋校教材和普通学校教材。

目前，在国际上聋校教材大致分为两类：一类是单独为聋生编写教材，其原因是认为普通学校教材不完全适合聋生使用，需要为聋生量身制定特殊教材。例如，中国大陆、中国台湾、俄罗斯和日本等国家和地区的聋教育采用单编教材的做法。另一类是选用普通学校教材，不单独为聋生编写教材。其考虑的是聋校主要要改变教学方法，而不是改变教学内容。美国聋教育采用的是普通学校的教材。

我国采用单编聋校教材的做法，虽然在一些方面体现了聋教育的特点，但一纲一本的教材仍不能适应不同经济、文化和教育发展水平地区聋生的学习需要。例如，北京称小巷为"胡同"，上海则叫"里弄"；北方称甘薯为"红薯""白薯"，南方叫"地瓜"。方言用词用语的不同、生态景观的不同和动植物种类的不同不可能都反映在教材中，这就需要教师对教材某些内容作适合当地情况的改编，不能机械地照本宣科。同时，应该看到普通教育新课改教材一纲多本，更具有区域差异的特色，不论是作为主要教材还是补充教材都为聋校提供了更多的选择性。因此，从我国聋校已有的教学实践上看，教材选择"二元化"甚至"多元化"较"一元化"要好，取多家之长融一科之内。要做到这一点，首先取决于学校管理要给教师在教材选择上一定的自主权；第二取决于教师要对同学科国家审定的各种版本的教材做认真的研读和比较。

三、聋校单编教材的一般特点

相对普通学校同学科同年级教材，聋校单编教材总的说在教学内容上有所减少，教学的进度有所放慢，教学的难度有所降低，九年义务教育教学总体水平约相当于普通学校初中一年级的程度。这是聋校单编教材最基本的特点。

此外，聋校单编教材强调以下特点。

(一)重视语言学习和理解运用能力的培养

针对聋生听觉语言缺陷,聋校各科教材都把发展聋生的语言能力作为重要的教学目标。在低年级学发音和字词阶段,语文教材将汉语拼音字母、发音图、手指字母指式、文字以及与文字对应的插图同时呈现。把学习汉语拼音与学习手指语、学习字词结合起来,强调"字不离词,词不离句",即在词的环境中学字,在句的环境中学词。这样帮助聋生减少因缺少听觉经验在理解字词意思上的偏差。这种编排方式早在百年前我国第一所聋校——烟台启喑学馆编写的语文教科书《启哑初阶》中即已采用。20世纪50年代的聋校课本还有过按词排版的做法,如"狮子妈妈生了一只小狮子"这句话排成"狮子 妈妈 生了 一只 小 狮子",以便聋生形成词的概念。为了帮助聋生认字读字,在现行聋校单编语文教材中,给整篇课文注音一直延续到小学三年级。

(二)加强形象直观性,注意两种信号系统的结合

聋生认识事物主要通过视觉途径,而认知过程中往往缺少语言的参与,因而看的不少但会说的不多,两种信号系统之间出现明显的脱节现象。为此,聋校单编教材采用大量的插图,图文结合,以图释义,这样就起到将直观的感觉经验与抽象的语言文字结合的作用。例如,20世纪80年代我国八年制聋校全套语文教材共有插图1114幅,其中1~3年级教材中的插图最多,占总插图数的3/4。全套数学教材配了1850幅插图,以帮助聋生理解数量关系和理解文字应用题,这些都是从聋生的认知特点考虑的。

(三)重在基础性,突出实用性

基于我国目前多数聋生从聋校毕业后选择就业的现状,义务教育阶段的聋校教材主要是打基础,讲授与聋生生活更多相关的应用型知识。例如,语文教材的体裁多记叙文、说明文,散文、议论文、小说和寓言次之,古文、诗歌类较普通学校同类教材要少。这也是符合聋生学习古汉语、感受诗歌韵律较难的特点的。数学教材重在讲授基本的解题方法,有的例题在教材中只出现一种算法,至于难题、多种解法放入拓展训练中,不做硬性学习要求。新课改更加强调教材内容贴近学生的实际,贴近生活,使学生懂得知识来源于生活,知识又能解决生活中的实际问题。

(四)增加复习和练习环节

小坡度、多反复,是特殊教育教学的一个普遍规律。缺少语言参与的感觉经验容易造成聋生不易理解知识、不易巩固知识,不易将知识转化为能力。因此,聋校教材适当增加了复习的次数和练习的题量,以期在反复练习中达到熟

悉、熟练的程度。

(五)提高趣味性和可读性

我国新课改在教材编写上提出了教材不仅是教本，而且是学本的要求。提高聋校教材的趣味性和可读性，我们可以借鉴我国台湾和美国教材编写的经验。例如，台湾启聪学校数学教材的目录就体现出浓郁的儿童特点。

其数学第二册目录是：

- 一、采番茄（两位数减一位数）
- 二、弹纽扣（简易图表）
- 三、星期日
- 四、堆火柴盒
- 五、买玩具
- 六、装多少水
- 七、捕鱼
- 八、做图形
- 九、买水果

数学第三册目录为：

- 二、看时钟
- 三、穿珠子
- 四、数到100
- 五、上下车（两位数与一位数的加减）
- 六、来跳绳（连加、连减）
- 七、比长短
- 八、养鱼（进位加法）

第二节　聋校的教学设施

教学设施是实施教学活动必不可少的物质条件。按照《义务教育法》的要求，聋校教学设施既有与普通教育学校相同的地方，执行国家有关学校建筑的强制性标准，使之成为最牢固、最安全的建筑；同时作为一种特殊教育学校，又需要考虑聋生身心发展的特点，体现功能分区，创造有利于聋生德、智、体、美诸方面全面发展，有利于身心障碍康复，便于教育教学活动和学生生活的学校环境。作为教师需要了解国家对特殊教育学校设施的建设标准，理解教学设施建设上的意图，并且在自己的教学活动中充分发挥这些物质设施的效能。

一、聋校教学设施的建设标准

我国在学校建设方面一直有相关的设计施工标准，而特殊教育学校在1994年7月有了建国后第一个专门建设标准，成为贯彻《义务教育法》和《残疾人保障法》的实际举措。当时提出聋校校园用地，如9个班平均每生用地面积88m²，平均每班用地1235m²；如18个班平均每生用地面积62m²，平均每班用地870m²。校舍建筑面积，如9个班平均每生31.8m²，平均每班445m²；如18个班平均每生25.7m²，平均每班360m²。其中，普通教室每间使用面积不小于40m²，语训教室每间使用面积47m²，语训小教室每间使用面积9m²，律动教室每间使用面积不小于80m²，并配置律动辅房1间，劳技教室配置2～3间，每间使用面积47m²等。在校舍建筑标准中，也考虑到聋校的特点。

2004年建设部、教育部联合发布国家行业标准《特殊教育学校建筑设计规范》，对包括聋校在内的特殊教育学校的选址及总平面布置、建筑设计、室外空间、各类用房面积指标、层数、净高和建筑构造、交通与疏散、室内环境与建筑设备等重新作出规定。该规范适用于城镇新建、扩建和改建的特殊教育学校。摘录其中一些规定可见国家对各类特殊教育学校建设的基本要求和对聋校建筑的某些特别要求。

"教学用房，按不同类别学校宜设有语言教室、地理教室、计算机教室、直观教室、音乐教室及唱游教室、实验室、手工教室、律动教室、美术及美工教室；公用学习用房宜包括视听电化教室、图书室等。"

"聋学校普通教室宜设置上下或左右推拉黑板。"

聋学校美术教室设计应符合下列规定："①美术教室的规格应满足学生采用画架作画时所需空间，室内沿后墙设置存放和陈列美术模型及展示学生作品的橱窗或展台；②美术教室的主要采光方向应为北向；在教室前后墙均应设置电源插座并应设有窗帘盒、挂镜线等；③美术教室的准备室，应能存放绘画用的消耗材料以及画架、画凳、各种模型和展示镜框等；④室内应设置2～3个龙头的水池及摆放工具的工作台。"

聋学校律动教室的设计应符合下列规定："①律动教室的位置应避免对普通教室的干扰，否则，应采取有效的隔振防噪措施；②律动教室应有足够的面积以及规整的形状；墙面应平整、室内不得设柱；③室内净高不宜小于4.00m，并宜设置吸顶灯；④楼（地）面应为具有弹性的木地板；⑤室内应设通长的照身镜，其高度不宜小于2.10m，并且宜设于横墙墙面上；其余周边墙面上设置距墙至少0.40m，高度为0.90m的把杆；窗台高度不宜低于0.90m，并不得高于1.20m。

聋学校应设置语训教室，"完整体系的语训教室宜设置听觉语言训练室、听力检查室、无音室、操作室、个人训练室、小组训练室和观察室等，可根据需要设置其中部分或全部用房；语训教室应设置教师及学生用桌椅、黑板、投影设施、镜子和存放教材资料的橱柜等；聋学校小组式集体语训教室的布置形式应以半圆形面向教师形式为主，每生与教师交流有线路相通"。

听力检测室的设计应符合下列规定："①听力检测应在安静环境中进行，检测室应有良好的隔声性能，其室内允许噪声级应小于或等于25dB（A）；②听力检测室应由设有听力检测仪、扬声器、桌椅和镜子的检测室，设有器械、桌椅和橱柜的控制室组成，中部可设单面可视玻璃观察窗。"

"生活训练用房，包括生活训练教室、烹调实习教室和缝纫实习教室等。"

二、教学设施的无障碍要求

无障碍是一个含意非常丰富的词语，需要从人所处的环境来分析和理解它。不论任何人都处在一个物质文化、制度文化和观念文化相互交织、相互影响的环境之中。从宏观上说，无障碍包括人文环境无障碍、物质环境无障碍、信息和沟通无障碍三大范畴。

在聋校，教学环境的无障碍主要要考虑建筑的无障碍、信息传达无障碍。归纳起来可有三个特性。

（一）方便性

教学建筑的无障碍，主要要求：道路、建筑应考虑聋人安全有效地通行和使用。1989年4月1日建设部、民政部和中国残疾人福利基金会共同编制的我国第一部《方便残疾人使用的城市道路和建筑物设计规范（试行）》颁布实施，其无障碍的要求也体现在聋校建筑设计规范和建设上。如"校园、教学与生活用房应为无障碍通行环境，并应符合现行行业标准《城市道路和建筑物无障碍设计规范》JGJ 50的规定，并应确保平时的安全顺畅及紧急情况下的安全疏散"。"学校应设有无障碍卫生间，学生厕所应符合无障碍的要求，并应符合现行行业标准《城市道路和建筑物无障碍设计规范》JCJ 50的规定，还应留有护理人指导或协助所需空间。"

（二）安全性

从建筑的角度而言，要求防火、防碰撞、防跌倒、防翻落和防夹等。为了保证聋生的安全，国家规定"教学及生活用房在无电梯情况下，……聋学校学生用房不应设置在四层以上。""聋学校宿舍内应在教工值班室内设置振动器，唤醒聋生的值班室应设于宿舍入口处，并设有面向入口门厅的观察窗。"

（三）标示性

为了让听觉有障碍的聋生能及时准确地获得信息，特别是在紧急情况下获得信息，建立视觉性、振动性标示装置是非常重要的。为此在国家《特殊教育学校建筑设计规范》中提出了一些要求，如"聋学校应加强教师面部照明，其垂直照度不宜小于300lx"，"聋学校设置灾害广播系统，可在报警系统上增设发出闪动信号的装置"等。我国聋校在教室、学生宿舍、卫生间和校园公共区域安装与电铃并联的表示上下课的闪光灯泡，各类安全提示标语，有条件的学校安装电子显示屏，都能起到提示和发布信息的作用。

第三节　聋校的教学仪器配备

一、教学仪器的种类及作用

教育部2003年颁发的《教学仪器产品一般质量要求》将教学仪器（teaching instrument and equipment）定义为："具有教学特点，体现教学思想，主要在教学中使用的器具和装置。"包括：演示实验仪器（demonstrating instrument）、学生实验仪器（hands on instrument by students）、模型（models）和标本（samples）。

教学仪器包括实物直观和模象直观两种教学器具。直观教具包括如下几种。①实物。把与教材有关的客观事物直接呈现在学生面前，供他们观察、聆听或触摸、闻、尝，以直接感受。②模拟实物。包括标本、模型和其他复制品，如地球仪、人体模型和工程设备模型等。③描绘事物形象的图表。包括图画、照片、地图和统计、设计等，各种形象化图表。④再现事物现象及其过程的现代化设备。包括电影、电视、幻灯、录音、录像和投影器等设备。

以教学为基准点，是教学仪器的本质特征。教学仪器作为一种知识载体，是特殊的教材，本身带有供学生学习的信息或功能，使用过程中潜移默化地对学生发生作用，目的是启发学生的思维，传授知识，培养能力。教学仪器往往表现的是基本的原理或科学规律本身，因此，保留了很多有历史意义的经典的实验方法和装置。比如，惯性演示器、左右手定则演示器和变压器原理说明器等。

教学仪器与一般仪器有本质区别。一般仪器大量应用于科研与生产实践中，用来测量计算，注重的只是精确度、方便性、小型化、综合性、自动化和智能化。对教学仪器而言，直接的对象是学生，因此，教学仪器形象直观、简单明了，注重实验的原始手段及各部分间相互的因果关系，保留了相当部分的手动操作，使学生能得到基本技能的训练。

教学仪器，特别是现代化教育技术设备在聋校教学中有着独特的教育作用，不仅能反复呈现事物的外部形象，还可演示聋生不能直接感受到的事物，如宇宙空间、海洋的内部情景和变化过程，放大、缩小和对比各种事物，分析现象的实质，有效地帮助聋生将感性知识与理性知识结合起来。积极开展观察和思维活动，以形成科学概念。

二、我国聋校的教学仪器配备

新中国成立后，在聋校教学仪器配备上没有统一的要求和标准。20 世纪 80 年代，教育部将特殊教育学校教学仪器的配备作为基本办学条件加以规范管理。1992 年 1 月原国家教委颁发由国家教委教学仪器研究所编制的《全日制聋校教学仪器配备基本目录（试行草案）》（以下简称《基本目录》）。该《基本目录》依据当时实行的聋校教学计划和国家实行九年制义务教育的要求，作为指导聋校配备教学仪器使用。课外活动所需仪器设备则由地区自行确定。

表 16-1　1992 年聋校教学仪器配备类别

类　　别	仪器种类	参考金额（元）
语文	12	1850
数学	29	1941
自然	76	3965
物理	27	1096
生物	40	1775
美工	12	2586
体育	29	8037
律动	7	6350
劳动技术	10	13104
通用仪器	11	37100
总计	253	78947

2010 年 2 月 25 日，教育部发布并实施《义务教育阶段聋校教学与医疗康复仪器设备配备标准》（以下简称《配备标准》），规定了义务教育阶段聋校普通

教室、学科教学、医疗康复、教学资源中心和职业技术教育仪器设备的配备要求。该《配备标准》作为指导地方教育行政部门和聋校配备教学与医疗康复仪器设备使用，也可作为接收听力残疾学生随班就读的普通中小学校配备相关教学与医疗康复用仪器设备的参考。

聋校教学与医疗康复仪器设备分为"基本"和"选配"两种配备要求。

"基本"栏目规定了完成教育部发布的《聋校义务教育课程设置实验方案》中所规定的各项教学与医疗康复任务应具备的普通教室教学设备、学科教学仪器、医疗康复仪器设备、教学资源中心设备和职业技术教育器材设备，所有聋校均应达到该栏目的配备要求。有条件的聋校在达到"基本"配备要求的基础上，可根据学校场地条件和教师状况等实际情况，在"选配"栏目中有选择地配备相应的仪器设备，以满足教学与医疗康复的需要。同时，聋校应根据学生残障情况从医疗康复仪器设备中运动功能康复、感觉统合训练部分有针对性地"选配"相应医疗康复仪器设备。若已经配备"选配"栏目中的仪器且与"基本"栏目中的仪器功能相近，则"基本"栏目中的相应仪器原则上不再要求配备。有条件的聋校宜配备性能更好的仪器。

聋校的设备配备涉及五个方面：①聋校普通教室设备配备；②聋校学科教学仪器配备，含品德与生活（1～3年级）、品德与社会（4～6年级）、思想品德（7～9年级），历史（7～9年级），地理（7～8年级），科学（4～6年级），生物（7年级），物理（8～9年级），化学（9年级），语文（1～9年级），数学（1～9年级），英语（7～9年级），体育与健康（1～9年级），律动（1～3年级），美工（1～9年级），生活指导与劳动技术（1～6年级），综合实践活动（信息技术）（4～9年级）；③聋校医疗康复仪器设备配备，含听力检测、补偿与听觉医疗康复，言语医疗康复，语言康复，运动功能医疗康复，感觉统合训练，认知康复，心理康复设备；④聋校教学资源中心设备配备；⑤聋校职业技术教育器材设备配备，含服装设计、裁剪与制板，美容美发美甲，园林园艺，动漫制作，雕刻设备。

表 16-2　义务教育阶段聋校教学与医疗康复仪器设备配备要求

课　程	配备数量	其中基本配备	其中选择配备
1. 普通教室设备配备合计	6	3	3
2. 聋校学科教学仪器配备合计	1649	1022	627
品德与生活（1～3年级）	2	2	—
品德与社会（4～6年级）	10	10	—
思想品德（7～9年级）	2	2	—
历史（7～9年级）	15	15	—

课　程	配备数量	其中基本配备	其中选择配备
地理(7～8 年级)	85	29	56
科学(4～6 年级)	209	181	28
生物(7 年级)	318	198	120
物理(8～9 年级)	357	174	183
化学(9 年级)	296	155	141
语文(1～9 年级)	26	26	—
数学(1～6 年级)	82	71	11
数学(7～9 年级)	25	25	—
英语(7～9 年级)	12	12	—
体育与健康(1～6 年级)	52	40	12
体育与健康(7～9 年级)	73	38	35
律动(1～3 年级)	10	7	3
美工(1～6 年级)	34	16	18
美工(7～9 年级)	35	19	16
生活指导与劳动技术(1～6 年级)	3	—	3
综合实践活动(信息技术)(4～9 年级)	3	2	1
3. 聋校医疗康复仪器设备配备合计	72	29	43
听力检测、补偿与听觉医疗康复	15	13	2
言语医疗康复	7	7	—
语言康复	5	5	—
运动功能医疗康复	30	—	30
感觉统合训练	6	—	6
认知康复	5	—	5
心理康复	4	4	—
4. 聋校教学资源中心设备合计	11	7	4
5. 聋校职业技术教育器材设备合计	94	85	9
服装设计、裁剪与制板	18	15	3
美容美发美甲	45	42	3
园林园艺	17	14	3
动漫制作	7	7	—
雕刻	7	7	—
总计	1832	1146	686

从这两次教学仪器配备基本标准的比较可以看出，不论是在数量上，还是在质量上，要求都发生了巨大的变化。这一方面反映出我国经济社会的发展给特殊教育事业提供了越来越雄厚的物质基础，另一方面也说明教学仪器配备是规范和督导聋校办学条件的重要指标和提高聋校教学水平的必不可少的物质手段。

三、使用教具需注意的问题

教师选用或自制的模型应该重点突出、轮廓正确、比例适当、自然逼真、结构简明，有利于对实物的理解。选材要具有安全性。一般动物模型的大小应为自然物的大小，可按一定比例缩小、放大，鸟类模型应采用真实羽毛表现其羽毛特征，生物标本要形态自然、构造完整、色泽正常、绑缚牢固、制作洁净、切面整齐、长期保存不腐烂不变形。生物化石、海洋生物、昆虫分类和植物蜡叶标本要注明采集地。岩石和矿物标本典型特征要明显、大小适当、标注齐全完整准确。选择和制作直观教具的最基本要求是科学性和实用性，能正确鲜明地反映事物实况和规律。

在聋校使用教学仪器时，一定要与对学生的指导和讲解结合起来。聋生往往在观察事物时因缺乏经验而发生只关注整体却忽视了细节，或只关注了细节而忽视了整体的问题。因此，需要在观察前、观察中和观察后均给予适时的指导、讲解。在此过程中运用点评的方法是可取的，教师通过点评可以把正确的观察方法和结果推广出去，将全班聋生观察的收获组织起来，最终达到提高能力、理解教学内容的目的。

思考题

1. 聋校教材的类型有哪些？
2. 怎样认识单编聋校教材与选用普通学校教材的利弊？
3. 我国对聋校教学设施规定了哪些特殊要求？
4. 聋校教学设施应该具有的无障碍要求是什么？
5. 我国对聋校教学与医疗康复仪器设备配备提出了什么要求？

附　录

聋校义务教育课程设置实验方案

教育部

（2007 年 2 月 2 日）

根据《国务院关于深化教育改革全面推进素质教育的决定》和《基础教育课程改革纲要（试行）》的精神，设置聋校义务教育阶段的课程。课程设置要落实科学发展观，坚持以人为本，体现义务教育的基本性质，遵循聋生身心发展的特点和规律，适应社会、经济和科学技术发展的要求，为聋生的持续、全面发展奠定基础。

一、培养目标

全面贯彻党的教育方针，体现时代要求，使聋生热爱祖国，热爱人民，热爱中国共产党；具有社会主义民主法制意识，遵守国家法律和社会公德；具有社会责任感，逐步形成正确的世界观、人生观和价值观，努力为人民服务；具有创新精神、实践能力、科学和人文素养以及环境意识；具有适应终身学习的基础知识、基本技能和方法；具有生活自理能力、社会适应能力和就业能力；具有健壮的体魄、良好的心理素质，养成健康的审美情趣和生活方式，培养自尊、自信、自强、自立的精神，成为有理想、有道德、有文化、有纪律的一代新人。

二、课程设置的原则

聋校的课程设置要贯彻基础教育课程改革精神，体现聋教育的特点，以人为本，以德育为核心，以培养创新精神和实践能力为重点，以学生的全面发展和综合素质的提高为宗旨，通过课程改革，全面提高聋校教育教学的质量。

（一）均衡性与特殊性相结合的原则

根据促进聋生全面发展的要求，均衡设置九年一贯的课程，各门课程比例适当，以保证聋生的和谐、全面发展。

课程设置要注重培养聋生积极主动的学习态度，使聋生在学习过程中，既获得基础知识和基本技能，同时又学会学习、学会生活、学会合作、学会生存，并形成正确的价值观。

课程设置要按照聋生身心发展规律，积极开发潜能，补偿缺陷，增设具有聋教育特点的课程，注重发展聋生的语言和交往能力。

（二）综合课程和分科课程相结合的原则

课程设置要坚持综合课程和分科课程相结合，各门课程都应重视学科知识、社会生活和聋生自身经验的整合，加强学科渗透。小学阶段（1～6 年级）以综合课程为主，初中阶段（7～9 年级）设置分科与综合相结合的课程。

设置综合课程，1～3 年级设品德与生活，4～6 年级设品德与社会，旨在适应聋生生活范围逐步扩大、经验不断丰富以及社会融合能力逐步发展的需要；4～9 年级设科学课，旨在使聋生从生活经验出发，体验探究过程，学习科学方法，形成科学精神；1～3 年级设生活指导课，4～6 设劳动技术课，7～9 年级设职业技术课，旨在通过生活实践、劳动实践和职业技术训练，帮助聋生逐步形成生活自理能力、劳动能力和就业能力。

增设沟通与交往和综合实践活动课程。沟通与交往课程的内容主要包括：感觉训练、口语训练、手语训练、书面语训练及其他沟通方式和沟通技巧的学习与训练，旨在帮助聋生掌握多元的沟通交往技能与方式，促进聋生语言和交往能力的发展。综合实践活动课程的内容主要包括：信息技术教育、研究性学习、社区服务与社会实践等，使聋生通过亲身实践，提高收集与处理信息的能力、综合运用知识解决问题的能力以及交流与合作的能力，增强社会责任感，并逐步形成创新精神与实践能力。

（三）统一性与选择性相结合的原则

课程设置既要坚持面向全体学生，提出统一的发展要求，又要根据各地区、各聋校的实际需要和聋生的个体差异，提供选择的空间。

学校应创造条件，积极开设选修课程，开发校本课程，以适应社会和学生发展的需要。

三、课程设置

见《聋校义务教育课程设置表》。

聋校义务教育课程设置表

课程门类 周课时 年级		一	二	三	四	五	六	七	八	九	占总课时比例（%）
品德与生活		2	2	2							6.6～6.7
品德与社会					2	2	2				
思想品德								2	2	2	
历史与社会*	历史							2	2	2	3.7～3.8
	地理							2	2		
科学*	科学				2	2	2				5.5
	生物							2			
	物理								2	2	
	化学									3	
语文		8	8	8	7	7	7	7	7	7	24.3～24.8
数学		5	5	5	5	5	5	5	5	5	16.6～16.7
沟通与交往		3	3	3	3	3	3				6.6～6.8
外语*								2	2	2	2.2
体育与健康		3	3	3	3	3	3	2	2	2	8.8～9
艺术	律动	2	2	2							8.8～9
	美工	2	2	2	2	2	2	2	2	2	
劳动	生活指导	1	1	1							4.9～7
	劳动技术				1	1	2				
	职业技术							2～4	2～4	2～4	
综合实践活动					2	2	2	2	2	2	4.4～4.5
学校课程		2	2	2	2	2	2	1	1	1	5.5～5.6
周总课时数		28	28	28	29	29	30	31～33	31～33	32～34	/

续表

课程门类 周课时 年级	一	二	三	四	五	六	七	八	九	占总课时比例(%)
学年总课时数	980	980	980	1015	1015	1050	1085～1155	1085～1155	1088～1156	9278～9486

注：①"历史与社会"是综合课程，也可以选择分科课程，可选择历史、地理。②"科学"是综合课程，也可以选择分科课程，可选择生物、物理和化学。③"外语"为选修课程。

四、聋校义务教育课程设置的有关说明

1. 本课程设置表为聋校义务教育阶段 1～9 年级的课程门类、各年级周课时数、学年总课时数和各门课程课时比例。每门课的课时比例有一定弹性幅度。

2. 每学年上课时间为 35 周，其中九年级第二学期毕业复习考试时间为 1 周，实际上课时间为 34 周。

3. 每周按 5 天安排教学，每课时一般为 40 分钟。

4. 晨会、班团队活动、文体活动和心理健康教育等，由各校自主安排。

5. 沟通与交往课程是国家规定的必修课。各校可根据聋生的个体差异和不同的发展阶段，选择适合的教学内容和训练方式。

6. 综合实践活动是国家规定的必修课。综合实践活动的课时，可以与学校安排课程的课时结合使用。各校根据需要，既可以分散安排，也可以集中安排。

7. 信息技术教育，小学阶段为 102 课时，一般从四年级起开设。初中阶段不少于 102 课时。有条件的学校可提前开设和增加课时量。

8. 劳动类课程，各校可根据当地的实际情况和需要，选择不同的劳动和职业技术教育的内容，也可以结合校本课程，统筹安排。职业技术课程一般以集中安排为宜。

9. 体育与健康课程，应贯彻"健康第一"的原则，可结合相关体育活动，使学生了解一些体育健康知识，但必须充分保证学生参加体育活动的时间。

10. 外语作为选修课程，各校可根据不同地区和聋生实际选择开设。

11. 各门课程均应结合本学科特点，有机进行思想品德教育。各种专题教育渗透在相应的课程中进行，不单独安排课时。

参考文献

普通教育文件、书籍类

教育部. 全日制义务教育语文课程标准(实验稿)[M]. 北京：北京师范大学出版社，2001.

教育部. 全日制义务教育数学课程标准(实验稿)[M]. 北京：北京师范大学出版社，2001.

教育部. 全日制义务教育历史课程标准(实验稿)[M]. 北京：北京师范大学出版社，2001.

教育部. 全日制义务教育地理课程标准(实验稿)[M]. 北京：北京师范大学出版社，2001.

教育部. 全日制义务教育科学(3～6年级)课程标准(实验稿)[M]. 北京：北京师范大学出版社，2001.

教育部. 全日制义务教育 普通高级中学英语课程标准(实验稿)[M]. 北京：北京师范大学出版社，2001.

教育部. 全日制义务教育物理课程标准(实验稿)[M]. 北京：北京师范大学出版社，2001.

教育部. 全日制义务教育化学课程标准(实验稿)[M]. 北京：北京师范大学出版社，2001.

教育部. 全日制义务教育生物课程标准(实验稿)[M]. 北京：北京师范大学出版社，2001.

教育部. 全日制义务教育普通高级中学体育(1～6年级)与健康(7～12年级)课程标准(实验稿)[M]. 北京：北京师范大学出版社，2001.

教育部. 全日制义务教育品德与生活课程标准(实验稿)[M]. 北京：北京师范大学出版社，2002.

教育部. 全日制义务教育品德与社会课程标准(实验稿)[M]. 北京：北京师范大学出版社，2003.

教育部. 全日制义务教育思想品德课程标准(实验稿)[M]. 北京：北京师范大学出版社，2003.

教育部. 普通高中语文课程标准(实验)[M]. 北京：人民教育出版社，2003.

教育部. 国家九年义务教育课程综合实践活动指导纲要(3～6年级)[R]. 2008.

教育部. 国家九年义务教育课程综合实践活动指导纲要(7～9年级)[R]. 2008.

教育部. 中等职业学校语文等七门公共基础课程教学大纲汇编[M]. 北京：高等教育出版社，2009.

张玉田．学校教育评价[M]．北京：中央民族学院出版社，1990．

施良方．课程理论[M]．北京：教育科学出版社，1996．

马启伟．体育心理学[M]．北京：高等教育出版社，1996．

张华．课程与教学论[M]．上海：上海教育出版社，2000．

王崇喜．球类运动——足球[M]．北京：高等教育出版社，2001．

李祥．学校体育学[M]．北京：高等教育出版社，2001．

孙民治．球类运动——篮球[M]．北京：高等教育出版社，2001．

黄汉升．球类运动——排球[M]．北京：高等教育出版社，2001．

陈旭远．新课程　新理念[M]．长春：东北师范大学出版社，2002．

滕守尧．艺术课程标准解读[M]．北京：北京师范大学出版社，2002．

尹少淳．美术课程标准解读[M]．北京：北京师范大学出版社，2002．

教育部人事司．学校管理理论与实践[M]．北京：北京师范大学出版社，2002．

张行涛，郭东岐．新世纪教师素养[M]．北京：首都师范大学出版社，2003．

靳玉乐．新课程改革的理念与创新[M]．北京：人民教育出版社，2003．

钟启泉．课程与教学概论[M]．上海：华东师范大学出版社，2004．

庄传超．学校管理基础[M]．武汉：华中科技大学出版社，2004．

王策三．教学论稿[M]．北京：人民教育出版社，2005．

钟启泉．现代课程论（新版）[M]．上海：上海教育出版社，2006．

教育部体育卫生与艺术教育司．中小学美术教学简论[M]．南京：广西美术出版社，2006．

王泽农，王来喜，孙庆．中学英语课程与教学论[M]．长春：东北师范大学出版社，2006．

钟启泉，张华．课程与教学论[M]．大连：辽宁大学出版社，2007．

原硕波：学校管理与实践[M]．海口：海南出版社，2007．

田慧生．综合实践活动课程的理论探索与实践反思[M]．北京：教育科学出版社，2007．

常锐伦，唐斌．美术学科教育学[M]．北京：人民美术出版社，2007．

潘绍伟．体育与健康[M]．北京：北京大学出版社，2007．

胡永新．现代中小学教学管理[M]．长春：东北师范大学出版社，2009．

胡凌燕．初中体育与健康[M]．北京：北京师范大学出版社，2009．

特殊教育文件、书籍类

国家教委初等教育司．特殊教育文件、经验选编[M]．北京：人民教育出版社，1989．

朴永馨．聋童教育概论（修订版）[M]．合肥：安徽教育出版社，1992．

赵树铎．特殊教育课程与教学法[M]．北京：华夏出版社，1994．

朴永馨．特殊教育学[M]．福州：福建教育出版社，1995．

银春铭. 听力残疾儿童的语言教学[M]. 上海：上海教育出版社，1996.

全国特殊教育研究会. 聋校教学文萃[M]. 北京：人民教育出版社，1997.

李宇明. 语言的理解与发生[M]. 武汉：华中师范大学出版社，1998.

李绪同，国家亮. 素质教育与特殊教育研究[M]. 北京：华夏出版社，2000.

赵树铎. 特教学校劳动技术与职业教育概论[M]. 天津：天津人民出版社，2000.

银春铭，于素红. 儿童语言障碍及矫正[M]. 北京：人民教育出版社，2001.

朴永馨. 特殊教育课程与教学[M]. 大连：辽宁师范大学出版社，2002.

国家教委基教司、中残联教育就业部. 特殊教育文件选编（1996—2001）[M]. 北京：华夏出版社，2002.

中华人民共和国行业标准. 特殊教育学校建筑设计规范（JGJ76－2003/J282－2003）[M]. 北京：中国建筑工业出版社，2004.

赵锡安. 聋人双语双文化教学研究[M]. 北京：华夏出版社，2004.

哈平安. 聋人的语言及其运用与习得[M]. 长春：吉林文史出版社，2005.

季佩玉，黄昭鸣. 聋校语文教学法[M]. 上海：华东师范大学出版社，2006.

赵锡安. 听力障碍学生教育教学研究[M]. 北京：华夏出版社，2006.

朴永馨，顾定倩. 特殊教育词典（第二版）[M]. 北京：华夏出版社，2006.

汪飞雪，吴静. 听觉障碍学生教学法[M]. 天津：天津教育出版社，2007.

王志毅. 听力障碍儿童的心理与教育[M]. 天津：天津教育出版社，2007.

朱友涵，李拉. 聋校数学课程与教学[M]. 南京：南京大学出版社，2009.

张会文，吕会华，吴铃. 聋人聋生汉语课程的开发[M]. 北京：华夏出版社，2009.

陈军. 新课程视野中的聋校语文教学[M]. 厦门：厦门大学出版社，2009.

雷江华. 听觉障碍学生唇读的认知研究[M]. 北京：中国社会科学出版社，2009.

顾定倩，朴永馨，刘艳虹. 中国特殊教育史资料选[M]. 北京：北京师范大学出版社，2010.

教育部教学仪器研究所. 特殊教育学校的设施与专用仪器设备[M]. 北京：人民教育出版社，2010.

台北市政府教育局编印[M]. 台北市各级学校无障碍环境. 1998.

林宝贵. 听觉障碍教育理论与实务[M]. 台北：五南图书出版股份有限公司，2006.

林宝贵. 听觉障碍教育与复健[M]. 台北：五南图书出版股份有限公司，2008.

文章类

顾定倩. 美国聋校的课程设置[J]. 现代特殊教育，1995(3).

顾定倩. 美国俄亥俄州州立聋校的分类教学与管理[J]. 现代特殊教育，1996(30).

赵树铎，杨春增. 聋校劳动、劳动课与职业教育大纲可行性研究报告[J]. 中国特殊教育，1999(4).

王万福，赵福杰. 农村聋校聋生劳动技能向职业技术过渡的研究总报告[J]. 中国特殊教育，1999(4).

李天顺．认真搞好新一轮特殊教育课程改革[J]．现代特殊教育，2003(7～8).

程益基．以人为本　面向未来——全国聋教育课程改革的研究和探索[J]．现代特殊教育，2003(7～8).

程益基．解读聋校义务教育课程设置实验方案：以生为本，构建聋教育课程新体系[J]．现代特殊教育，2007(6).

周红霞．新课程理念下的特教学校教学管理新视角[J]．现代特殊教育，2009(3).

丁勇．为了每一个残障学生的发展——关于三类特殊教育学校义务教育课程设置实验方案的述评[J]．中国特殊教育，2009(10).

陈蓓琴等．特殊教育理念的嬗变与课程的发展——关于特殊教育学校课程发展的比较研究[J]．中国特殊教育，2009(11).

张扬．建构主义知识观对聋校职业课设置的启示[J]．现代特殊教育，2010(2).

沈玉林等．向希望延伸——我国部分聋校高中课程建设综述[J]．现代特殊教育，2010(4、5).

陈艳．构建以语言交际为中心的聋校英语课堂[J]．现代特殊教育，2010(7～8).